KB268402

마스터 마인드

Master Mind

성공을 ✦ 만드는 ✦ 생각

마스터 마인드

나폴레온 힐 지음

시원북스

✦ 차례 ✦

추천사 ⋯⋯⋯⋯⋯⋯⋯⋯⋯⋯⋯⋯⋯⋯⋯⋯⋯⋯⋯⋯⋯⋯⋯ 006
프롤로그 ⋯⋯⋯⋯⋯⋯⋯⋯⋯⋯⋯⋯⋯⋯⋯⋯⋯⋯⋯⋯⋯⋯ 010

Part 1. 여정의 시작

나의 첫 직업 ⋯⋯⋯⋯⋯⋯⋯⋯⋯⋯⋯⋯⋯⋯⋯⋯⋯⋯⋯ 027
성공의 문을 여는 마스터키 ⋯⋯⋯⋯⋯⋯⋯⋯⋯⋯⋯ 032
개인의 성취를 위한 성공 철학 ⋯⋯⋯⋯⋯⋯⋯⋯⋯ 037
성공의 공통 원칙, 마스터 마인드 ⋯⋯⋯⋯⋯⋯⋯ 041
삶의 나침반이 되는 단 하나의 목표 ⋯⋯⋯⋯⋯ 046
실패를 부르는 서른 가지 원인 ⋯⋯⋯⋯⋯⋯⋯⋯⋯ 051
실패를 축복으로 전환하는 습관 ⋯⋯⋯⋯⋯⋯⋯⋯ 065

Part 2. 세기의 성공을 거둔 위인들과의 만남

엘머 R. 게이츠 박사와 알렉산더 그레이엄 벨 박사 ⋯⋯ 079
마스터 마인드 설문지 ⋯⋯⋯⋯⋯⋯⋯⋯⋯⋯⋯⋯⋯⋯ 091
필라델피아의 '빅 쓰리' ⋯⋯⋯⋯⋯⋯⋯⋯⋯⋯⋯⋯⋯ 101
삶 속에 적용한 성공 원칙 ⋯⋯⋯⋯⋯⋯⋯⋯⋯⋯⋯ 109
다시 시카고로 돌아가며 ⋯⋯⋯⋯⋯⋯⋯⋯⋯⋯⋯⋯ 126
내 인생의 원칙, 황금률 ⋯⋯⋯⋯⋯⋯⋯⋯⋯⋯⋯⋯⋯ 132
절대 희망을 버리지 마라 ⋯⋯⋯⋯⋯⋯⋯⋯⋯⋯⋯⋯ 138
국가의 부름에 응답하여 ⋯⋯⋯⋯⋯⋯⋯⋯⋯⋯⋯⋯ 147

Part 3. 《힐의 골든 룰》 잡지의 탄생

나 역시 휴전을 선언한다 ⋯⋯⋯⋯⋯⋯⋯⋯⋯⋯⋯ 159
경계의 한마디 ⋯⋯⋯⋯⋯⋯⋯⋯⋯⋯⋯⋯⋯⋯⋯⋯⋯ 168

내 영혼의 파괴자, 네메시스의 등장 ·········· 188

철창살을 뚫고 스며드는 한 줄기 빛 ·········· 198

Part 4. 절망 끝에서 깨우친 돈의 철학

미국을 움직이는 거대한 게임, 비즈니스 ·········· 223

정치와 암흑의 경계에서 ·········· 227

천상의 환희에서 죽음의 어둠으로 ·········· 235

절망으로부터의 탈출 ·········· 240

또 다른 자아 ·········· 243

신념의 힘 ·········· 255

Part 5. 풍요와 빈곤

조화로운 관계와 부조화의 관계가 남긴 교훈 ·········· 283

성공시키거나, 파멸시키거나 ·········· 287

경제적 파산 상태에서 ·········· 296

Part 6. 마음의 재무제표: 부와 평화를 향한 여정

도시 생활의 리듬 ·········· 335

지적 재산 ·········· 341

마스터 마인드 원칙, 정신의 연합이 창조하는 기적 ·········· 347

우주의 습관력을 발견하다 ·········· 353

안전지대로의 도약 ·········· 360

운명의 설계도 ·········· 377

나를 위한 가이드 라인 ·········· 387

출판사의 말 ·········· 400

나폴레온 힐 재단의 말 ·········· 403

버질 H. 레이크 박사(Dr. Virgil H. Lake)

이 특별한 책의 저자를 소개하기에 앞서, 먼저 나부터 소개하고자 한다. 나는 조지아주 애틀랜타에 거주하는 의사로, 사람들이 신체적 건강을 회복하고 유지하도록 돕는 일을 평생의 업으로 삼아 왔다. 그러나 수많은 환자를 만나며 한 가지를 깨달았다. 그들 중 상당수는 아무리 훌륭한 의학적 치료를 받더라도 회복되지 않았다. 이유는 몸이 아니라 마음에 병이 있었기 때문이다. 뇌라는 정교한 '생명의 기계장치' 어딘가가 제대로 작동하지 않고 있었다.

20여 년 전, 의학을 공부하던 대학 시절 나는 2,000명의 학생 앞에서 강연하던 나폴레온 힐을 처음 만났다. 그날 이후 나는 그의 철학, 즉 앤드루 카네기(Andrew Carnegie)가 그에게 집대성하도록 영감을 준 성공 철학을 따르게 되었다. '제자'라는 표현을 쓰는 까닭은, 그 철학이 내 삶의 재정적 부분에서 헤아릴 수 없는 가치를 안겨 주었을 뿐 아니라 재정 파탄이나 개인적 좌절로 삶의 의지를 잃어버린 환자들을 치료하는 데에도 놀라운 효과를 보였기 때문이다.

나는 이 책의 원고를 세심하게 읽었다. 일부 내용은 너무 심오해 내가 완전히 이해하거나 다른 이에게 설명하기 어려운 대목도 있다. 하지만 힐이 기록한 극적인 생애의 장면들이 실제로 일어났음을 의심하지는 않는다. 그 이야기가 전혀 낯설지 않았기 때문이다. 나는 수많은 환자와 그들의 지인들로부터 비슷한 이야기를 들은 적이 많다.

분명히 말할 수 있는 사실이 있다. 우리가 '의식'이라 부르는 좁은 영역은 우리가 알지 못하는 정신의 광대한 세계에 비하면 그야말로 아주 작은 일부에 불과하다. 그 간극은 애초에 비교 자체가 무의미할 만큼 깊고 아득하다. 힐이 기록한 사건들은 결코 불가능한 일이 아니다. 인간의 마음이 신체만큼 깊이 이해되는 날이 온다면, 지금의 우리가 감히 상상조차 하지 못할 가능성을 눈앞에서 마주하게 될 것이다.

의학에는 수많은 세부 전공이 있고, 신체의 건강을 지키는 데 도움이 되는 전문 지식이 축적되어 있다. 그러나 그 모든 지식을 다 모아도 '굳은 의지'가 어떻게, 왜 죽음의 손길을 물러나게 하는지는 설명하지 못한다. 우리는 때때로 시한부 판정을 받은 사람이 모든 의학적 예측을 거슬러 기적처럼 살아남는 모습을 직접 보게 된다.

나폴레온 힐은 그 신비로운 힘의 정체에 거의 다가간 것으로 보인다. 그는 이를 경제 법칙과 물질적 성취의 영역에서 연구하며 접근했다. 그의 철학이 전 세계적으로 존경받는 이유는 수많은 사람을 패배의 잿더미 속에서 다시 일으켜 세우고, 빈곤을 풍요로 바꾸며, 정신적·영적 의미에서 '새롭게 태어나게' 만들었기 때문이다.

얼마 전, 성공한 사업가로 인정받는 오랜 지인이 내 사무실에 들어와 책상 위에 놓인 《생각하라 그리고 부자가 되어라(Think and Grow Rich)》를 보더니 이렇게 말했다.

"바로 이 책 덕분에 지금 제가 이 자리에 설 수 있었습니다."

그는 20여 년 전, 목숨을 끊기 직전의 절망 속에서 시카고에 있는 힐의 사무실 문을 두드렸다. 삶의 밑바닥까지 추락해 겉모습도, 마음도 부랑자와 다르지 않았다. 그러나 힐은 그를 따뜻하게 받아들이고, 그의 표현대로 '마음의 훈련'을 이끌었다. 불과 한 시간 만에 그는 전혀 다른 사람이 되어 사무실을 나섰다. 운명에 짓눌려 쓰러지던 자리에서, 다시 삶의 책임을 지고 일어설 준비가 된 존재로 거듭나는 변화였다. 그날 이후 그는 새로운 길을 걷기 시작했고, 그 걸음은 지금도 멈추지 않고 이어지고 있다.

그는 한때 친구들에게 "이제 다 끝났다."라는 말을 들었고, 스스로도 인생의 막다른 골목에 다다랐다고 믿었다. 그러나 내가 최근에 본 그는 결코 삶을 포기했던 사람의 모습이 아니었다.

이제 나폴레온 힐은 마침내 육체는 살아 있으나 정신적으로는 죽어 있던 사람들에게 '다시 살아갈 힘'을 주는 그 신비로운 힘의 열쇠를 손에 넣었다. 나는 그가 이 책에서 그 발견 과정을 탁월하게 묘사했다고 믿는다. 그리고 이 책에 담긴 우주의 섭리는 인간의 수명을 70년이라는 전통적 한계를 훌쩍 뛰어넘게 하는 '생명의 영약'이 될 수도 있다고 확신한다. 또한 이 법칙은 두려움과 낙담, 걱정을 마음먹은 대로 극복하게 하고, 변화를 원하는 누구에게나 새로운 삶의 지평을 열어 줄지도 모른다.

힐이 밝힌 이 법칙은 세계 최고의 정신과 의사와 심리학자 그리고 모든 치료학 전문가가 깊이 연구할 가치가 있다. 내 직업에 종사하는 모든 이를 대신해 말할 수는 없지만, 최소한 한 가지는 확신한다. 힐은 혼란스러운 인생의 실타래 속에서 '진리로 향하는 실의 끝'을 찾아냈다는 점이다. 그리고 지금도 이어지는 그의 '성공 철학'에 대한 연구는 가장 평범한 사람조차 이 법칙을 이해하고 활용할 수 있도록 이끌어 줄 것이다.

그러니 나는 이 책 한 권만으로 힐의 깊은 세계를 모두 파악하려 하지 말라고 권한다. 여기에 담긴 내용은 그의 방대한 정신적 발견 가운데 '겉 부분'에 불과하다. 그는 초기 저작에서 과학자들이 수용할 수 있는 범위 안에 머물기 위해, 의도적으로 일부 발견을 배제했기 때문이다.

이 책은 단순한 전기가 아니다. 힐이 수만 명의 삶을 분석하며 발견한, 극히 드물고도 경이로운 정신 현상을 집대성한 보고서이다. 그는 이 지식이 세상과 나누기에 너무나 귀중하다고 믿었다. 책의 마지막 장을 덮는 순간, 독자 여러분은 실패를 성공으로 전환시킬 수 있는 내면의 위대한 힘에 이전보다 한층 더 가까이 다가가 있을 것이다.

윌리엄 클레멘트 스톤(W. Clement Stone)

운명의 손은 언제, 어디서든 불현듯 모습을 드러낸다. 우리가 상상조차 못 한 곳까지 뻗어 들어가, 앞서 걸어간 이들의 경험과 실패 그리고 찬란한 성공 속에서 교훈을 끌어올릴 '선택받은 사람'을 찾아낸다. 그리고 그에게 세상을 바꿀 특별한 사명을 건넨다.

앤드루 카네기가 산골에서 태어나 이름조차 알려지지 않았던 청년 나폴레온 힐을 선택해, 세상에 최초의 실용적인 성공 철학을 전하게 만든 데에도 바로 그 '운명의 손'이 작용했음이 틀림없다.

나폴레온 힐은 버지니아주 와이즈 카운티 산악 지대, 파운드 강가의 통나무집에서 태어났다. 어린 시절 그에게 가난은 주변 어디에나 있었고, 늘 곁에 머무는 공기처럼 익숙한 존재였다. 미신과 두려움, 무지 또한 마찬가지였다. 그런 문화가 지배하던 산골 마을 한가운데서 그는 성장했다.

그러나 삶의 초기부터 그를 이끌어 준 듯한 '보이지 않는 동반자'가 있었다. 그 동반자는 그를 한 걸음씩 장애물 너머의 세상으로 이끌었고, 마침내 위대한 자선가 앤드루 카네기의 곁으로 데려갔다. 카네기는 그에게 20년에 걸쳐 '성공의 원인'을 분석하는 길을 열어 주었다. 그 연구는 전 세계의 남녀들에게 더 나은 인생을 설계할 수 있도록, 삶의 새로운 지평을 열어 주었다.

나는 20여 년 전 나폴레온 힐의 대표작 《생각하라 그리고 부자가 되어라》를 읽으며 처음 그의 영감을 접했다. 책을 덮는 순간, 나는 이 책에 제시된 성공 법칙을 따라 앞으로 20년 안에 최소 1,000만 달러의 자산을 이루겠다고 결심했다.

나는 단돈 100달러의 자본으로 시작했지만, 목표했던 기간보다 1년 앞서 그 목표를 달성했다. 이후 미국 전역에 조직망을 갖춘 4개의 대형 보험회사의 회장이 되었고, 사업은 이제 캐나다와 해외로까지 확장되고 있다.

몇 해 전까지만 해도 나는 책을 통해서만 나폴레온 힐을 알았고, 그가 이미 세상을 떠난 줄 알았다. 그러나 실제로 그는 은퇴해 캘리포니아에서 살고 있었고, 나는 그와 연락해 다시 활동하도록 설득했다. 그 결과 그는 이 책과 함께 《성공의 과학(Science of Success)》을 비롯한 여러 저작을 세상에 내놓았다.

우리가 만나기 전에도 힐은 사업 조직도, 운영 자본도, 누구의 도움도 없이 홀로 자신의 성공 철학을 전 세계에 널리 퍼뜨렸다. 풍부한 자금과 숙련된 출판사의 힘으로도 좀처럼 이루기 어려운, 드물고 값진 성과였다. 나폴레온 힐이 집대성한 '성공학'에는 분명 특별한 힘이 있다. 그의 책은 광고가 아니라 사람들의 입소문으로 세계 곳곳에 퍼져 나갔고, 수많은 이들의 삶을 바꾸었다.

1937년 《생각하라 그리고 부자가 되어라》가 출간되었을 때, 인도의 독립운동가 마하트마 간디도 이 책을 접했다. 그는 힐의 저작이 인도 전역에 퍼져 나가도록 힘썼고, 그 영향은 지금도 이어져 힐의 책들은 인도에서 여전히 베스트셀러로 사랑받고 있다.

인도에서 시작된 힐의 저작은 브라질로 건너가 포르투갈어로 번역되었고, 오늘날까지도 베스트셀러로 전 세계 독자들에게 읽히고 있다. 내가 최근 방문한 라틴아메리카 여러 나라의 서점들은 힐의 저서 판매량이 수백만 부에 달한다고 전했다.

나는 아마도 나폴레온 힐의 성공 철학이 지닌 영감을 직접 증언할 수 있는, 가장 특별하고 권위 있는 위치에 있는 사람일 것이다. 그의 철학은 내 영업사원들에게 기적과도 같은 성과를 안겨 주었다. 과거 주당 75~100달러를 벌던 이들이 힐의 책과 통신 강좌를 접한 뒤, 주당 500달러까지 수입을 끌어올리는 경우가 속출했다.

이런 경이적인 성과를 만든 주된 요인은 바로 힐의 성공 철학과 교육 과정이었다. 그래서 나는 그를 '기적을 만드는 사나이(Maker of Miracle Men)'라고 부를 수밖에 없었다. 몇 해 전까지만 해도 힐은 개인적인 홍보를 거의 하지 않았다. 그는 자신이 하는 봉사 자체가 곧 자신의 명함이 되기를 바랐다. 그래서 그가 고위층 인사들에게 베풀었던 귀중한 도움은 극소수의 가까운 지인들만 알고 있었다.

제1차 세계대전 당시 그는 징집 대상에서 제외되었으나, 정부의 요청에 따라 전쟁 지원 활동에 참여했다. 그 과정에서 군수품 생산의 필요성을 알리고 노동자들의 사기를 북돋우는 글과 연설문을 집필하는 등, 다양한 방식으로 국가에 헌신했다.

이후 프랭클린 D. 루스벨트 대통령의 첫 임기 동안, 대공황으로 온 국민이 극심한 불안과 공포에 휩싸였을 때 힐은 그 두려움을 잠재우는 데 중요한 조언을 건넸다. 루스벨트가 첫 대선 승리 후 수락 연설에서 남긴 세계적으로 유명한 말, "우리가 두려워해야 할 유일한 것은 두려움 그 자체이다(The only thing we have to fear is fear itself)"는 바로 힐이 전해 준 문장이었다.

또한 조지아주 토코아(Toccoa, Georgia)에 있는 저명한 산업가 로버트 길모어 르투르노(Robert Gilmour LeTourneau)의 공장에서 좌익 성향의 노동운동가들이 2,000명의 직원을 선동하려 했을 때, 힐은 전권을 위임받아 현장에 나섰다. 거액의 후원을 등에 업은 두 명의 선동가는 결국 200명 남짓한 지지에 그친 채 물러날 수밖에 없었다. 이 일화는 그가 단지 글로만 세상을 설명하는 사람이 아니라, 위기 속에서 기회를 만들어 내고 불가능의 벽을 넘어서는 인물임을 보여 준다. 그렇기에 나는 이 책을 통해 독자들이 나폴리온 힐에 대해 더 깊이 이해하게 되기를 바란다. 어쩌면 이 책은 여러분 인생에서 가장 고요하면서도 의미 깊은 전환점이 될지도 모른다.

이 책은 힐의 다른 저작을 단순히 되풀이한 내용이 아니다. 오히려 그의 모든 저작 가운데서도, 그가 말해 온 '보이지 않는 힘'에 가장 가까이 다가가 그 비밀을 밝혀 보이는 책이다.

힐의 저서들은 종교나 정치처럼 논쟁을 부를 수 있는 주제를 의도적으로 배제하고, 오직 독자가 인생에 잠재된 기적 같은 힘에 다가가도록 돕는 데 초점을 맞추고 있다. 우리는 지금 기적의 시대를 살고 있다. 그렇기에 인간의 마음이 지닌 힘을 이해하고, 그것을 삶에 실용적으로 적용하려는 이들의 발견을 경외심과 진지함으로 받아들일 필요가 있다.

마지막으로 이 책은 단순히 힐이 '쓴' 책이 아니다. 그는 여기에 담긴 모든 원칙을 오랜 세월 자신의 삶에서 직접 실험하고 검증해 왔다. 그 과정에서 물질적 풍요와 마음의 평화를 동시에 얻는 길이 가능하다는 사실을 스스로 증명했다.

힐은 자신이 원하는 모든 것을 이미 충분히 누리고 있다. 그러나 더 중요한 점은 더 많은 것을 원할 때 언제든 그것을 얻을 수 있는 '공식'을 갖고 있다는 사실이다. 그는 이 책을 통해 그 공식을 기꺼이 나누려 한다.

그가 이 책을 세상에 내놓으며 품은 가장 큰 바람은 준비된 독자들이 이 공식을 받아들여 각자가 원하는 성취에 이르도록 돕는 데 있다. 다만 그 성취가 다른 이들의 번영과 평화를 해치지 않는다는 전제 아래에서 말이다.

이 책의 다음 페이지에서 여러분은 나폴레온 힐이 직접 전하는 매우 개인적인 메시지를 만나게 될 것이다. 글자 사이에 담긴 그의 진심과 열정을 느낄 수 있다면, 여러분은 이미 힐이 책 속에서 간접적으로 소개한 '보이지 않는 친구들'과 가까워진 것이다. 바로 그가 거의 모든 장에서 암시해 온 '궁극의 성공 비밀'이다.

이 책을 단 한 번 읽는 것만으로 그 안에 담긴 모든 사색적 메시지를 온전히 받아들일 수 있다고 기대하지는 말기 바란다. 어떤 문장들은 직접 실천해 보고, 일상 속에서 그 방법을 시험해 볼 때 비로소 참된 가치를 드러낸다.

나는 이 책을 단순히 읽고 지나치기보다, 그 안에 담긴 원칙과 더불어 그 원칙을 전 세계 수많은 사람들의 삶에 스며들게 만든 한 인간의 생애까지 함께 음미하며 배워 보기를 권한다. 그 과정이야말로 여러분이 성공과 행복에 한 걸음 더 가까이 다가갈 수 있는 가장 확실한 길이 될 것이다.

여정의
시작

Part 1

　　내가 깨달은 성공의 원칙을 가장 효과적으로 전하기 위해, 먼저 그 지식을 얻기까지 내가 걸어온 길을 여러분과 함께 나누고자 한다. 그리고 그 여정의 끝에서 여러분은 내가 필요로 하고 원하는 모든 물질적·정신적 축복을 삶이 스스로 내어 주도록 만들었다는 사실을 확인하게 될 것이다.

　지금부터 우리는 나의 개인적인 이야기를 통해 정신과 정신이 맞닿는 특별한 여정에 들어선다. 그 과정에서 나는 내 삶 깊숙한 곳까지, 가장 사적인 부분까지도 숨김없이 드러내야 한다. 어쩌면 내 삶의 가장 은밀한 장면까지 여러분 앞에 열어 보이게 될지도 모른다. 그래서 이야기는 처음부터 시작될 수밖에 없다.

　나는 마침내 내가 '철학자의 돌(Philosopher's stone)'이라 부르게 된 발견에 이르기까지의 극적인 사건들을 하나씩 풀어낼 것이다. 이 '돌'은 수많은 경험이라는 평범하고 거친 돌을 순금 같은 부로 바꾸는 연금술의 힘을 지녔다. 그리고 이야기가 끝나기 전에, 이 책의 진정한 가치는 나의 미천한 출생과 그 과정에서 겪은 수많은 실패와 깊이 맞닿아 있음을 여러분은 분명히 깨닫게 될 것이다. 그렇기에 이 긴 여정을 생략할 수는 없다.

이제 나는 여러분을 1883년, 음울한 10월의 어느 아침으로 데려가려 한다. 내가 처음 세상의 빛을 본 바로 그 출발점이다. 19세기 말, 버지니아 남서부의 산악 지대에 자리한 단칸 통나무 오두막에서 운명은 장차 전 세계 수백만 명의 삶에 영향을 미칠 한 아이의 탄생을 기다리고 있었다. 그 아이는 두려움에 찬 듯 울음을 터뜨리며 세상에 나왔다. 어쩌면 그 순간은 앞으로 그가 인생에서 맡게 될 극적인 역할을 위해 반드시 맞서야 할 수많은 역경을 예고하는 장면이었는지도 모른다.

그로부터 4년 뒤, 이 소년은 같은 통나무집 안에서 장티푸스에 걸려 고열에 시달리며 서서히 생의 끝으로 향하고 있었다. 두 명의 의사가 그의 침대 곁에 앉아 있었고, 소년의 아버지를 불러 이렇게 말했다.

"우리가 할 수 있는 모든 치료를 다 했습니다. 하지만 역부족입니다. 이 아이는 오늘 밤을 버틸지 몰라도, 그 이상은 어렵습니다."

그러나 아버지는 그 말을 받아들이지 않았다.

"아니요. 내 아들은 죽지 않을 겁니다."

아버지는 한 시간 동안 간절히 기도했다. 오직 아들의 목숨이 구해지기를 바라는 마음뿐이었다. 그런데 화창하던 오후 하늘이 갑자기 흐려지더니, 한동안 어둠이 걷히지 않았다. 그 순간 그는 마음 깊은 곳에서 자신의 기도가 응답받았다는 확신을 얻었다. 그는 자리에서 일어나 집으로 돌아왔다. 방에 들어서자, 불과 한 시간 전까지만 해도 혼수상태에 있던 아들이 눈을 뜨고 애타게 물을 달라고 외치고 있었다.

당시 장티푸스에 걸린 환자에게 물을 마시지 못하게 하는 치료법이 일반적이었기에, 의사들은 물을 주지 말라고 했다. 그러나 아버지는 그 조언을 단호히 거부했다. 그는 시원한 물이 담긴 바가지를 가져와 아들의 입술에 대 주었다. 갈증에 목이 타들어 가던 아이는 물을 벌컥벌컥 들이켰다. 의사들이 말했다.

"한 시간 안에 죽을 겁니다."

그러자 아버지는 이렇게 답했다.

"아니요. 이제 제 아들의 목숨은 새로운 주치의 손에 맡기겠습니다. 그리고 그분은 아들이 절대로 죽지 않을 것이라고 약속해 주셨습니다."

아버지의 목소리는 단호했다. 그리고 바로 그 순간부터, 이 소년의 인생은 소설 속 이야기와 견주어도 손색이 없을 만큼 특별한 여정을 걷기 시작했다. 그렇다. 아버지의 믿음은 옳았다. 그 '새로운 주치의'는 결국 소년을 살려 냈다. 그리고 그때부터 운명의 손은 보이지 않는 인도자처럼 그의 삶을 이끌며, 우연의 법칙으로는 도저히 설명할 수 없을 만큼 수없이 많은 행운을 안겨 주었다.

그 소년이 바로, 이 글을 쓰고 있는 나다. 이 책의 다음 장들에서 나는 지금까지 한 번도 공개한 적 없는, 기이하고도 설명하기 어려운 내 삶의 경험들을 처음으로 풀어놓으려 한다. 나는 태어날 때부터 불행한 환경 속에서 삶을 시작했다. 인간의 존재를 파멸로 이끄는 가난, 두려움, 미신 그리고 문맹이라는 네 가지 치명적인 결핍을 유산처럼 물려받았고, 마치 평생 벗어날 수 없는 멍에처럼 내 어깨에 얹혀 있었다. 그러나 그 모든 결핍 속에서도 단 하나, 값지고도 강력한 자산이 있었다. 바로 순수하고 굳건한 '성취에 대한 열망'이었다.

이론적으로 보면 나는 개인적인 성취를 이룰 수 있는 희망조차 허락되지 않은 환경에서 태어났다. 태어날 때부터 내 손에 쥐어진 흙수저 같은 비천한 출생의 굴레를 벗어나 삶을 끌어올릴 가능성은 천만 분의 일에도 미치지 못했을 것이다.

그러나 운명의 손길은 길고도 깊어, 때로는 전혀 예상하지 못한 곳까지 뻗어 들어간다. 그리고 마침내 자신의 목적에 맞게 빚어낼 사람과 그에 걸맞은 재료를 찾아내고야 만다.

우리 집안 사람들은 무려 삼대(三代)에 걸쳐 산골에서 태어나 배움의 기회를 얻지 못한 채, 가난 속에서 평생을 고군분투하다 생을 마감했다. 그들은 평생 단 한 번도 그 산골 마을을 벗어나 본 적이 없었고, 밭을 갈아 일구며 겨우 생계를 이어 갔다. 손에 쥔 재산이라곤 옥수수를 밀주로 만들어 팔아 얻은 얼마 되지 않는 돈이 전부였다.

나는 네 살 때 처음 학교에 보내졌다. 배움을 위해서라기보다는, 부모님이 밭에서 일하는 동안 나를 잠시라도 맡길 곳이 필요했기 때문이다. 내가 태어난 곳은 철저히 고립되고 낙후된 산간 마을이었다. 전화도, 전기도 없었고, 철로는 물론 제대로 된 도로조차 존재하지 않았다. 내가 기차를 처음 본 시기는 성인이 되기 직전이었다. 당시 와이즈 카운티는 산골에서 대대로 이어진 끝없는 원한 관계, 옥수수로 만든 밀주 그리고 무지몽매(無知蒙昧)한 사람들로 악명이 높은 곳이었다.

그런 환경 속에서 나의 첫 번째 '야망'은 가장 악명 높은 악당이 되는 것이었다. 초등학교 3학년 무렵, 우연히 미국 서부의 전설적인 무법자로 알려진 제시 제임스(Jesse James)의 이야기가 담긴 책 한 권을 손에 넣었다. 그 이야기에 전율을 느낄 만큼 깊이 매료된 나는 언젠가 직접 나만의 이야기를 써서 제임스 형제들의 전설조차 유치하게 보일 만큼 강렬한 작품을 만들어 내겠다고 마음먹었다.

아홉 살 무렵의 나는 동네에서 모르는 사람이 없을 정도로 소문난 골칫덩어리였다. 삼촌이 쓰던 여섯 발 장전식 낡은 리볼버 권총 한 자루를 손에 넣은 뒤로, 내 앞을 가로막는 존재는 무엇이든 위협할 수 있다는 위험한 자신감까지 품게 되었다.

어느 날 선생님이 나를 매질하려 하자, 그대로 학교를 뛰쳐나왔다. 다시 학교로 돌아가기를 끝까지 거부하자 결국 할머니가 중재에 나섰다. 그 결과 나는 권총을 집에 두고 오는 조건으로, 그리고 세 대만 맞는다는 약속 아래 '휴전'에 들어갔다. 매를 맞은 그날 저녁, 나는 다시 교실로 돌아가 권총으로 칠판 위에 내 이름의 머리글자를 새겨 넣었다. 지금도 그 벽에는 그날의 총알 자국이 남아 있다.

그러나 인생의 방향은 뜻밖의 순간에 바뀌었다. 아홉 살이 되던 해, 어머니는 나와 네 살배기 남동생 비티안(Vivian)을 남겨 두고 세상을 떠났다. 그리고 1년 뒤 아버지는 재혼했다. 운명의 손이 또 한 번 우리 가정을 내리치며, 내 인생에서 가장 중요한 전환점을 남긴 사건이 찾아왔다.

새어머니가 집으로 들어오기 훨씬 전부터, 동생과 나는 '그 여자'를 미워하도록 교묘하게 길들여지고 있었다. 어머니 자리를 대신하려는 사람이라는 말이 우리 마음속에 반감을 심어 놓았기 때문이다. 아버지가 새어머니를 집에 데려오던 날, 친척들과 이웃들이 모여 환영 자리를 마련했다. 아버지는 새어머니에게 모인 사람들을 한 사람씩 소개했고, 마침내 내 차례가 되었다.

"이쪽은 와이즈 카운티에서 제일 못된 녀석인 내 아들 나폴레온이라네. 내일이면 틀림없이 당신한테 돌을 던지고 있을 걸세."

나는 아버지의 소개에 걸맞게, 방 한구석에 서서 팔짱을 끼고 턱을 최대한 당긴 채 거칠고 단단해 보이려 애쓰고 있었다. 그런데 새어머니는 내게 다가와 조용히 손을 들어 내 턱 아래를 받치고는, 내 얼굴을 천천히 들어 올려 두 눈을 마주 보았다.

그리고 그녀는 몸을 돌려, 단 두 문장으로 아버지의 소개에 답했다. 그 말은 훗날 세상 곳곳에 울려 퍼지며 수많은 이들의 삶에 지울 수 없는 흔적을 남겼다. 그녀 역시 그 순간, 아직 태어나지도 않은 사람들에게까지 영향을 미치게 되리라고는 알지 못했을 것이다.

"이 아이에 대한 당신의 판단은 틀렸어요. 이 아이를 그렇게 보시면 안 돼요."

새어머니는 단호하게 말했다.

"얘는 와이즈 카운티에서 가장 못된 아이가 아니에요. 아직 자기 지혜를 어디에 써야 할지 깨닫지 못한, 가장 영리한 아이예요."

내 기억 속에서 누군가가 내게 '너는 이런 사람'이라고 인정해 주며 따뜻한 말을 건넨 경험은 그때가 처음이었던 것 같다. 그 말은 마치 전류처럼 온몸을 타고 흘러, 내 마음 깊은 곳까지 울렸다. 그리고 나는 그 순간 미워해야 한다고 배워 온 바로 '그 여자'를 앞으로는 좋아하게 될 것임을 분명히 알 수 있었다. 그렇게 우리는 처음 만난 날부터 그녀가 세상을 떠난 뒤 40년이 넘는 세월이 흐르기까지 한 순간도 떨어질 수 없는 벗이 되었다.

새어머니의 영향으로 나는 결국 권총을 내려놓고 타자기를 손에 쥐게 되었다. 그녀는 내게 글쓰기를 가르치기 시작했고, 나는 자연스럽게 글의 세계로 들어섰다. 아직 십 대 초반에 불과했지만, 몇몇 시골 지역 신문에 매주 칼럼을 기고하며 예상 밖의 큰 반응을 얻었다. 실제 뉴스가 없을 때면, 나는 직접 이야기를 만들어 뉴스를 써 냈다.

그때는 미처 알지 못했다. 어머니를 잃은 내 인생에서 새어머니가 그 빈자리를 메워 줄 존재가 되리라는 사실을 말이다. 그러나 시간이 지나며 분명해졌다. 그녀는 내 삶의 궤도를 더 나은 방향으로 바꾸어 줄 사람이었고, 나뿐 아니라 아버지와 동생의 인생까지도 완전히 다른 방향으로 이끌 운명을 지닌 존재였다.

그녀는 교양을 갖춘 여인이었고, 가난과 풍요의 차이를 정확히 아는 사람이었다. 그녀에 대한 첫인상은 아버지와 결혼한 직후 가족

앞에서 했던 강렬한 한마디로 굳어졌다. 그녀는 우리 가족의 정신적·정서적·경제적 상태와 인식을 완전히 바꾸겠다고 선언했다. 어떻게 해낼 수 있을지는 자신도 솔직히 모르겠지만, 반드시 그렇게 될 수 있다고 확신하고 있었다.

그로부터 한 달쯤 지났을 무렵, 그녀가 공언한 목표인 곧 가난을 극복하겠다는 다짐을 향한 첫걸음을 내디딜 기회가 뜻밖의 사건으로 찾아왔다. 새어머니가 의치를 떨어드려 인공 치아 받침대가 산산이 부서졌다. 놀라운 일이었다. 사람이 어떤 구체적인 목표를 마음 깊이 세우고 반드시 이루겠다고 결심하는 순간, 그 목표로 향하는 길은 언제나 겉으로는 사소해 보이는 사건들 속에서 모습을 드러낸다는 사실을, 나는 훗날 이 일을 떠올리며 깨닫게 되었다.

아버지는 바닥에 흩어진 조각들을 주워 손바닥 위에 올려놓고 한참을 들여다보았다. 그러다 조각들을 맞춰 보며 조용히 말했다.

"나도 틀니 하나쯤은 새로 만들 수 있을 것 같은데."

그 순간, 아침 식사를 준비하던 새어머니는 손에 들고 있던 접시를 그대로 떨어뜨린 채 아버지에게 달려와 목을 끌어안으며 거의 환호하듯 외쳤다.

"당신이라면 정말로 틀니를 새로 만들 수 있을 것 같아요!"

며칠 뒤 학교에서 돌아온 나는 부엌 난로 위에 낯선 모양의 주전자를 올려 두고 분주히 무언가를 하고 있는 아버지의 모습을 보았다. 무엇을 하는지 묻자, 아버지는 그 기묘한 주전자를 가리키며 '가열 경화기(vulcanizer)'라고 설명해 주었다. 그 안에는 아버지가 직접 만든 새어머니의 의치가 들어 있었다.

새어머니는 치과 장비 전문 업체에 연락해 아버지가 의치 제작에 도전할 수 있을 만큼의 장비와 재료를 주문해 두었다. 재료가 바로 작은 주전자 안에서 가열되고 있었다. 얼마 지나지 않아 의치는 꺼내져 사포질로 매끄럽게 다듬어졌고, 마침내 새어머니의 입에 들어갔다. 놀랍게도 새로운 완성품은 이전에 깨진 의치만큼이나 완벽하게 맞았다. 실제로 그 틀니는 이후 몇 년 동안 아무 문제 없이 계속 사용되었다.

그다음에 벌어진 일은 더 놀라웠다. 아버지는 곧 이웃 산골 사람들의 의치까지 만들어 주기 시작했다. 그가 쓰는 치과용 기구들은 모두 할아버지의 대장간에서 손수 만든 것들이었다.

그렇게 치과 진료를 시작한 지 3년이 훌쩍 지났을 무렵, 아버지는 치과 진료를 하려면 법적으로 면허가 필요하다는 사실을 알게 되었다. 무면허 진료로 체포와 처벌을 받을 수도 있다는 말에 그는 큰 충격을 받았다. 아버지와 주변 사람들은 모두 당황했지만, 새어머니만은 달랐다. 면허가 꼭 필요하다는 말을 들었을 때 새어머니가 했던 말이 지금도 또렷하다.

"면허를 따려면 시험을 봐야 한다고요? 그렇다면 치과대학에 들어가 정식으로 배우면 되겠네요."

아버지는 그 길을 포기하고 농사로 돌아가고 싶어 했지만, 새어머니의 의지는 확고했다.

"우리는 뒤로 물러서지 않고 앞으로만 나아갈 거에요."

나는 그 말을 평생 잊지 않았다. 결국 아버지는 마흔의 나이에 루이빌 치과대학(Louisville Dental College)에 입학했다. 그리고 새어머니의 말대로 4년 뒤 우수한 성적으로 졸업했다. 아버지의 진로가 안정되자, 새어머니는 이번엔 내게 관심을 돌렸다. 평생의 업으로 삼고 싶은 일이 있다면 무엇이든 시작할 수 있도록 도와주겠다는 약속과 함께, 내 인생의 길을 정하라고 나를 재촉했다. 나는 경영 분야를 택했고, 고등학교를 졸업하자마자 비즈니스 칼리지에 들어가 비서 업무를 준비하며 교육을 받기 시작했다.

나의 첫 직업

나의 첫 직업은 남부에서 손꼽히는 변호사이자 사업가였던 루퍼스 A. 에이어스(Rufus A. Ayers) 장군의 비서였다. 그는 여러 은행과 탄광을 소유하고 직접 운영하는 인물이었다. 일을 시작한 지 채 6개월도 되지 않아, 나는 장군의 개인 사무실을 떠나 버지니아주 리치랜드(Richlands, Virginia)에 있는 그의 탄광 중 한 곳의 수석 서기로 발령을 받았다. 그 탄광은 그의 아들 해리(Harry)가 관리하고 있었고, 또 다른 아들 제임스(James)는 리치랜드에 있는 장군 소유 은행에서 수석 출납계로 일하고 있었다.

새 직책을 맡은 지 얼마 지나지 않아 비극적인 사건이 벌어졌다. 그러나 그 사건은 역설적으로 내게 전화위복이 되었고, 처음으로 주도성을 발휘할 수 있는 결정적인 기회를 안겨 주었다. 그 결과 나는 장군 소유 탄광 가운데 한 곳의 총지배인으로 임명되어 350명의 인부를 지휘하게 되었고, 전국에서 가장 젊은 탄광 관리자가 되었다. 이처럼 이른 나이에 막중한 책임을 맡게 된 사연을 굳이 밝히는 이유는 그 사건이 내 인생에 지대한 영향을 미쳤을 뿐 아니라 자신의 운명을 스스로 개척하고자 하는 이들에게도 분명한 의미를 지닌다고 믿기 때문이다.

가능하다면 이 비극적이고 불행한 사건을 언급하지 않고 싶다. 그러나 에이어스 장군의 두 아들, 해리와 제임스가 대학을 마칠 무렵 이미 지나치게 호사스러운 생활에 젖어 있었다는 사실은 말하지 않을 수 없다. 아이러니하게도, 바로 그 습관이 내가 처음으로 진정한 리더십을 발휘할 기회를 가져다주었다.

어느 주말, 두 아들이 흥청망청 놀러 다니던 중 제임스가 실수로 리볼버 권총을 떨어뜨렸고, 그 순간 방아쇠가 당겨지며 총탄이 발사되어 호텔 벨보이가 목숨을 잃는 사고가 발생했다. 나는 소식을 듣자마자 곧장 현장인 호텔로 달려가 이 비극의 유일한 목격자를 찾아냈다. 그리고 법정에서 증거로 채택될 수 있도록 그의 증언을 서면으로 확보했다. 그 덕분에 제임스는 살인 혐의를 벗고 무죄를 선고받을 수 있었다. 이후 나는 검시관에게 연락해 사망자가 사고사로 공식 인정받도록 장례 허가서를 발급받았고, 장례 비용 전액을 직접 부담했다.

그 사이 나는 버지니아주 빅스톤갭(Big Stone Gap)에 있는 에이어스 장군의 자택으로 전보를 보내 사건의 전말을 알렸다. 그리고 곧바로 제임스가 수석 출납계로 있던 장군 소유의 리치랜드 은행으로 향했다. 은행 문은 잠겨 있지 않았고 금고는 열려 있었으며, 내부는 마치 태풍이 휩쓸고 간 듯 돈이 사방에 흩어져 있었다.

장군은 즉시 전보를 보내, 내가 은행을 인수해 전액을 점검하고 부족분이 있으면 자신의 계좌에서 충당하라고 지시했다. 또한 월요일 아침이면 새로운 출납계가 도착해 은행 문을 열고 아들의 자리를 대신할 것이라고 했다.

그 전보를 받았을 때의 감정을 나는 지금도 잊지 못한다. 나는 돈이 어디로 사라졌는지 누구도 의심하거나 추궁할 가능성이 없는 상황에서, 부족액을 마음대로 보고할 수 있는 막강한 권한을 부여받은 셈이었다. 1만 5,000달러에서 2만 달러, 어쩌면 그 이상까지도 빼돌릴 수 있었고, 더 나아가 그 돈을 내가 취했다는 흔적조차 남기지 않을 수 있다는 사실을 잘 알고 있었다.

그 순간 생애 처음으로 '도둑질'이라는 유혹과 정면으로 마주했다. 그리고 그 기회를 놓고 잠시나마 신중히 저울질했음을 부인한다면, 나는 아마 진실한 인간이라 말할 수 없을 것이다.

한편으로 나는 장군의 아들에게 내가 취할 어떤 금액보다 훨씬 값진, 돈으로는 살 수 없는 도움을 주었다는 이유를 내세워 스스로를 정당화하며 적지 않은 돈을 빼돌릴 수도 있었다.

다른 한편으로는, 의심의 여지없이 신뢰받을 만한 사람임을 증명할 수도 있었다. 그리고 그 신임에 끝까지 충실하다면, 고용주의 재량 안에서 어떤 직책이든 맡을 수 있으리라는 점도 알고 있었다. 제멋대로 흥청망청 놀아 대며 사업에 손해를 끼칠 만큼 일을 하찮게 여기는 장군의 아들과 달리, 나는 이 사업을 훨씬 더 효율적으로 운영할 수 있다고 굳게 믿었다. 그래서 그의 탄광 관리자가 되기를 간절히 바랐다.

돈을 세고 하루 영업 장부를 합산해 보니, 정확히 1만 달러가 모자랐다. 나는 계산을 거듭 확인하고 몇 번이고 돈을 다시 세어 봤지만, 부족액은 변함이 없었다. 그때 발신인이 버지니아주 리치먼드(Richmond)의 한 은행으로 표시된 빠른 배송 소포 하나가 눈에 들어왔다. 소포 안에는 놀랍게도 부족액과 정확히 일치하는 1만 달러가 반짝이는 새 지폐로 가지런히 들어 있었다. 크기도 그리 크지 않아 외투 주머니에 넣으면 아무도 눈치채지 못할 정도였다.

솔직히 말해, 그 순간 내 첫 번째 충동이 일었다. 호기심 반, 욕심 반으로 소포를 주머니에 넣어 보니, 아니나 다를까 딱 들어맞았다. 그런데 바로 그 때, 나를 붙잡아 준 또 하나의 강렬한 충동이 밀려왔다. 내 안 깊숙한 곳에서 울려오는 목소리가 단호하게 속삭였다.

"아들아, 그 돈을 당장 주머니에서 꺼내 제자리로 돌려놔라. 그렇지 않으면 너는 평생 지금 이 순간을 후회하게 될 것이다."

나는 주머니 속 소포를 곧바로 꺼내 은행 금고에 돌려놓았다. 그리고 전화를 걸어, 돈을 전부 세어 보고 장부를 맞춰 본 결과 한 푼의 오차도 없이 정확히 들어맞는다고 에이어스 장군에게 보고했다.

"뭐라고! 정말 부족분이 하나도 없다는 말인가?"

에이어스 장군이 소리쳤다.

"네. 일말의 오차도 없이 정확히 맞습니다."

내가 그렇게 대답하는 순간, 내 안에서 또 다른 목소리가 이렇게 속삭이는 듯했다.

"잘했다, 선하고 충직한 종이여. 너는 스스로를 다스리는 법을 보여 주었으니, 앞으로 마주하게 될 많은 일에서도 주인이 될 것이다."

나는 비록 십 대 후반이었지만, 이미 수많은 위험과 맞서 이를 극복했고 웬만한 이들이 평생을 살아도 접하기 어려운 폭넓고 다양한 인생 경험을 쌓아 왔다. 그 경험들은 하나같이 내 앞에 새로운 기회의 길을 열어 주었고, 마침내 그 시대를 대표하는 걸출한 지성인들과 깊이 교류하는 인연으로 이어졌다. 그들은 탁월한 업적을 이룩한 인물들이었고, 훗날 나와 더불어 인류 최초의 '실천 가능한 개인 성공 철학'을 세상에 제시할 운명을 지닌 이들이었다. 그 철학은 그들이 평생에 걸쳐 숱한 시행착오 속에서 체득한 '노하우'를 토대로 세워진 결과물이었다.

내 경력의 초창기를 떠올릴 대마다, 눈앞의 바쁜 일정을 잠시 미뤄두고 기꺼이 나를 격려하고 이끌어 준 위대한 성취자들의 배려와 너그러움에 새삼 감탄하게 된다. 그들 가운데 몇몇은, 그들의 도움이 아니었다면 평생 두드려 보지도 못했을 기회의 문을 내 앞에 순식간에 열어 주었다.

한번은 당시 뉴욕 내셔널시티은행(National City Bank of New York) 행장이었던 프랭크 W. 밴더립(Frank W. Vanderlip)이 나를 뉴욕으로 초청했다. 그는 거의 일주일 동안 시간을 내어 나와 함께하며, 수십 명의 영향력 있는 인사들을 일일이 소개해 주었다. 훗날 내가 수행하게 될 사명에서 그들의 협력은 값을 매기기 어려울 만큼 귀중한 자산이 되었다.

나는 산업 제국을 세운 위대한 인물들의 사상을 하나씩 깊이 탐구했다. 그 과정에서 비행기와 자동차, 라디오와 영화, 더 나아가 인류가 경험한 가장 성공적인 자유기업 체제를 미국에 가져다준 '기계 발명 시대'의 비밀을 찾아가고자 했다.

나는 이들 한 사람 한 사람의 사상에서 훗날 내가 세울 '개인 성공 철학'에 담길 소중한 지식을 얻었다. 그러나 그들의 생각을 아무리 깊이 들여다봐도 내가 애타게 찾던 '성공의 문을 여는 마스터키'는 끝내 손에 잡히지 않았다. 나는 늘 무언가를 얻은 듯하면서도, 결정적인 열쇠는 찾지 못한 채 처음 들어섰던 그 문으로 다시 돌아 나오곤 했다.

성공의 문을 여는 마스터키

오랜 기다림 끝에 마침내 나는 한 번도 지나쳐 본 적 없던 문 하나를 열게 되었다. 그 안에는 세상을 경탄하게 만든 위대한 성공을 이룬 혼(魂)이 고요히 깃들어 있었다. 비록 그 문 너머의 비밀스러운 방 안까지 들어가지는 못했지만, 나는 원할 때마다 그 방을 열 수 있는

 마스터 마인드

'성공의 문을 여는 마스터키'를 손에 넣었다. 이제 나는 이 글을 통해 그 열쇠를 손에 쥘 준비가 된 이들에게 그 귀중한 요체(要諦)를 전하고자 한다.

이 열쇠는 랄프 왈도 에머슨(Ralph Waldo Emerson)이 수필《보상(Compensation)》에서 거의 밝혀낼 뻔했던 바로 그것이다. 또한 아이작 뉴턴(Isaac Newton)이 만유인력의 법칙을 발견하며 직접 마주했던 것이기도 하다. 그리고 지금 이 순간에도 기도를 통해 무한한 지성을 끌어당기는 이들이 사용하고 있는 바로 그 열쇠이기도 하다.

나는 이 열쇠를 자세히 설명하기에 앞서, 그것을 찾아 헤매던 오랜 여정의 한 구간을 당신과 함께 다시 걸어가 보려 한다. 내가 지나온 그 길을 함께 느껴야만 이 귀중한 열쇠를 당신의 손에 온전히 건넬 수 있다고 믿기 때문이다.

그 길은 결코 평탄하지 않았다. 한 걸음 내디딜 때마다 가시에 발이 찔렸고, 수없이 흘린 고통의 눈물이 그 길을 적셨다. 나는 때로 낙담과 패배라는 황량한 황무지를 지나야 했고, 그 시련은 내 영혼 깊은 곳까지 시험했다. 그러나 당신은 이 책을 읽는 동안, 나보다 훨씬 순탄한 길을 걷게 될지도 모른다. 내가 솔직한 고백을 통해, 그 길목마다 도사리고 있던 위험의 징후를 미리 알려 주려 하기 때문이다.

이제 다시 내 이야기로 돌아가 보자. 월요일 아침, 에이어스 장군이 도착하자마자 내게 물었다.

"은행에 돈이 얼마나 모자라는가?"

나는 조용히 단 한 푼의 오차도 없이 현금이 정확히 맞아떨어졌다고 답했다. 그는 내 말을 믿기 어렵다는 듯 나를 바라보더니, 놀란 목소리로 되물었다.

"뭐라고? 전혀 부족한 금액이 없다는 말인가?"

나는 다시 한 번 부족한 돈은 없었다고 분명히 말했다. 다만 지금에 와서 생각해 보면, 장군의 마음 한편에는 여전히 의심이 남아 있었을지도 모른다. 제임스와 내가 매우 가까운 사이였기에, 내가 그를 감싸기 위해 내 돈으로 부족분을 메웠다고 추측했을 가능성도 충분했기 때문이다.

장군은 내가 제출한 제임스의 비극적인 사건 보고서를 읽고, 총격 사고의 유일한 목격자로부터 받아 낸 선서 진술서까지 하나하나 꼼꼼히 확인했다. 그러고 나서 내게 이렇게 말했다. 그 말은 내게 첫 관리직을 안겨 주었을 뿐 아니라, 나 자신을 바라보는 시선마저 바꾸어 놓았다.

"이번 사건을 처리한 걸 보니 웬만한 경력 있는 변호사 못지않군. 아니, 그보다 더 인상적인 건 자네가 보여 준 충성심과 주도적으로 사안을 해결해 나가는 추진력이야. 이렇게 젊은 사람에게서 그런 태도를 기대하진 않았네. 은혜는 은혜로 갚아야 한다는 게 내 철학이네. 그래서 자네에게 석탄광을 맡기고자 하네. 이틀 동안 문이 잠기지 않았던 은행에서도 한 푼의 손실 없이 모든 돈을 회수한 자네라면, 광산에서도 분명 문제없이 해낼 수 있을 걸세. 생산과 판매, 전부 자네에게 맡기겠네."

그 말을 하던 장군의 눈에는 분명한 빛이 서려 있었다. 나는 그 눈빛에서 느낄 수 있었다. 그는 은행의 상황을 정직하게 보고한 내 태도와 위기 속에서도 스스로 판단하고 행동한 추진력을 모두 높이 평가하고 있었다.

내가 석탄광 총지배인으로 임명되었다는 사실은, 무엇보다 젊은 나이 때문에 세간의 큰 주목을 받았다. 그 일을 계기로 여러 영향력 있는 사람들의 눈에 띄었고, 그중에는 밥 테일러(Bob Taylor) 상원의원도 있었다. 그는 내 인생에 또 한 번 결정적인 기회를 열어 준 인물이었다. 그를 통해 나는 머지않아, 감히 상상조차 못 했던 규모의 기회를 마주하게 되었다. 그리고 그 안에서 나는 처음으로, 누구의 지시가 아니라 내 판단과 선택으로 길을 만들어 가기 시작했다. 그 순간부터 내 삶의 방향은 완전히 달라졌다.

새어머니의 영향으로 나는 지식에 대한 갈증을 멈출 수 없게 되었다. 그녀는 책을 무척 사랑했고, 그 모습은 내게 단순히 읽는 즐거움만이 아니라 언젠가는 직접 글을 쓰고 싶다는 열망까지 심어 주었다. 내가 전문 작가로서 처음 맡은 본격적인 일은 운 좋게 밥 테일러 상원의원을 만나면서 시작돼었다. 당시 그는 《밥 테일러 매거진》을 발행하고 있었고, 나는 성공한 인물들의 삶을 다룬 연재 기획을 구상해 그에게 제안했다. 그 제안은 받아들여졌고, 나는 첫 번째 인터뷰 대상으로 철강왕 앤드루 카네기를 맡게 되었다. 일정과 만남은 상원의원이 미리 정중히 주선해 주었다.

그때부터 운명의 패를 섞는 보이지 않는 손이 본격적으로 나를 이끌기 시작했다. 그 손은 내 미래의 흐름 전체를 바꿔 놓을 한 장의

패를 내 앞에 내밀었고, 나는 성공과 실패의 비밀을 찾아 헤매도록 인생이라는 거대한 밀림 속으로 던져졌다. 그러나 운명은 나에게 길을 안내할 지도 한 장, 확실한 이정표 하나조차 허락하지 않았다.

1908년 초가을, 나는 카네기 씨의 사무실을 찾았다. 길어야 세 시간 남짓 대화를 나누리라 생각했지만, 오전 10시에 시작된 인터뷰는 그날 하루 종일 이어졌고, 이틀을 더 지나서야 끝이 났다. 그 긴 시간 동안 카네기 씨는 방대한 부를 쌓아 올린 핵심 원칙들을 생생하게 들려주었을 뿐 아니라, 내 인생의 방향을 근본부터 바꾸어 놓을 하나의 사명까지 내게 심어 주었다. 훗날 수많은 이들의 여정을 비추는 작은 등불이 되었던, 소박하면서도 위대한 아이디어였다.

그 아이디어는 인터뷰 도중, 카네기 씨가 건넨 한마디에서 시작되었다. 그는 내게 이렇게 물었다.

"자네는 오직 재정적으로 성공한 사람들만 인터뷰해서 잡지에 글을 실을 생각인가?"

나는 그렇다고 자신 있게 대답했다. 그러자 그는 조용히 미소 지으며 말했다.

"부를 이룬 사람들의 이야기를 전하는 일도 물론 도움이 되지. 하지만 부를 얻지 못한 이들의 이야기도 꼭 들어 보게. 어쩌면 그쪽이 더 값질지도 몰라. 그들은 무엇을 해서는 안 되는지를 직접 부딪혀 본 경험으로 들려줄 테니까."

개인의 성취를 위한 성공 철학

카네기 씨는 내가 성공한 인물들의 이야기를 글로 써서 그 원고료로 학비를 마련하고, 이후 로스쿨에 진학하려 한다는 사실을 이미 알고 있었다. 그러나 그는 그 계획을 근본부터 흔들어 놓았다. 성공과 실패의 원인을 깊이 탐구하고, 그 결과를 체계적으로 정리해 세계 최초의 '성공 철학'을 만들어 보라는 제안을 내게 건넨 것이다. 그는 그 작업에 최소한 20년을 바칠 각오가 필요하다고도 덧붙였다. 첫 만남이 끝나갈 무렵, 그는 조용히 내게 물었다.

"이 제안을 실제로 실행에 옮길 용기가 자네에게 있는가?"

나는 한 치의 망설임도 없이 답했다.

"용기라면, 그게 제가 가진 전부입니다. 어떤 제안이든 기꺼이, 그리고 최선을 다해 해내겠습니다."

내 대답을 들은 그는 이렇게 말했다.

"세상에는 성공과 실패의 원인에 대해 거의 아무것도 알지 못한 채 살아가는 사람이 수백만 명은 되네. 그들은 배우고 싶어 하지만, 가르쳐 주는 이가 없어. 학교와 대학에서는 거의 모든 지식을 가르치면서도, 정작 '성공의 원리'는 다루지 않지. 젊은이들은 짧게는 4년, 길게는 8년 동안 현실과 동떨어진 이론과 추상적인 지식을 배우지만, 그 지식을 삶에 어떻게 써야 하는지는 배우지 못한 채 졸업하게 되네."

그는 잠시 말을 고른 뒤, 다시 이어갔다.

“지금 세상은 실용적이면서도 누구나 이해할 수 있는 ‘실천 가능한 성공 철학’을 절실히 필요로 하고 있네. 그 철학은 인생이라는 위대한 배움의 현장에서 수많은 남녀가 직접 체험을 통해 얻은, 살아 있는 지식 위에 세워져야 하지. 하지만 내가 지금까지 접한 어떤 철학 분야에서도, 내가 염두에 두고 있는 이 철학에 가까운 내용은 단 하나도 없었네.

만약 지금 내가 말한 전 인류를 위한 이 필요성이 자네의 마음을 움직인다면, 이 철학을 정립하는 일은 변호사로서 자네가 얻을 수 있는 그 어떤 명예보다도 훨씬 더 깊은 의미를 지닐 수 있을 걸세. 세상에 변호사는 넘칠 만큼 많지만, 사람들에게 ‘인생을 살아가는 기술’을 가르칠 수 있는 철학자는 극히 드물지.

자네처럼 야망 있는 젊은이라면 이 제안에 마음이 끌리지 않을 수 없을 걸세. 하지만 이 일은 야망만으로는 결코 해낼 수 없네. 이 과업을 맡을 사람에게는 무엇보다도 용기와 끈질긴 인내가 필요하지.

이 일은 최소한 20년에 걸친 꾸준한 노력을 요구할 걸세. 그 기간 동안 생계는 전혀 다른 방식으로 해결해야 하네. 이런 연구는 처음부터 돈이 되지 않기 때문이지. 그리고 세상을 위해 이런 일을 감당했던 이들 대부분은, 자기 무덤 위에 풀이 자란 지 백 년쯤 지나서야 비로소 공로를 인정받곤 하더군.

자네가 이 과업을 끝까지 잘 해낸다면, 마지막 즈음에 가서 아마도 자네 자신도 놀랄 만한 한 가지를 발견하게 될 걸세. 성공의 원인은 인간과 분리된 어떤 외부의 것이 아니라는 사실 말일세. 성공이란 대단히 미묘한 성질의 힘이어서, 대부분의 사람은 그것이 있는지도 알아차리지 못하고 살지. 하지만 그 힘은 분명히 존재하네. 나는 그것을 '또 다른 자아(other self)'라고 부르고 싶네.

흥미로운 점은 '또 다른 자아'가 스스로 모습을 드러내는 순간이 그리 흔하지 않다는 사실일세. 대개는 인생의 위기나 뜻밖의 좌절과 역경이 닥쳐와, 사람이 기존의 습관을 내려놓고 절박한 마음으로 출구를 찾아야만 할 때 비로소 조용히 나타나지.

내가 살아오며 배운 가장 확실한 교훈은 이것이네. 사람이 성공에 가장 가까이 다다른 순간은, 그가 스스로를 실패했다고 느끼는 바로 그때라는 것 말일세. 왜냐하면 바로 그 순간에야 비로소 '생각'이라는 도구를 진지하게 꺼내 쓸 수밖에 없기 때문이지. 만약 그가 상황을 타개할 방법을 정확하게 그리고 끈질기게 찾아낸다면, 이른바 실패는 사실 '새로운 계획과 목적을 다시 장착하라'는 신호에 불과하다는 것도 깨닫게 되네.

대부분의 진짜 실패는 결국 자기 마음속에 만들어 낸 한계 때문일세. 그 한 발짝만 더 용기를 내어 나아갔다면, 자신이 틀렸음을 깨닫고 다시 일어설 수 있었을 텐데 말일세."

카네기 씨가 다시 입을 열었다.

"우리는 사흘에 걸쳐 꽤 긴 시간을 나눠 이야기했지. 나는 자네에게 이 과업의 장점과 단점 모두를 설명했고, 이 일이 지닌 가능성에 대해 전할 수 있는 건 다 전했네. 그래서 이제 자네가 과연 이 일을 맡을 만한 사람인지 확인할 수 있는 작은 시험을 하나 해 보려 하네.

그 시험이 무엇인지는 자네도 모를 걸세. 왜냐하면 그중 90퍼센트는 이미 이 대화 속에서 끝나 버렸으니까. 마무리를 짓기 전에 마지막으로 한 가지 질문을 던지고 싶네. 대답은 '예' 혹은 '아니오'로 간단히 해주게.

내 질문은 이걸세. 자네는 지금 품고 있는 '변호사가 되겠다'는 계획을 기꺼이 내려놓고, 앞으로 20년을 들여 개인의 성취를 위한 '성공 철학'을 확립하는 연구에 헌신할 수 있겠나? 그 기간 동안 자네는 나의 어떤 금전적 지원도 없이, 스스로 살아갈 방도를 마련하며 이 길을 가야 할 걸세."

카네기 씨는 의자 등받이에 몸을 기댄 채, 내 눈을 똑바로 바라보며 아무 말없이 기다렸다. 나는 의자에 앉아 잠시 망설이다가 대답했다.

"예, 카네기 씨. 저는 이 일을 시작할 뿐 아니라, 얼마나 오랜 시간이 걸리든 반드시 끝까지 완수하겠습니다."

내 대답을 들은 그는 환하게 웃으며 말했다.

"좋아, 자네는 마지막 시험까지 훌륭하게 통과했네."

그의 말이 무슨 뜻인지 그때는 전혀 알지 못했다. 하지만 몇 년이 흐른 뒤에야, 나는 그 말의 의미를 비로소 이해하게 되었다. 그 순간 그는 손에 시계를 쥔 채, 내가 대답하는 데 걸린 시간을 재고 있었던 것이다. 그가 내게 준 시간은 단 60초였다. 나는 그중 29초 만에 결정을 내렸다. 나중에 알게 된 사실이지만, 그는 나 이전에도 여러 신문기자와 작가들에게 같은 질문을 던졌고, 그들이 대답하기까지 걸린 시간은 짧게는 3시간, 길게는 3개월에 이르렀다고 한다.

카네기 씨는 이렇게 설명했다.

"기회가 왔을 때 곧바로 알아보고, 즉시 붙잡아 실행에 옮길 수 있는 사람이라면 어떤 상황에서도 흔들리지 않고 끝까지 책임을 다할 수 있지."

나는 그 사실을 알지 못했지만, 바로 그날 내 인생은 단 몇 초 만에 방향이 정해지고 있었다. 그리고 이후의 모든 과정은 카네기 씨의 판단이 옳았음을 증명해 주었다. 수십 년이 지난 지금까지도 나는 그가 내게 맡긴 그 일을 여전히 이어 오고 있기 때문이다.

그 후 10년 동안 카네기 씨는 나와 함께 이 사명을 이루는 데 기꺼이 동참해 주었고, 나는 미국 사회를 이끌던 수많은 인물들로부터 돈으로는 값을 매길 수 없는 귀중한 지식과 통찰을 얻을 수 있었다. 또한 그는 '성공 철학'의 토대를 이루는 계획과 방향을 하나하나 내게 전수해 주었다. 그 지식과 사유는 훗날 《성공의 법칙(The Law of Success)》이라는 이름으로 세상에 나오게 된다.

성공의 공통 원칙, 마스터 마인드

《성공의 법칙》에서 나는 오랜 연구 끝에 열일곱 가지 성공 원칙을 정리했다. 우리가 처음 만났을 때, 카네기 씨는 그중에서도 가장 핵심적인 세 가지 원칙에 집중해 이야기를 나누었는데, 그 가운데 하나는 어떤 분야에서든 탁월한 성취를 이룬 사람이라면 누구나 반드시 실천하고 있는 공통된 원칙이었다. 바로 그가 말한 '마스터 마인드(Master Mind)'다. 이는 두 사람 이상이 분명한 목표를 향해 완벽한 조화를 이루며 협력하는 정신적 연합을 뜻한다.

이 원칙의 윤곽은 인터뷰가 시작된 지 얼마 되지 않아 드러났지만, 그 중요성이 내 마음 깊이 새겨지기까지는 훨씬 더 많은 시간이 필요했다. 인터뷰 초반, 나는 카네기 씨에게 성공의 비결이 무엇인지 물었다. 그는 곧바로 답하지 않고, 먼저 내가 생각하는 '성공'이 무엇인지를 되물었다. 나는 성공이란 곧 부(富)의 축적이라고 답했고, 그는 이에 대해 이렇게 설명했다.

"우리 사업에는 마스터 마인드 그룹이 하나 있네. 각자의 경험과 교육, 재능과 개성 그리고 충성심을 지닌 사람들이 모여 있지. 그들은 서로 다른 능력을 조화롭게 엮어, 철강의 생산과 유통이라는 분명한 목표를 향해 한 방향으로 움직이고 있어. 나는 철강을 만드는 법도, 파는 법도 잘 모른다네. 하지만 이 마스터 마인드 동맹에 속한 이들은 철강 산업에 관해 지금까지 밝혀진 모든 것을 알고 있지. 결국 자네가 말하는 그 '성공', 곧 부는 바로 그들이 나를 위해 만들어 준 것이네."

카네기의 설명은 내게 완전히 새로운 개념이었다. 나는 그때까지 어떤 성공적인 비즈니스도 '마스터 마인드 동맹'을 필요로 한다는 이야기를 들어본 적이 없었다. 두 사람 이상이 하나의 목표를 향해 조화를 이루며 지성을 결합한다는 발상, 그 자체가 내게는 낯설었

　　　　　　　　　　　　　　　　　　　　마스터 마인드

다. 그러나 바로 그 순간, 카네기 씨는 내 앞에 전혀 다른 세계로 향하는 문을 열고 있었다.

"내가 말하는 '조화의 정신'은 단순히 겉으로 드러나는 말이나 태도를 뜻하는 게 아닐세."

그는 이렇게 덧붙였다.

"나는 사람의 마음을 지배하는 생각, 그 본질을 말하고 있는 거야. 마스터 마인드의 결속을 깨뜨리는 데 있어 한마디 말보다 더 큰 해악을 끼치는 존재가 바로 부정적인 생각이라는 사실을 나는 뼈저리게 배웠지. 생각은 말보다 훨씬 미묘하면서도 강력하게 전달되네. 눈에 보이지 않아도 그대로 전해지기 때문에, 함께 있는 사람들에게 호감을 줄 수도 있고 불편함을 안길 수도 있지."

당시의 나는 아직 너무 어렸고 세상을 바라보는 눈도, 삶을 헤쳐 나갈 경험도 턱없이 부족했다. 그래서 카네기 씨가 전하려 했던 말의 진정한 의미를 온전히 이해하지 못했다. 그러나 세월이 흐른 뒤, 성공한 사람들과 실패한 사람들의 삶을 깊이 들여다보며 그들의 태도와 선택, 말과 행동을 하나하나 살펴보는 과정에서, 그가 말했던 원칙의 본질과 그 엄청난 중요성을 차츰 깨닫게 되었다. 그때 비로소, 그의 말은 내 안에서 전혀 다른 빛으로 되살아났다.

우리의 첫 인터뷰 날, 카네기 씨는 하루 대부분을 마스터 마인드 원칙이 자신의 사업에 어떻게 적용되었는지 설명하는 데 할애했다. 그는 이 원칙이 철강 산업에만 국한된 것이 아니라고 말했다. 당대의 저명한 기업인들과 산업계 지도자들 역시 이 원칙을 실제로 활용하고 있었고, 그는 그들 가운데 몇몇을 직접 내게 소개해 주기까지 했다.

이야기를 이어가던 그는 뜻밖의 주장을 내놓았다. 올바른 마스터 마인드 그룹만 갖춰진다면 은행이든 철도든 광업이든 분야는 상관 없다고 했다. 많은 사람에게 유용한 가치를 제공하는 일이라면 어떤 분야든 철강 산업에서처럼 막대한 부를 얼마든지 축적할 수 있었을 것이라고 했다. 진짜 중요한 핵심은 산업의 종류가 아니라, 함께하는 사람들 사이의 조화와 정신적 연합이라고 그는 거듭 강조했다. 나는 물었다.

"마스터 마인드 그룹 구성원들 가운데, 선생님께 가장 큰 도움을 준 사람은 누구입니까?"

카네기 씨는 망설임 없이 답했다.

"찰스 M. 슈왑(Charles Michael Schwab)일세. 그가 가장 유능한 이유 는 따로 있네. 함께 일하는 사람들 사이에 자연스러운 조화를 끌어 내는 특별한 재능을 가졌기 때문이지."

나는 고개를 갸웃하며 말했다.

"하지만 제가 듣기로는, 찰스는 정규 교육을 제대로 받지 못했다고 하던데요. 그런 사람이 어떻게 그렇게 중요한 인물이 될 수 있었던 거죠?"

카네기 씨는 빙긋 웃으며, 뜻밖의 이야기를 들려 주었다. 나는 그 말에 적잖이 놀랐다.

"그래, 찰스가 정규 교육 과정을 통해 배울 기회는 제한적이었지.

하지만 그게 그의 배움까지 부족했다는 뜻은 아니라네. 정말 중요한 교육은 학교 밖에서 시작되는 법이네. 어떤 사람들과 어울려 살아가느냐에 따라, 인생에서 얻는 진짜 배움은 완전히 달라질 수 있어. 물론 옳은 사람들과 함께할 때 말일세.

마스터 마인드의 위대한 점이 바로 그거야. 정규 교육을 받지 못했더라도 토머스 에디슨(Thomas Edison)처럼 뜻이 맞는 이들과 정신적으로 연결되어 있으면, 세상의 모든 지식과 통찰을 자신의 것으로 만들 수 있지.”

나는 그날 카네기 씨가 던진 말을 몇 해에 걸쳐 곱씹었다. 그리고 결국 부정할 수 없는 결론에 도달했다. 그의 말은 옳았다. 탁월한 성취를 이룬 인물들의 교육 배경을 하나하나 살펴보면서, 나는 한 가지 중요한 사실을 깨달았다. 그들 가운데 학교 교육 덕분에 위대한 성공을 이룬 사람은 없었다는 점이다.

그래서 나는 지금도 카네기 씨가 학교 교육에 대해 그렇게 통렬하게 일침을 가해 준 일을 고맙게 생각한다. 그 한마디가 대학 교육을 받지 못했다는 이유로 내 안에 깊이 자리 잡았던 열등감을 지우는 데 결정적인 도움이 되었기 때문이다. 그리고 바로 그 덕분에 나는 더 빠르게, 더 또렷하게 '성공의 본질'을 바라볼 수 있었다. 세상은 학교가 아니라 삶이 가르친다는 진실에, 한 걸음 더 가까워질 수 있었다.

카네기 씨는 내가 슈왑의 짧은 학력에 대해 언급한 바로 그 순간을 놓치지 않았다. 그는 그 틈을 타, 자신이 제안한 '개인 성취 철학'

이 왜 전 인류에게 꼭 필요한지를 내 마음속에 깊이 새겨 주었다. 그것은 그가 사람을 다루는 데 있어 왜 천재라 불릴 수밖에 없었는지를 보여 주는 대목이기도 했다. 그는 언제나 가장 알맞은 순간을 정확히 포착해, 마치 한 편의 드라마처럼 사람들의 가슴속에 강렬한 메시지를 남기는 데 능했다. 카네기 씨는 조용히 말을 이었다.

"학교 교육의 큰 약점 가운데 하나는, 지식을 쌓는 법은 가르치면서도 정작 그 지식을 어떻게 써야 하는지는 전혀 알려 주지 않는다는 점일세. 찰리 슈왑을 한번 보게. 그는 학교에서 배운 지식으로 가득 찬 백과사전 같은 사람은 아니야. 하지만 어떤 정보든 손에 쥐는 순간, 그것을 눈 깜짝할 사이에 분명한 계획으로 정리하고, 곧바로 실천 가능한 행동으로 옮기는 데는 누구보다 뛰어나지.

그는 학교에서 배운 규칙에 얽매이지 않아. 대신 자신의 필요에 맞춰 스스로 규칙을 만들고, 그에 따라 움직이지. 바로 그 점이 그를 특별하게 만드는 이유일세."

삶의 나침반이 되는 단 하나의 목표

우리의 인터뷰 이튿날은 카네기 씨가 '마스터 마인드 원칙의 쌍둥이'라 부른 또 하나의 핵심 개념을 설명하는 데 온전히 쓰였다. 그가 말한 개념은 삶의 나침반이 되어 줄 단 하나의 목표, 곧 모든 것을 끌어당기는 중심 목표를 설정하는 일이었다. 그는 모든 위대한 성공은 삶의 수많은 목표와 계획을 하나의 중심축에 철저히 종속시키는 데서 출발한다고 강조했다.

돌이켜 보면 나는 지난 수십 년 동안 눈부신 여정을 걸어오면서도 적지 않은 실패를 겪었다. 실제로 내 비평가들조차 "저 사람만큼 자주 넘어지는 이도 드물다"라고 말하곤 한다. 그 말에 나 역시 이의를 제기할 생각은 없다. 그러나 그렇게 수없이 넘어지면서도 매번 다시 일어설 수 있었던 이유는, 바로 그날 카네기 씨가 내 안에 심어 준 '중심 목표의 원칙' 덕분이었다. 그 하루는 말 그대로 내 인생 전체를 붙들어 준 생명의 동아줄과도 같았다.

결국 나의 지난한 여정은 성공이라는 결실로 이어졌고, 그 중심에는 언제나 그 원칙이 자리하고 있었다 사람의 마음을 꿰뚫어 보던 노련한 스코틀랜드인 카네기 씨의 통찰 덕분에 나는 성공의 본질을 실제 삶 속에서 이해할 수 있었고, 넘어질 때마다 다시 일어설 힘을 얻었다. 비틀거리며 나아가던 길 끝에서, 나는 마침내 내가 정한 목적지에 도달할 수 있었다.

그 이후로 나는 줄곧 스스로에게 질문해 왔다. 왜 학교나 대학에서는 졸업장을 내주기 전에 이토록 중요한 단 하나의 원칙, 즉 삶의 나침반이 될 목표를 세우는 일을 철저히 가르치지 않는 걸까? 이토록 핵심적인 진리를 놓친 채, 우리는 과연 무엇을 배웠다고 말할 수 있을까?

카네기 씨는 만약 교사의 길을 택했다면, 누구보다도 위대한 스승이 되었을 사람이다. 그는 자신의 생각을 단순한 말이 아니라, 분명한 이미지와 감정으로 엮어 사람들의 마음속에 깊이 새겨 넣을 줄 알았다. 그래서 그의 말은 한 번 들으면 좀처럼 잊히지 않았다.

특히 확고한 목표의 중요성을 설명하며 들려준 한 가지 비유는 지금도 어제 들은 이야기처럼 선명하게 남아 있다.

"인생은 끝없이 문을 여닫는 일의 반복이라네."

그는 조용하지만 단호하게 말했다.

"성공하려면 우리는 문을 여는 법만큼이나, 닫는 법도 배워야 하네. 성공하는 사람은 자신을 불편하게 만들거나 실패로 이끈 사람, 생각, 경험을 뒤에 남겨 둔 채 미련 없이 문을 닫지. 반대로 실패하는 사람은 그 문을 닫지 못한 채 열어 두고 살아가지. 결국 과거의 실수들이 다시 그 문을 통해 스며들고, 그를 넘어졌던 자리로 끌고 가게 되네. 그 자리에는 늘 같은 사람, 같은 기억, 같은 상처가 기다리고 있지."

그는 이어서 이렇게 조언했다.

"성공과 실패의 원인을 알고 싶다면, 먼저 성공한 사람들이 어떻게 그리고 왜 과거의 문을 단호하게 닫는지를 배워야 하네. 그들은 자신에게 도움이 되지 않는 사람을 멀리하고, 인생의 중심 목표를 흐트러뜨리는 부정적인 생각을 철저히 몰아내지.

물론 어떤 이들은 이렇게 말할 걸세. '그건 너무 차갑고 잔인한 철학이다. 나는 혈육을 외면할 수 없고, 불쾌한 경험을 잊을 수도 없으며, 원수에 대한 앙금을 내려놓을 수도 없다'고 말이지. 하지만 그런 항변을 하는 순간, 그들은 스스로를 끝없는 갈등과 고통의 수레바퀴에 묶어 버린다네. 변화 없는 삶을 되풀이하고, 결국 자식들에게까지 같은 습관을 물려주어 실패의 길을 걷게 하지. 왜냐하면 그들 역시 문을 닫지 못한 채, 부정적인 사람들과 파괴적인 영향 속에 계속 얽매여 살아가게 되기 때문일세."

나는 그 뒤로도 비슷한 격언을 여러 형태로 들어본 적이 있다.

"이미 건너온 다리는 끊고, 앞을 향해 나아가라."

"과거는 묻어 두고, 오늘을 살아라."

"어제는 끝났다. 오늘 땀 흘려 내일을 거둬라."

이처럼 많은 간결한 문구로 이 철학이 표현되곤 했다. 그러나 그 어떤 말도 인생을 문을 여닫는 일에 비유한 카네기 씨의 설명만큼 강렬하게 내 영혼에 새겨지지는 않았다.

나는 '문을 닫고 여는 필요성'에 대한 그 생생한 묘사가 내 삶에 얼마나 깊은 영향을 주었는지 끝내 가늠할 수 없을 것이다. 그 가르침 덕분에 나는 수많은 문을 내 의지로 과감히 닫을 수 있었고, 만약 그 문들이 단단히 잠겨 있지 않았다면 나는 끝내 내가 갈망하던 자기결정의 철학에 이르지 못했을 것이다.

내가 살아오며 불리한 환경의 문을 닫았던 수많은 순간들 가운데, 가난한 출생 배경과 유년 시절이 만들어 낸 환경적 영향력에 단호하게, 그리고 영원히 문을 닫았던 일은 내 인생의 흐름을 근본적으로 바꾸어 놓은 중대한 전환점이었다. 만약 그 문을 닫지 않았다면, 나는 아마 지금쯤 버지니아주 와이즈 카운티에 머물며 그 부정적인 환경 아래 살아가는 친척들과 함께, 그 문을 여전히 열어 둔 채 지내고 있었을지도 모른다.

나는 또한 대학 학위가 없다는 이유로 끊임없이 나를 짓누르려 했던 열등감이라는 그림자 앞에서도 단호히 문을 닫았다. 그 감정이 나를 지배하도록 내버려두지 않았기에, 나는 마침내 스스로를 내가 원하는 자리까지 끌어올릴 수 있었다.

나는 카네기 씨가 내게 그렇게도 강렬하게 경고했던 '방향 없이 부유하는 인생 태도'와도 결별하기 위해, 그 문을 단호히 닫아 버렸다. 이 문을 포함해 과거의 수많은 문들 역시 나는 영원히 닫고 굳게 잠갔다. 과거의 문을 열어 둔 채 살아가는 이들이 결국 어떻게 무너지는지를, 카네기 씨가 너무도 생생하게 보여 주었기 때문이다.

'자기통제(Self control)'란 과거의 문을 닫을 수 있는 내면의 힘이다. 자기통제는 가슴속의 감정과 욕망, 갈망을 다스릴 수 있는 통제권을 인간에게 부여한다. 그리고 의지라는 힘은 누구나 자신이 선택한 문을 과감히 닫을 수 있도록, 인간에게 주어진 고귀한 선물이다.

카네기 씨는 '문을 여닫는 중요성'을 설명한 뒤, 이야기의 흐름을 자연스럽게 '방향 없이 부유하는 인생 태도'로 옮겨갔다. 그는 바로 이 태도가 대부분의 실패를 낳는 가장 근본적인 원인이라고 단언했다. 그리고 이 방향성을 잃은 삶의 태도를 다음과 같이 정의했다.

"삶의 중요한 목적을 분명히 세우고 그것을 끝까지 완수하는 습관을 기르지 못한 사람들이 결국 실패에 이르게 되는 이유는, 그 태도 속에 숨어 있는 일종의 나약함 때문일세."

카네기 씨는 계획도 목표도 없이 그저 상황에 떠밀려 살아가는 태도를 자신이 정리한 '실패의 주요 원인 목록'에서 가장 앞자리에 놓았다. 그리고 내가 5,000명이 넘는 남녀를 직접 분석하며 축적한 방대한 사례들 역시, 그의 판단이 단 하나의 예외도 없이 정확했음을 분명하게 보여 주었다.

실패를 부르는 서른 가지 원인

카네기 씨는 내게 '실패의 주요 원인' 목록을 건네주며, 그 하나하나에 대해 반드시 스스로 단호히 문을 닫아야 한다고 거듭 강조했다. 그리고 그중 단 한 가지라도 열린 채로 두는 사람은 곧 '방향 없이 부유하는 인생 태도'에 사로잡혀 있음을 스스로 증명하는 셈이라고 단언했다.

아래에 실패를 부르는 서른 가지 원인 목록을 정리한다. 나는 이 가운데 특히 위험하다고 판단되는 항목 옆에 별(★) 표시를 덧붙였다. 그리고 어떤 항목이든 단 하나만으로도 인생을 실패로 이끌 만큼 충분한 파괴력을 지닌다고 그는 말했다.

1. ★ 뚜렷한 목표나 계획 없이, 그때그때 상황에 휩쓸려 살아가는 방향성을 상실한 인생 태도
2. 불리한 신체적 유전 요인 ─ 인간이 통제할 수 없는 조건
3. ★ 인생의 나침반이 되어 줄 명확한 주된 목적의 부재

4. 정규 교육은 물론, 삶을 통해 배우려는 태도의 부재

5. ★ 절제력 결여 — 과식, 과음, 무절제한 성생활, 정신적 성장 기회에 대한 무관심 등으로 표출

6. ★ 직업을 선택할 때, 평범함을 뛰어넘어 그 이상을 향해 나아가려는 야망의 부재

7. 잘못된 사고방식과 식습관으로 인해 초래된 건강 문제

8. 유년기에 형성된 불리한 환경적 영향

9. ★ 시작한 일을 끝까지 완수하지 못하는 인내심의 부재

10. ★ 타인에게 거부감과 불편함을 주는 습관이 굳어진 부정적인 성격

11. 본능을 다스려 창조적 에너지로 전환하지 못하는 무지와 무능

12. ★ 대가 없이 얻으려는 욕망 — 부정직함과 도박 습관으로 표출

13. 결단을 지체하거나 망설이는 습관

14. ★ 인간의 내면을 마비시키는 여섯 가지 근본적 두려움 중 하나 이상에 사로잡힌 상태
① 가난   ② 비판   ③ 건강 악화   ④ 사랑 상실
⑤ 노화   ⑥ 죽음

15. ★ 결혼 상대 선택의 실패 — 삶의 토대를 무너뜨리는 치명적 오류

16. 인간관계에서 지나치게 조심스럽고 소극적인 태도

17. ★ 주의력 결핍 — 경계심, 현실 감각, 자기 점검의 부재

18. ★ 비즈니스 및 사회적 관계 등 인생의 중요한 관계에서 잘못된

사람을 선택하는 오류

19. ★ 자신의 소명(직업)을 잘못 선택하거나, 아예 선택조차 하지 않은 채 방치하는 태도

20. 의지와 노력을 한 방향으로 집중하지 못하는 태도

21. 예산 사용 계획 없이 충동적으로 소비하는 습관

22. ★ 시간을 전략적으로 계획하고 활용하지 못하는 태도 — 태만보다 더 강력한 실패 요인

23. 제어되지 않은 열정 — 에너지와 감정의 무방향성 표출

24. ★ 편협한 사고방식 — 종교, 정치, 경제 문제에 대한 무지 또는 편견에 사로잡힌 폐쇄적 태도

25. ★ 조화롭게 타인과 협력하지 못하거나, 협력을 소홀히 하는 태도

26. 실력 없이 얻은 권력의 소유 — 예: 금수저 배경에서 비롯된 무책임한 권한 행사

27. 충성심 부족 — 조직, 공동체, 사명에 대한 헌신의 결여

28. 통제되지 않은 자만심과 허영심 — 통제하면 자산이지만, 방치하면 독

29. ★ 억측에 의존한 판단 — 사실 없는 의견, 추측에 기초한 계획 수립 습관

30. ★ 좋은 기회를 인식할 수 있는 상상력의 결여, 기회를 붙잡을 수 있는 자기 신뢰의 부족

실패의 서른 가지 주요 원인은 중요도에 따라 배열된 순서는 아니다. 다만 첫 번째 원인만은 예외다. 첫 번째는 가장 흔하면서도 동시에 가장 위험한 실패의 요인이기 때문이다. 나는 실제 경험을 통해 또 다른 공통된 실패 원인들을 발견했고, 이를 카네기 씨의 목록에 보완해 덧붙임으로써 이 목록을 완성했다.

이제 화제를 성공으로 돌려, 카네기 씨가 내린 매우 인상적인 '성공의 정의'를 소개하고자 한다. 그는 성공을 이렇게 정의했다.

"성공이란 그 단어의 가장 넓은 의미에서 보았을 때 타인의 권리를 침해하지 않으면서도, 자신의 양심에 한 점의 거리낌도 없이 인생에서 원하는 바를 성취할 수 있는 힘이다."

나는 이보다 더 나은 성공의 정의를 들어본 적이 없다. 그러나 아이러니하게도, 바로 그 성공을 찾는 여정으로 나를 이끌어 준 사람이 카네기 씨였다는 사실은 지금도 쉽게 설명하기 어려운 역설로 남아 있다. 그 여정은 마침내 나를 내가 추구하던 목표의 문턱까지 데려다주었지만, 정작 그는 그 지점에 이르지 못했다. 그는 수억 달러의 부를 이루었으나, 부의 정점에 서서도 행복을 얻지 못한 채 무너진 마음과 혼란스러운 정신 속에서 생을 마감했다.

각자 나름의 '성공'을 좇으며 살아가는 이들이라면 반드시 곱씹어야 할 진실이 여기에 있다. 카네기 씨가 내린 성공의 정의 속에는, 그 기준을 따라 살아갈 때 인생의 방향을 잃지 않고 결국 행복으로 이어지는 길에서 벗어나지 않게 해주는 일종의 지도와도 같은 통찰이 담겨 있다. 나는 수많은 사람들이 세상에 존재하는 물질적 부를 필요 이상으로 축적하는 모습을 숱하게 보아 왔다. 그러나 내가 마주한 현실 가운데 가장 충격적인 사실은, 지구 위 수억의 인구 가운데 카네기 씨가 말한 그 기준에 부합하는 '진정한 성공'을 이루었다고 말할 수 있는 사람이 극히 소수에 불과하다는 점이다.

카네기 씨가 실패의 원인들을 그토록 명확히 이해하고 있었음에도, 그의 삶이 결국 비극적인 결말로 이어졌다는 사실은 참으로 아이러니하다. 그처럼 깊은 통찰을 지닌 인물이 왜 스스로는 그 파국을 피하지 못했는지, 생각할수록 묘한 아쉬움이 남는다. 물론 이미 세상을 떠난 분의 명예를 가볍게 다루고 싶은 마음은 없다. 그는 내 인생에 가장 큰 선물이자, 가장 귀중한 가르침을 남긴 사람이었기 때문이다. 다만 나는 그가 말한 성공의 정의 속에 포함되어 있던 단어 '양심'이 그의 불행을 설명해 주는 하나의 실마리가 아니었을까 하는 생각을 떨칠 수 없다.

예컨대 참혹한 유혈 사태로 번졌던 '홈스테드 파업(Homestead Strike)' 전후로 노동자들을 대했던 그의 냉혹한 태도 그리고 동업자였던 헨리 클레이 프릭(Henry Clay Frick)과의 냉랭하고 단호한 관계를 떠올려 보면, 어쩌면 그는 자기 양심과의 우호적이고 조화로운 연결을 서서히 잃어가고 있지 않았을까 하는 생각이 든다.

나는 그의 성공 철학을 따르고자 하는 이들에게 이 점을 반드시 한 번쯤 곱씹어 보아야 할 화두로 제시할 뿐, 결코 그의 이름에 흠을 내고자 할 목적은 아니다. 그는 내 인생에 가장 깊은 자국을 남긴 인물이었고, 누구보다 지혜롭고 강력한 영향력을 지닌 사람이었기에 나는 지금도 진심으로 그를 존경한다.

수십 년 전, 카네기 씨가 내게 성공의 정의와 실패의 주요 원인 목록을 들려주었을 당시, 그의 성격이나 삶의 방식 어디에서도 '성공하지 못한 사람'의 흔적은 찾아볼 수 없었다. 세상이 흔히 말하는 물질적·재정적 기준으로 보자면, 그는 분명 정상에 선 인물이었다. 그는 산업계에서 명성과 권력을 누렸고, 막대한 부를 이루었으며, 건강 역시 나무랄 데가 없었다. 겉으로 보기에는 오직 양심만이 들여다볼 수 있는 그의 내면마저도 평온해 보였다.

내가 그와 처음 만났던 사흘 동안, 카네기 씨는 밝고 열정적이며 경쾌한 태도로 내 앞에 서 있었다. 그 모습만으로도, 적어도 그 당시만큼은 그가 자신의 양심과 충돌 없이 살아가고 있다는 믿음을 갖기에 충분했다. 그러나 아무리 날카로운 외부의 시선이라 해도 결코 포착할 수 없는 무언가가, 어쩌면 이미 그 무렵부터 위대한 카네기와 그의 양심 사이의 조화를 조금씩 무너뜨리고 있었는지도 모른다.

카네기 씨와의 첫 만남 이후, 나는 수많은 부유한 사람들을 오랜 시간 관찰해 왔다. 그 과정에서 한 가지 확신은 더 깊어졌다. 물질적 부를 지나치게 축적하는 과정에는 인간의 양심을 무디게 만드는 어떤 성질이 분명히 숨어 있다는 확신이다. 그 이유를 명확히 설명할 수는 없지만, 그것이 사실이라는 점만큼은 의심할 여지가 없다.

나는 직접 분석할 기회를 가졌던 거의 모든 부유한 이들의 생활 습관과 사고방식 속에서 그 사실을 뚜렷이 확인했다. 사람이 자신에게 필요한 수준을 넘어 더 많은 돈을 원한다면, 돈을 손에 넣는 일

자체는 가능해 보인다. 그러나 그에 따르는 대가는 결코 가볍지 않다. 무엇보다 가장 큰 대가는 양심이 들려주는 조용한 목소리를 외면하게 된다는 점이다.

나는 카네기 씨와의 첫 만남 직후 이 진실을 깨달았고, 그 부정적 영향에 휘둘리지 않기 위해 마음속에 단단한 대비책을 세웠다. 그러므로 내 재능과 연구로 얻은 귀중한 지식을 왜 일찍이 거대한 부로 바꾸지 않았느냐고 비판하는 이들에게는, 이것이 가장 분명한 답이 될 것이다. 나는 생계를 유지할 만큼의 돈은 원했지만, 양심의 소리를 외면해야 하는 부라면 단호히 거부했다. 실제로 양심이 허락하는 부와 그렇지 않은 부 사이에 뚜렷한 경계선을 그어 왔고, 그 원칙 때문에 적지 않은 재산을 스스로 포기해야 했던 순간도 있었다.

나는 지식을 쌓는 데는 열정을 쏟으면서도 돈을 모으는 일에는 무심했다. 그 태도가 워낙 분명하다 보니, 가까운 친구들이 늘 그 점을 두고 나를 놀리곤 했다. 지금도 뚜렷이 기억하는 말이 있다. 독자에게도 교훈이 되기를 바라며 함께 전하고 싶다. 가까운 친구 에드윈 C. 반즈(Edwin C. Barnes)가 만날 때마다 내게 건네던 인사말이다.

"이봐, 이봐, 이봐! 우리 오랜 친구 나폴레온 힐, 자네 머릿속에는 백만 달러가 가득한데 주머니에는 동전 한 닢이 없구먼!"

반즈는 화물열차에 몸을 싣고 뉴저지 오렌지(Orange, New Jersey)에 도착한 뒤, 기회를 스스로 만들어 내듯 집요하게 도전해 마침내 토머스 에디슨과 동업자가 되었고, 그 결과 수백만 달러의 부를 손에 넣었다. 그때도 그러했고 아마 지금도 그는 내가 왜 지식 탐구를 멈추고 거대한 부를 추구하는 쪽으로 방향을 틀지 않았는지 이해하지 못할 것이다. 그에게는 내 행동이 여전히 풀리지 않는 수수께끼로 남아 있을지도 모른다.

나는 저명한 신문 칼럼니스트 아서 브리즈번(Arthur Brisbane)과 나눈 대화에서도 깊은 인상을 받았다. 그 울림은 지금도 내 안에 또렷이 남아 있다. 그를 처음 만난 지 여러 해가 지난 뒤, 우리는 우연히 캐츠킬 산맥에 나란히 여름 별장을 두게 되었다. 당시 나는 아직 내 철학을 수입으로 연결하지 못했고, 저녁이면 종종 그의 집을 찾았다. 그와 하루 동안 나눈 대화가 도서관에서 한 달 내내 책을 파고 들며 얻을 수 있는 지식보다 훨씬 값지고 깊었기 때문이다.

브리즈번은 만남이 끝날 때마다 어김없이 같은 말을 던지곤 했다. 약간의 조롱이 섞인, 그러나 날카롭게 벼린 목소리로 이렇게 외쳤다.

"명심하게! 세상에서 가장 수익성이 른 일은 대중이 듣고 싶어 하는 말을 찾아 그대로 말해 주는 것이야!"

만약 단 한 문장으로 자신의 인생철학을 압축해 보여 준 인물이 있다면, 바로 그때의 브리즈번이 그랬다. 그는 군중의 욕망을 좇고, 사람들이 듣고 싶어 하는 말을 정확히 짚어 내는 일, 그 단순하면서도 치명적인 기술이 곧 막대한 부로 이어진다는 사실을 조금도 숨기지 않았다.

브리즈번이 세상을 떠났을 때, 그는 수백만 달러의 재산을 남겼다. 그 부는 스스로 생각하려 하지 않는 대중의 편에 서서, 그들이 듣고 싶어 하는 말만을 되풀이한 결과였다. 반면 같은 시기, 나는 카네기 씨가 일깨워 준 목표를 향해 나아가기 위해 가난한 우범지대를 벗어나려 치열하게 몸부림치고 있었다. 두 사람 사이에는 분명한 차이가 있었다. 그는 자녀들이 굳이 의미 있는 사람이 되지 않아도 될 만큼의 재산 외에는 세상에 남긴 가치가 거의 없었고, 그 자신 또한 생전에 단 한 번도 진정한 행복을 맛보지 못했다는 점이다.

내가 세상을 떠난 뒤 무엇을 남기게 될지, 다른 이들에게 어떤 가치를 지닐지는 가늠할 수 없다. 그러나 한 가지는 분명하다. 나는 깨어 있는 모든 순간, 마치 영혼이 취한 듯한 황홀감 속에서 깊고 강렬한 기쁨을 느끼며 살아가고 있다. 바로 끊임없는 행복이다.

내가 처음 브리즈번을 만났을 무렵, 그는 수백 개 신문의 1면 칼럼을 통해 매일같이 수백만 독자에게 목소리를 전하는 특권을 누리고 있었다. 만약 그 자리를 차지할 수 있다면 나는 가진 모든 재산을 내놓을 각오가 되어 있었다. 그때도 지금도 변함없이 나는 브리즈번만큼이나 독자들에게 훨씬 더 깊은 울림을 주는 공간으로 만들 수 있었을 것이라고 생각한다.

내가 꿈꾸던 방식은 단순히 대중이 듣고 싶어 하는 말만을 골라 적는 브리즈번식 철학이 아니었다. 나는 매일 뉴스를 깊이 분석해, 독자들이 인간의 삶을 움직이는 갈등과 음모, 이기심과 탐욕, 질투와 배신 그리고 두려움의 뿌리를 스스로 깨닫게 하고 싶었다. 그러나 이 모든 이야기는 이제 30년도 더 지난 과거의 일이다. 훗날 브리즈번이 영원히 1면을 내려놓았을 때를 떠올리면, 그 시절의 나는 그에 대해 아는 내용이 너무도 적었다.

기묘한 우연이 하나 있었다. 브리즈번 씨가 세상을 떠나기 직전, 내 가까운 벗들 가운데 많은 이들이 그의 죽음을 어렴풋이 예감했고, 내가 '투데이(Today)' 칼럼을 이어받을 수 있도록 나도 모르게 준비를 시작했다. 신문업계의 베테랑들조차 속아 넘어갈 만큼 내가 브리즈번의 문체를 재현할 수 있다는 사실을 알아본 이들 중에는 가까운 지인도 있었다. 그는 내가 반드시 그 지면을 맡아야 한다고 굳게 믿었고, 발행인인 윌리엄 랜돌프 허스트(William Randolph Hearst) 씨에게는 전하라며 설득력 있는 편지를 써 주었다. 그리고 곧바로 캘리포니아로 날아가 출판인을 직접 만나 보라고 권유했다.

나는 그 편지를 세 주 동안 간직한 채, 두 사람의 생애를 처음부터 다시 들여다보았다. 허스트의 자극적인 보도가 맥킨리 대통령 암살의 원인으로 지목되던 시절부터, 브리즈번이 '투데이' 칼럼으로 불러일으킨 악명 높은 플로리다 부동산 광풍에 이르기까지, 그들의 궤적을 하나하나 되짚어 보았다. 그들의 삶은 권력과 여론이 얼마나 무서운 힘을 지니는지를 여실히 보여 주고 있었다.

가능한 한 편견을 걷어 내고 두 사람을 분석한 끝에, 나는 인생이 내게 안겨 준 가장 큰 행운 가운데 하나가 바로 한 번도 허스트 계열 신문에 글을 쓰지 않았다는 사실임을 깨달았다. 나는 그의 어떤 공공 정책에도 동의한 적이 없었다. 그리고 무엇보다 중요한 사실은 내 평생 단 한 줄의 글도, 단 한마디의 말도, 단 하나의 행동조차도 '대중이 듣고 싶어 하는 것을 알아내 그대로 말하라'는 브리즈번의 철학을 담은 적이 결코 없었다는 점이다.

허스트 씨에게 전하려 했던 소개장은 지금도 내 서류철 속에 고이 남아 있다. 그것은 내가 지닌 소지품 가운데서도 특히 아끼는 물건이다. 우리가 간절히 원한다고 믿었던 일이, 때로는 정작 바라지 않았던 결과였음을 일깨워 주는 살아 있는 증거이기 때문이다. 만일 그 뜨거운 갈망에 휩싸여 있던 당시, 내가 브리즈번 씨의 1면 칼럼을 이어받았더라면, 직접적이든 간접적이든 그 칼럼이 벌어들인 수백만 달러의 일부는 분명 내 몫이 되었을 것이다.

만약 그랬다면 나는 우범지대의 좁은 방 한편에서 오롯이 글을 쓰고 연구하던 그 귀중한 시련의 시절을 결코 마주하지 못했을 것이다. 강제된 고독의 시간은 내게 내려진 가장 값진 은총이었다. 무엇보다도 나는 그 시간을 통해 우주의 섭리를 스스로 발견할 수 있었다. 에머슨이 말한 '보상의 법칙'을 분명히 깨달을 수 있었던 이유도 바로 그 고요하면서도 치열했던 시간 덕분이었다.

나는 지금처럼 단 한 푼의 보수도 받지 않고 지식을 탐구하는 이 자리가, 허스트 씨의 생각과 개인적 욕망을 대변하며 1면 칼럼을 쓰는 자리보다 훨씬 더 소중하다고 믿는다. 부디 이 말이 자만이나 과시로 비치지 않기를 바란다. 언제나 자신만의 의견을 품고, 이를 자신만의 방식으로 표현할 수 있는 사람, 그런 이가 타인과 맺는 관계에는 양심과 조화롭게 공존할 수 있는 깊고 본질적인 무언가가 깃들어 있다. 이름 붙이긴 어렵지만, 그 무엇은 물질적 보상이나 세속적 부에 기대지 않고도 인생을 충분히 보상해 주는 힘이 된다. 그리고 양심과 조화를 이루며 살아가는 이에게 시간은 반드시 그에 상응하는 보답을 안겨 준다. 이는 양심을 꺾거나 타협함으로써 얻는 어떤 보상보다도 훨씬 멀리 가닿는, 조용하지만 확고한 축복이다.

풍요의 철학을 전하고자 하는 내가 동시에 과도한 물질적 부의 추구를 경계하라고 말하는 모습이 다소 이율배반적으로 보일지도 모르겠다. 그러나 나는 그렇게 말하지 않을 수 없다. 돈을 삶의 유일한 목표로 삼은 이들이 어떤 정신적 상태에 놓이게 되는지를, 나는 너무도 분명히 보아 왔기 때문이다. 지난 수십 년 동안 내가 직접 만나고 분석해 온 수백 명의 부유한 사람들 가운데, 과도한 부 때문에 삶을 해치지 않고 살아간 이는 손가락으로 꼽을 만큼 드물었다.

내가 만나 본 수많은 부유한 사람들 가운데, 그런 드문 예외 중 한 사람이 바로 헨리 포드(Henry Ford)였다. 그는 종종 냉정하고 탐욕스럽다는 비판을 받기도 했지만, 누구보다도 자신의 부를 가장 잘 활용한 인물이었다. 그 이유는 분명하다. 그는 돈과의 관계를 바르게 맺고 있었기 때문이다. 포드에게 돈이란 그저 모아 두는 축적의 대상이 아니라, 목적을 위해 써야 하는 도구였다. 그는 돈을 금고에 쌓아 두기만 하는 사람이 아니었다. 그는 어떻게 부를 모으고, 또 어떻게 세상을 위해 부를 쓰는지를 아는 사람이었다. 그래서 그의 재산은 그 자신만을 위해 쓰이지 않았다. 수십만 명의 사람들에게도 함께 쓰였고, 그들에게도 삶을 바꾸는 손길로 닿아 갔다.

카네기 씨가 저지른 안타까운 실수 가운데 하나는, 미국 철강공사(U.S. Steel Corporation)가 설립되던 시점에 자신이 보유한 지분을 4억 달러에 현금화하고 은퇴를 결심한 일이었다. 이는 그의 정신이 무너

  마스터 마인드

지는 데 있어, 다른 어떤 원인 못지않게 큰 영향을 끼친 결정이었다. 그가 손에서 사업을 놓는 순간부터, 그 예리하던 두뇌는 서서히 무기력해지기 시작했다. 나는 비슷한 사례를 수도 없이 보아 왔다. 무려 백 번도 넘게 말이다.

반면 대부분의 사람들이 "이제는 쉬어도 되겠다"고 판단하는 지점에서도, 헨리 포드는 여전히 포드 산업 제국의 한가운데서 활발히 일하고 있었다. 그리고 바로 그 점이야달로 포드가 완벽한 건강과 만족스러운 정신 상태를 유지할 수 있었던 가장 결정적인 이유이다.

나는 포드, 카네기, 에디슨 같은 인물들을 비롯해 그들과 유사한 수많은 사람들을 오랫동안 관찰해 왔고, 내 삶의 경험을 통해 한 가지 분명한 진실을 깨달았다. 인간에게 오래 지속되는 참된 행복을 가져다주는 유일한 길은 어떤 형태로든 '쓸모 있는 봉사'를 실천하는 데 있다는 사실이다.

물질적 소유는 분명 일정 수준의 신체적 자유를 제공해 준다. 그러나 육체적 자유만으로는 결코 행복이 보장되지 않는다. 우리는 정신적 자유와 영적인 자유도 함께 누려야 한다. 그리고 이 두 가지는 '무엇을 소유했는가'가 아니라, 우리가 '무엇을 했는가'에 대한 대가로만 주어지는 보상이다.

만일 이 단 하나의 진리를 오늘날 문명 사회의 구성원들이 제대로 이해하고 실천할 수 있다면, 지금처럼 사용자와 노동자 사이에서 벌어지는 '목을 겨누는 듯한' 극단적 대립도, 정부가 기업과 산업의 지도자들을 억누르려는 무의미하고 어리석은 시도 또한 마침내 끝을 맺게 될 것이다.

　나는 한 가지 의문을 쉽게 떨칠 수 없었다. 카네기 씨는 사람들 사이의 조화로운 관계를 성공의 필수 조건 가운데 하나로 그토록 강조했음에도, 정작 그는 내가 만난 어떤 산업계 거장들보다도 동업자들과 깊은 불화와 갈등을 겪었던 인물이었기 때문이다. 어쩌면 그의 영혼 깊은 곳에는 말로는 꺼내지 못할 무언가가 끊임없이 양심을 건드리고 있었던 게 아닐까? 그래서 그는 스스로 이루지 못한 조화와 평온을 적어도 다른 이들만큼은 반드시 누리길 바라는 마음으로 '조화로운 인간관계'를 성공의 본질로 거듭 내세우며 강조했는지도 모른다.

　카네기 씨와의 첫 인터뷰에서 마지막 날은 내 인생에서 가장 뜻깊은 하루였다. 그는 언어가 지닌 힘이 얼마나 크며, 그것이 얼마나 극적으로 전달되느냐에 따라 사람의 마음에 남는 울림이 달라진다는 사실을 누구보다 잘 알고 있었다. 그래서 그는 자신의 인생에서 가장 소중히 여기는 성공 원칙 세 가지 가운데 마지막 하나를, 내 마음이 그 원칙을 받아들일 준비가 충분히 되었을 때에야 비로소 꺼내 들었다. 모든 과정은 치밀한 계산과 배려 속에서 이루어졌다.

　셋째 날 아침, 나는 어김없이 그의 사무실에 도착했다. 그러나 그날만큼은 내게 질문할 기회도, 말을 건넬 틈도 주어지지 않았다. 대신 그는 단도직입적으로 내 안에 어떤 하나의 '생각'을 심기 시작했다. 지금 돌이켜 보면, 그가 그날 내게 건네준 그 한 가지 생각이야말로 내가 인생에서 어디서도 받아 본 적 없는 가장 값진 선물이었다.

그 생각은 내게 말할 수 없이 많은 순간에 빛이 되어 주었고, 방향이 되어 주었다. 만일 그때 그 생각을 얻지 못했다면, 나는 아마도 20년이라는 긴 세월을 들여 《성공의 법칙》을 완성할 수 없었을 것이다.

모든 과정을 이미 내다보고 있었던 카네기 씨는 그 마지막 원칙을 단순한 조언이 아니라, 한 편의 드라마처럼 내게 건넸다.

실패를 축복으로 전환하는 습관

"나는 이미 자네에게 개인적 성공을 위한 가장 중요한 두 가지 원칙을 설명했네."

그가 고요하지만 단호한 목소리로 말을 이었다.

"이제 세 번째 원칙인 '실패 전환의 원칙'을 전해 줄 차례일세. 이 원칙은 그 무엇보다도 중요하네. 그 깊은 뜻을 제대로 이해하고, 그 가치를 온전히 받아들이지 못한다면 자네는 앞으로 맡게 될 이 위대한 과업을 결코 완수하지 못할 걸세.

우선 이 원칙의 다른 이름을 적어 두게. '실패를 축복으로 바꾸는 습관'이라고 말일세. 그리고 '습관'이라는 단어에 밑줄을 그어 두게. 그 단어가 이 원칙의 핵심이라네.

또 하나의 문장을 받아 적게. '실패는 언제나 그에 상응하거나 더 큰 성공의 씨앗을 조용히 품고 있다.' 이 문장을 통해 자네는 이 원칙이 지닌 깊이와 무게를 느낄 수 있을 걸세.

아마 지금까지는 실패를 그렇게 바라본 적이 없었을 거야. 하지만 실패 속에 더 본질적인 가치와 오래가는 성장의 열매가 숨어 있지. 실패란 우리가 잘못된 판단을 했거나 그릇된 행동을 했을 때, 세상이 우리를 일깨우기 위해 사용하는 가장 정직한 도구야.

자네가 앞으로 위대한 성취를 이룬 이들의 삶을 되짚어 보게 되면 곧 알게 될 걸세. 그들은 최종적인 성공에 이르기 전에 숱한 실패와 실수를 겪었고, 그 실패로부터 무엇을 배우고 얼마나 자양분으로 삼았는가에 따라 성공의 크기 또한 달라졌다는 사실을 말이야.

한 가지는 분명히 해 두고 가야겠네. 누구든 위대한 성취에 오르기 위해서는 반드시 한 번쯤은 무너지고, 넘어지고, 좌절하고, 실수해야만 하네. 인류의 역사를 아무리 깊이 들여다봐도 마찬가지일세. 역사 속 위인들 역시 그 자리에 이르기까지 숱한 실패와 좌절을 겪었지. 하지만 이야기를 이어가기 전에 반드시 짚고 넘어가야 할 한 가지가 있네. 여기서 말하는 실패는 끝이 아니야. 실패는 '시작'이고, 잠시 멈춘 걸음일 뿐이며, 더 깊은 통찰을 품은 일시적인 패배에 지나지 않아.

이 차이를 제대로 이해하지 못한다면, 자네는 인생의 수많은 국면에서 스스로를 실패자라 여기고 말 거야. 하지만 실제로는 단지 잠시 꺾였을 뿐일지도 모르지. 그런데도 그 패배를 끝이라 단정하고 스스로 포기하는 바로 그 순간, 그때야말로 진짜 실패가 되는 거야.

인생은 본래 누구에게나 실패처럼 보이는 순간과 주춤하는 시기를 겪게 만드는 법이지. 중요한 차이는 자네가 마주한 장애물을 어떻게 바라보느냐에 달려 있어. 그것을 걸림돌로 보느냐, 아니면 디딤돌로 삼느냐? 그것을 영원한 좌절로 받아들이느냐, 아니면 성장을 위한 숨 고르기로 받아들이느냐. 인생의 갈림길은 늘 그 해석에 달려 있다네."

카네기 씨는 말을 멈추고, 책상 위에서 조심스럽게 세 통의 봉투를 꺼내어 내게 건넸다.

"이제 인터뷰는 거의 끝났지만, 나는 이 대화가 여기서 끝나길 바라지 않는다네. 자네가 반드시 만나야 할 세 사람에게 보내는 소개장이야. 그들과 충분히 대화를 나눈 뒤, 다시 돌아오게. 자네가 얻은 통찰을 함께 분석해 보자고."

그는 먼저 디트로이트의 자동차 제조업자 헨리 포드를 지목했다. 다음은 장거리 전화의 발명가 알렉산더 그레이엄 벨(Alexander Graham Bell) 박사, 그리고 마지막은 정신 자극 분야를 깊이 연구해 온 과학자 엘머 R. 게이츠(Elmer R. Gates) 박사였다. 벨과 게이츠는 모두 워싱턴에 거주하고 있었기에, 그는 먼저 포드 씨를 찾아가 보라고 했다.

"그는 아직 세상이 알아볼 단한 업적을 이루지는 못했네. 하지만 머지않아 자동차 산업을 지배하게 될 인물이야. 자네는 그를 일종의 살아 있는 실험 대상으로 삼을 수 있을 걸세. 돈도, 학식도, 인맥도 없이 맨바닥에서 출발해 수많은 실패와 좌절을 딛고 정상에 오르는 사람이 어떤 존재인지, 그를 통해 생생히 배울 수 있을 테니까."

그 말을 마친 뒤, 카네기 씨는 책상 위에 놓인 세 통의 소개장을 다시 한번 정돈해 내 손에 쥐여 주었다. 그리고 천천히 자리에서 일어나 악수를 청하더니, 이내 두 팔로 나를 힘껏 끌어안았다. 문 앞까지 나를 배웅하며 그는 따뜻한 눈빛으로 이렇게 말했다.

"잘 가게, 자네. 그리고 잊지 말게. 나는 자네가 반드시 이 일을 완수해 주리라 믿고 있네."

그렇게 우리의 인터뷰는 끝이 났다. 훗날 이 만남은 내 삶을 근본부터 바꾸는 전환점이 되었고, 수많은 이들의 인생에도 조용하지만 깊은 흔적을 남기게 된다. 그러나 그 순간의 나는 그 의미가 지닌 무게를 도저히 감당하지 못한 채 멍하니 서 있을 뿐이었다.

기차역으로 향하던 길, 나는 가방을 들고 천천히 걸었다. 하지만 그날의 길이 어땠는지, 어떤 거리를 지나쳤는지, 언제 역에 도착했는지조차 전혀 기억나지 않는다. 오직 한 장면만은 지금도 또렷하다. 서늘한 바람이 옷깃을 스치던 어느 10월의 아침, 기차 창밖 너머로 디트로이트 역이 모습을 드러내던 바로 그 순간이다. 나는 그곳으로, 헨리 포드에게 카네기 씨의 소개장을 전하러 가고 있었다.

애초에 나는 단지 세 시간 정도 카네기 씨를 인터뷰할 계획이었다. 부와 성공을 이룬 한 남자에 대한 잡지 기사를 쓰기 위한 목적이었다. 그러나 실제로 나는 그곳에 사흘을 머물렀고, 그 사이 모든 것이 뒤바뀌었다. 내가 그를 인터뷰한 게 아니라, 오히려 그가 나를 인터뷰한 셈이었다.

그 사흘 동안 그는 내 마음 깊은 곳에 평생을 이끌어 갈 '분명한 삶의 목적'을 심어 주었고, 지상에서의 내 삶 전체를 바꿔 놓을 위대한 방향을 제시해 주었다. 더 나아가 그는 훗날 《성공의 법칙》을 떠

받치게 될 핵심 기둥이 되는 세 가지 원칙을 내게 전수해 주었다. 바로 다음과 같은 원칙들이었다.

마스터 마인드의 원칙
중심 목표의 원칙
실패 전환의 원칙

나는 카네기 씨와의 그 특별한 인터뷰를 통해 훗날 '성공의 법칙'이라는 체계를 이루게 될 사상의 핵심을 얻었다. 만약 세 가지 원칙이 처음부터 내 안에 확고히 자리 잡지 못했더라면, 나는 다른 원칙들까지 발전시킬 수 없었을 것이다.

카네기 씨는 세 가지 원칙의 가치를 다음과 같이 단언한 바 있다.

"지속적인 성공을 이룬 이들은 한결같이 세 가지 원칙을 지켰다네. 첫째, 마스터 마인드의 힘을 통해 타인의 지성과 연대했고, 둘째, 삶을 관통하는 분명한 목표를 세운 뒤 끝까지 밀어붙였으며, 셋째, 자신의 실패든 타인의 실수든 그 속에서 반드시 배움을 찾아내 성장의 자양분으로 바꾸었다는 점일세."

그리고 이제 나는 수백 명의 성공 사례와 수천 명의 실패 사례를 두 눈으로 지켜본 끝에, 세 가지 원칙의 중요성과 진실함을 실증으로 증명할 수 있게 되었다. 카네기 씨의 말은 단 하나도 과장이 아니었다. 오히려 내가 평생에 걸쳐 확인하 온 성공의 정수였다.

세기의 성공을 거둔
위인들과의 만남

Part 2

세기의 성공을 거둔

- 헨리 포드, 알렉산더 그레이엄 벨 박사, 엘머 R. 게이츠 박사,
사이러스 H. K. 커티스, 에드워드 보크와 함께한 시간들

카네기 씨에게서 얻은 정보는 분명 값지고 유익했다. 그러나 그것은 어디까지나, 내가 갈망하던 개인의 성취를 위한 '성공 철학'을 집대성하기 위한 초석에 불과했다. 나는 헨리 포드, 벨 박사, 게이츠 박사, 사이러스 H. K. 커티스(Cyrus H. K. Curtis), 에드워드 보크와의 만남과 교류를 통해 한 가지 중요한 사실을 절감하게 되었다. 실용적이고 체계적인 성공 철학을 세우기 위해서는, 막대한 부를 일군 인물들과 몇 차례 인터뷰를 나누는 정도만으로는 결코 충분하지 않다는 점이었다.

이 자리를 빌려 나는 그들에게 깊은 감사를 전하고자 한다. 단지 그들이 내 작업에 지대한 기여를 해 주었기 때문만은 아니다. 오히려 나는 그들이 오랜 세월에 걸쳐 보여 준 깊은 공감과 진심 어린 협력의 자세에 더 큰 빚을 지고 있다고 느낀다. 그들은 대부분의 사람들이 대가 없이 내어 주지 않았을 귀중한 정보와 돈으로도 환산하기 어려운 가치를 지닌 사실들을 아무런 조건 없이 흔쾌히 내어 주었다.

　무수한 인물들 가운데서도 벨 박사와 게이츠 박사는 특히 협력의 본보기가 될 만한 태도를 보여 주었다. 나는 이들과 2년이 넘는 시간을 함께하며, 그들이 보유한 지식의 세계에 자유롭게 접근할 수 있었다. 덕분에 나는 수많은 인물들과의 인터뷰로 수집한 방대한 자료를 함께 분석하고 체계화하는 작업을 꾸준히 이어갈 수 있었다. 벨 박사는 내가 추구하던 '실용적 성공 철학'이라는 야심찬 구상에 깊은 관심을 보였고, 자신의 도서관과 비밀 문서 보관실의 열쇠 복사본까지 내게 건넬 만큼 전폭적인 지원을 아끼지 않았다. 그들이 내게 어떤 놀라운 도움을 주었는지는 차차 자세히 풀어가겠지만, 먼저 나는 헨리 포드와의 첫 만남부터 이야기하고자 한다.

　내가 디트로이트로 향한 여정에는 두 가지 목적이 있었다. 하나는 오래전부터 계획해 온 포드 자동차를 구매하는 일이었고, 다른 하나는 카네기 씨의 권유에 따라 헨리 포드를 직접 만나 그의 생각과 철학을 듣는 일이었다. 나는 카네기 씨가 써 준 소개장을 들고 포드를 찾아갔고, 그렇게 그와 처음 마주하게 되었다.

　솔직히 말해, 그와의 첫 만남은 몹시 실망스러웠다. 아마도 카네기 씨의 말을 들으며 어느새 기대가 커졌기 때문일 것이다. 나는 헨리 포드라는 인물이 눈부시게 강한 개성과 존재감을 지녔고, 그와의 대화가 단번에 나의 철학을 완성시켜 줄 결정적인 통찰을 안겨 주리라 믿었다. 그러나 실제로 마주한 그는 내 예상과 전혀 달랐다. 이 말이 무례하게 들리지 않기를 바라지만, 그의 외모는 기껏해야 동네에서 흔히 마주치는 평범한 정비공에 가까웠고, '개성'이라 부를 만한 특별함도 쉽게 느껴지지 않았다.

그는 차갑고 무관심해 보였고, 열정의 기운도 좀처럼 드러내지 않았다. 인터뷰 내내 그는 가까스로 내뱉는 듯한 목소리로, 한두 음절짜리 단어 몇 개로 간신히 자신의 생각을 전달할 뿐이었다. 꼭 필요한 말만, 그 또한 가능한 한 최소한의 표현으로만 응답하던 그의 태도는 내가 기대했던 인물상과 너무도 거리가 멀었다.

마지막으로 나는 돌아오는 길에 몰고 갈 자동차 이야기를 꺼냈다. 그러자 포드 씨는 눈에 띄게 경직된 태도를 풀더니, 내가 반드시 알아 두어야 할 차량의 구조와 작동 방식에 대해 상세히 설명해 주었다. 당시에는 주유소조차 드물었고, 아스팔트로 포장된 도로도 거의 없었다. 내가 직접 운전해 시골을 가로질러 천 마일 가까운 거리를 이동하려는 상황을 고려해 준 것이었다.

인터뷰 기간 중 나는 그에게서 짧은 운전 지도를 받을 기회도 있었다. 내가 옆에 탄 상태에서 포드 씨가 직접 운전대를 잡고 공장 주변을 돌며 시범을 보였고, 설명을 마친 뒤에는 차량을 내게 넘겼다. 그는 시동을 걸기 전에 반드시 점화 타이밍을 조절하라는 중요한 조언을 하나 남겼다.

당시의 자동차는 수동 시동 장치 방식이어서, 크랭크 핸들(starting crank)을 손으로 돌려 시동을 걸어야 했다. 그런데 시동을 걸 때 점화가 너무 이르게 일어나면 연료가 미리 폭발하며 크랭크가 역방향으로 튕겨 나와 손이나 팔을 다칠 위험이 있었다. 그래서 그는 점화 타이밍을 특히 당부했다.

그러나 나는 시동을 걸 때 그의 조언을 깜빡 잊었고, 그 실수로 한동안 팔에 붕대를 감고 지내야 했다. 아주 사소한 부주의였지만, 그 경험은 내게 쉽게 잊히지 않는 작고도 뼈아픈 교훈으로 남았다.

나는 디트로이트에 머무는 나흘 동안, 당시로서는 아직 규모가 작았던 포드 공장의 직원들 다수와 포드 공장 인근 상점 주인들, 지역 상인들을 두루 인터뷰했다. 내가 누구이며 왜 이런 정보를 수집하는지를 설명하자, 많은 이들이 의미심장한 웃음을 지으며 눈썹을 치켜올렸다. 그들의 반응은 놀라움이라기보다 어이없다는 표정에 가까웠다. 그중 한 사람은 이렇게 솔직하게 말하기까지 했다.

"우리가 아는 그 포드 씨요? 카네기 씨 말대로 언젠가 천재가 될 수도 있겠지요. 하지만 지금은 전혀 그런 사람이 아닐 텐데요!"

나는 포드 씨와 직접 인간관계를 맺고 있거나, 혹은 그를 가까이에서 지켜본 이들 약 쉰 명을 인터뷰했다. 그러나 그들 가운데 누구 하나도 카네기 씨가 내렸던 포드 씨에 대한 평가에 선뜻 동의하지 않았다. 솔직히 말해, 그 순간의 나 역시 그들과 다르지 않은 시선으로 포드 씨를 바라보고 있었다. 디트로이트에서 돌아오는 기차 안에서 나는 마음속으로 수없이 되뇌었다.

'사람을 보는 안목이 그렇게도 탁월했던 카네기 씨가 어째서 포드라는 인물을 두고 이런 판단 착오를 저질렀단 말인가?'

디트로이트에서의 여정은 사흘째 늦이 저물 무렵까지도, '성공 철학'을 완성하는 데 있어 그 어떤 뚜렷한 성과도 내게 안겨 주지 못했다. 무엇보다 '헨리 포드'라는 인물에 대한 깊은 실망은 내가 전적으로 신뢰해 왔던 카네기 씨에 대한 믿음마저 흔들어 놓았다. 나는 그가 사람을 평가하는 데 있어 도저히 용납할 수 없는 오류를 범했다고까지 생각했다.

그러나 그 모든 일은 이제 먼 과거의 이야기이다. 오랜 시간이 흐른 뒤, 내 생각을 완전히 바꾸어 놓은 두 가지 변화가 찾아왔다. 하나는 헨리 포드라는 인물이 살아온 시간의 궤적 속에서 카네기 씨가 언급했던 모든 가능성을 스스로 입증해 보였다는 사실이다. 또 다른 하나는 나 역시 삶을 거듭하며 사람을 보다 섬세하게 바라보고, 더 정확히 이해할 수 있는 눈을 갖추게 되었다는 점이었다. 결국 문제는 포드 씨에게 있지 않았다. 아직 그때의 나는 '사람을 보는 법'을 제대로 배우지 못했을 뿐이다.

디트로이트에서의 마지막 날, 나는 포드 씨에게서 두 가지 중요한 덕목을 발견했다. 이는 훗날 나의 성공 철학 속에 고스란히 스며들었다. 다만 그 두 가지가 철학의 한 부분으로 깊이 뿌리내리기까지는 여러 차례의 관찰과 성찰을 거치며 결코 착오가 아님을 스스로 확신하는 시간이 필요했다.

나는 그의 사업 운영 방식과 그가 제작하던 자동차의 형태를 면밀히 살펴보며, 포드 씨가 성공에 있어 가장 핵심적인 두 요소인 자기 절제와 단 하나의 목표를 향해 모든 에너지를 집중하는 습관에 있어 거의 완벽에 가까운 자질을 갖추고 있다는 사실을 깨달았다. 그는 일단 무언가를 시작하면 끝을 볼 때까지 좀처럼 멈추지 않는 사람이었고, 철저히 한 방향으로만 달리는 기질의 소유자였다. 그의 이성은 늘 감정보다 앞서 있었으며, 설령 감정이 스며들더라도 그것이 판단을 흐리는 일은 결코 없었다.

두 가지 덕목은 성공을 이루는 데 있어 분명 결정적인 요소였고, 나 역시 그 가치를 충분히 이해하고 있었다. 그럼에도 당시의 나는, 이 자질들만으로 그를 '천재'라 단언했던 카네기 씨의 평가에 이르기에는 아직 부족하다고 느끼고 있었다.

그러나 디트로이트를 떠나기 직전, 나는 포드 씨에게서 또 하나의 가능성을 보았다. 그는 카네기 씨가 그로록 강조했던 '마스터 마인드 원칙'을 받아들이고 활용할 수 있는 능력을 지닌 인물일지도 모른다는 생각이 들었다. 실제로 그는 이미 의식적으로든 무의식적으로든 그 원칙을 삶 속에 적용하기 시작한 듯 보였다. 그는 집중된 내면의 에너지를 하나의 뚜렷한 목적에 쏟고, 그 목적을 인생의 중심에 두고 살아가려는 방향성을 분경히 드러내고 있었다.

디트로이트에서 포드 자동차를 처음 몰고 집으로 향하던 그날, 나는 훗날 헨리 포드를 두고 이런 평가를 하게 되리라고는 꿈에도 몰랐다. 그러나 지금의 나는 그 말을 하지 않을 수가 없다.

"그는 카네기 씨가 생각했던 것보다 훨씬 더 위대한 인물이었다."

내가 처음 포드 씨를 만났을 두렵, 그는 여러 면에서 강점보다 취약점이 더 두드러져 보였다. 자본은 턱없이 부족했고, 제대로 된 교육을 받을 기회조차 없었다. 선천적 성향 탓인지 성격 또한 침울하고 소극적인 편이었다. 그리고 이런 불리한 조건을 지닌 이들에게 흔히 따라붙는 사회의 차가운 편견이라는 그림자 역시 예외 없이 그를 뒤따르고 있었다.

포드 씨와의 첫 만남에서 내가 얻은 가장 뚜렷한 성과는 '자기 절제'와 '집중된 노력'이라는 두 가지 원칙을 내 성공 철학에 새롭게 더하게 되었다는 점이었다. 그 외에는 포드 개인이나 그의 사업에서 성공 철학에 반영할 만한 다른 가능성은 좀처럼 보이지 않았다. 그럼에도 나는 카네기 씨의 판단을 신뢰했고, 그의 조언대로 포드 씨를 꾸준히 지켜보기로 했다.

결과적으로 나는 그 선택이 얼마나 다행이었는지를 시간이 흐른 뒤에야 비로소 깨닫게 되었다. 포드 씨는 내가 당시까지 정립한 다섯 가지 성공 원칙의 타당성을 입증한 살아 있는 증거였을 뿐 아니라, 그 이후 내가 발견하게 될 수많은 다른 원칙들 또한 스스로 증명해 낸 인물이었기 때문이다.

나는 포드 씨와 그의 측근들을 직접 분석한 끝에, 그가 내가 발견한 성공 원칙들 가운데 단 하나를 제외하고는 거의 모든 원칙을 완벽히 실천하고 있다는 사실을 확인하게 되었다. 이후 나는 분석의 신뢰도를 높이기 위해, 포드 씨의 측근이면서도 공정한 시선을 지닌 한 인물에게 1908년부터 1930년까지 해마다 그 내용을 면밀히 검토해 달라고 요청했다. 그 과정을 통해 나는 포드 씨가 실제로 얼마나 많은 원칙을 적용하고 있었는지, 또 구체적으로 어떤 원칙을 실천하고 있었는지를 확인하고자 했다. 아울러 그가 내가 《성공의 법칙》에 담지 못한 또 다른 원칙을 따로 활용하고 있는지도 살펴보려 했다.

엘머 R. 게이츠 박사와 알렉산더 그레이엄 벨 박사

이제 포드 씨에 대한 이야기는 잠시 미뤄 두고, 디트로이트를 떠난 직후 내가 곧바로 만났던 벨 박사와 게이츠 박사가 성공 철학에 어떻게 기여했는지를 먼저 살펴 보고자 한다. 헨리 포드에 관한 이야기는 적절한 시점에 다시 이어가겠다. 그는 첫 만남 이후 10년에 걸쳐, 내 작업에 없어서는 안 될 본질적인 기여를 한 중요한 인물이기 때문이다.

나는 메릴랜드주 셰비 체이스(Chevy Chase, Maryland)에 있는 엘머 R. 게이츠 박사를 찾아갔다. 카네기 씨가 써준 소개장을 들고 그의 집을 처음 방문했을 때, 내 생애에서도 손꼽힐 만큼 충격적인 장면과 마주했다.

그는 말 그대로 무일푼의 빈털터리였다. 실험실에 갖추어져 있던 방대한 장비들 가운데 상당수는 이미 채권자들에게 압류된 상태였고, 집 안에는 당장 끼니를 해결할 만한 음식조차 보이지 않았다. 현관문을 두드리자 그가 직접 나와 조심스레 문을 열고 얼굴을 내밀었다. 내가 누구이며 어떤 용무로 왔는지 설명할 틈도 없이, 그는 먼저 이렇게 물었다.

"혹시 소환장 집행을 하러 법원에서 나오신 분인가요?"

내가 채무 문제와는 무관하다는 사실을 확인하자, 그의 눈에는 금세 눈물이 맺혔다. 그는 이내 마음을 가다듬고, 담담한 목소리로 자신의 처지를 털어놓기 시작했다. 그가 들려준 이야기는 실로 안타까웠다. 평생을 지식의 탐구에 바쳤으면서도, 그 지식을 세상에 알리고 활용하는 일에는 거의 힘을 쏟지 못한 사람이 결국 어떤 현실과 마주하게 되는지를 여실히 보여 주는 사례였다. 그리고 당시 지식인 사회에서 이러한 비극은 결코 드문 일이 아니었다.

나는 위대한 지성이 끼니조차 제대로 해결하지 못하는 상황에 놓인 모습을 눈앞에서 바라보며 적잖은 충격을 받았다. 그러나 돌이켜 보면, 그 만남은 내게 주어진 하나의 축복이기도 했다. 바로 그 절박한 순간 속에서 나는 평생 다시 오기 어려운 귀중한 기회의 문을 발견했고, 망설임 없이 붙잡았다.

게이츠 박사가 들려준 삶의 이야기와 그가 오랜 세월에 걸쳐 탐구해 온 인간 의식과 사고 작용에 관한 연구를 들으며 나는 비로소 확신에 이르렀다. 과학적 탐구 경험은 아직 부족했고 미숙함도 남아 있던 젊은 시절이었지만, 그 순간만큼은 분명했다. 지금 내 앞에 놓인 이 만남은 카네기 씨가 내게 맡긴 과업과 본질적으로 맞닿아 있는, 결코 흘려보내서는 안 될 중대한 기회라는 사실을 말이다.

나는 근처 식료품점에 들러 일주일 치 식량을 마련한 뒤, 이틀 가까운 시간을 게이츠 박사와 함께 보냈다. 그 시간은 오롯이 인간의 정신이 어떻게 사고하고 반응하는지를 주제로, 그가 평생에 걸쳐 연구해 온 '의식과 사고의 작동 메커니즘'을 설명 듣는 데 쓰였다.

그 후 나는 곧바로 필라델피아로 향해, 백화점 업계의 거물이자 자선가로도 명성이 높았던 존 워너메이커(John Wanamaker) 씨를 찾아갔다. 그리고 정중히 요청하여, 게이츠 박사가 채권자들에게 압류당한 실험 장비를 되찾고 당장의 성계를 유지하는 데 반드시 필요했던 1만 달러의 지원을 약속받았다.

나는 다시 셰비 체이스로 돌아가 게이츠 박사의 곁에서 매일 비서처럼 지냈다. 그의 연구를 보조하고 실험실을 정리하며, 온몸으로 배움을 흡수하려 애썼다. 남는 시간에는 알렉산더 그레이엄 벨 박사와도 협력하며 또 하나의 귀중한 배움의 기회를 이어갔다. 1909년부터 1910년까지 약 2년 동안, 나는 미국이 낳은 가장 위대한 두 지성에게 직접 배울 수 있는 특권을 누렸다. 무엇보다 그들이 평생을 바쳐 이룬 연구 성과와 정신 작용의 원리에 대한 통찰을 고스란히 전해 들을 수 있는 조건 속에서 같이다.

두 사람 모두 애초에 내 '성공 철학'을 완성하기 위한 조언자로 나선 것은 아니었다. 그러나 내가 그들과 함께한 시간은 마치 그들이 나를 위해 일생의 연구를 준비해 온 것처럼 정확히 들어맞았다. 이보다 더 적절한 배움의 기회는 다시 오기 어려웠을 것이다.

나는 언제나 운명의 수레바퀴가 놀라울 만큼 정교하게 작동한다는 사실을 강조하고 싶다. 그 수레바퀴는 내가 간절히 필요로 할 때마다, 꼭 맞는 사람과 자원을 정확한 시점에 내 앞에 데려다주었다. 내가 수없이 많은 실패를 겪는 동안에도, 게이츠 박사와 벨 박사 같은 인물들이 일생을 바쳐 축적한 실천적 지식과 경험을 전수받을 수 있었던 기회는 결코 우연이나 기적이 아니었다. 이유는 분명하다. 나는 단 한 번도 '핵심 목표'를 벗어난 적이 없었다. 내가 일시적으로 무너졌던 순간은 언제나 부차적이고 하위적인 목표들뿐이었다.

게이츠 박사는 극심한 빈곤에서 벗어나자 곧바로 본격적인 연구에 몰두하기 시작했다. 그는 대부분의 시간을 인간 정신의 작용과 원리에 관한 심화 연구에 쏟았고, 남은 시간은 이미 자신이 밝혀낸 지식과 검증된 이론들을 내게 전수하는 데 할애했다.

한편, 내 개인 자금은 점차 바닥나고 있었다. 생계를 꾸리면서도 두 박사에게 배우는 시간을 유지해야 했기에, 나는 해결책을 찾아야 했다. 그 결과 나는 미국 최초의 자동차 운전 및 정비학교 가운데 하나를 창설했고, '워싱턴 자동차대학(The Automobile College of Washington)'이라는 이름으로 운영했다. 이곳에서 나는 운전사와 차량 소유자들에게 운전법을 가르쳤고, 포드 공장을 포함한 여러 자동차 제조사에서 조립공으로 일할 수 있도록 기계공을 양성했다.

학교를 운영하던 시절, 나는 수많은 인재를 가르치는 기회를 얻었다. 그중에는 훗날 필리핀의 대통령이 된 마누엘 L. 케손(Manuel L. Quezon)도 있었다. 당시 그는 필리핀의 미국 주재 대표였고, 내 학교에 수강생으로 등록했다. 우리가 맺은 인연은 그의 생애 마지막까지 깊은 우정으로 이어졌고, 나는 그에게 자동차 운전법뿐 아니라 정치적 조언도 아끼지 않았다. 나는 그에게 이런 예언을 했었다.

"머지않아 필리핀은 독립을 쟁취할 것이고, 독립한 필리핀의 초대 대통령은 바로 당신이 될 것입니다."

그리고 정확히 25년 뒤, 나의 예언은 현실이 되었다.

카네기 씨가 내 '성공 철학'을 완성하는 데 결정적인 역할을 할 인물로 지목했던 사람들은 벨 박사와 게이츠 박사였다. 본격적으로 두 사람이 내게 어떤 영향을 주었는지를 이야기하기에 앞서, 먼저 그들과 맺었던 따뜻하고 조화로운 협력 관계가 내게 어떤 깊은 깨달음을 안겨 주었는지부터 짚고 넘어가고자 한다. 이는 바로 카네기 씨가 자신의 막대한 부의 원천으로 거듭 강조했던 '마스터 마인드' 원칙의 진정한 위력을 내 삶 속에서 처음으로 생생하게 체험한 순간이었다.

나는 이미 카네기 씨로부터 마스터 마인드의 작동 원리에 대해 여러 차례 설명을 들은 바 있었다. 그러나 솔직히 말해 그 중요성을 온몸으로 실감하지는 못했다. 그런데 벨 박사와 게이츠 박사와의 '지적 동맹'이 시작되자마자, 내 내면에서 자립심과 상상력이라는 정신의 힘이 또렷이 솟구치는 변화를 느끼기 시작했다. 그때 나는 비로소 이 원칙이 단순한 이론이 아니라, 실제로 작동하는 강력한 삶의 원리임을 깨달았다.

지금에 와서 나는 확신한다. 두 위대한 지성과의 교류는 내게 우주의 섭리를 꿰뚫는 통찰을 안겨 주었고, 그 법칙이 어떻게 작동하는지를 인내심 있게 관찰하려는 열망을 심어 주었다. 그리고 그러한 깨달음은 그들 외에는 누구에게서도 결코 얻을 수 없는 것이었다. 위대한 정신의 깊은 사유에 비록 잠시일지라도 진실로 접촉해 본 사람이라면 그 속에서 말로 다할 수 없는 숭고한 힘과 감응을 경험하게 마련이다.

내 이야기의 흐름 사이사이에 이와 같은 철학적 해석을 덧붙이는 일이 어떤 이들에게는 장황하거나 불필요하게 느껴질지도 모른다.

그러나 내게 이것은 결코 사족이 아니다. 오히려 이 이야기에서 빠질 수 없는 필수적인 요소이다. 자연의 섭리에 대한 실천적 깨달음에 이르기까지 내가 거쳐온 정신적 여정과 변화의 흐름은, 단순히 사건을 나열하는 방식만으로는 충분히 전달될 수 없기 때문이다.

내가 지금 들려주고자 하는 이야기는 사실의 나열에 그치는 서사가 아니다. 타인의 삶에 실제로 도움이 되는 이야기로 남기기 위해서는 그 사실에 해석을 더하고, 의미를 부여하며, 구조화하고, 분류하고, 무엇보다 강조할 지점을 분명히 해야 한다. 지금 이 분석적 서술은 바로 그 작업의 일부이다.

처음 카네기 씨가 내게 '마스터 마인드'라는 원칙을 언급했을 때, 내가 받은 인상은 지극히 단순하고 실용적이라는 것이었다. 그는 각기 다른 기술과 경험을 지닌 인재들을 한데 모아 하나의 공동 목표를 향해 협업하게 함으로써 철강 산업의 성공 기반을 구축했고, 나는 이를 경제적 효율을 극대화하는 협력 구조 정도로 이해했다. 다시 말해, 유능한 인재를 조직하고 이끄는 리더에게 실질적인 부가가치를 제공하는 하나의 경영 전략으로 받아들였던 것이다.

그러나 게이츠 박사와의 깊은 교류를 거치며 나는 곧 깨닫게 되었다. 이 원칙은 단순한 경제적 협업의 도구에 머물지 않았다. 그것은 개인의 사고를 외부의 지식 원천과 연결하는 하나의 정신적 회로였고, 더 나아가 인간이 '무한 지성(Infinite Intelligence)'과 자연스럽게 접속할 수 있는 거의 유일한 통로일지도 모른다는 점에서 실로 경이로운 가능성을 품고 있었다.

 마스터 마인드

게이츠 박사가 마스터 마인드 원리에 대해 오랜 세월 연구해 온 내용을 점차 깊이 이해하게 되면서, 나는 이 원리가 물질적 이익을 넘어 정신적·영적 차원에서도 놀라운 은총을 가져다준다는 사실을 분명히 인식하게 되었다. 특히 내면적 차원에서의 효용은 갈수록 뚜렷해졌고, 그 덕분에 나는 한때 단순한 문장이나 격언에 불과하다고 여겼던 삶의 여러 지혜를 전혀 다른 시선으로 바라보게 되었다.

예컨대 "너희 중 두 사람이 마음을 모아 간절히 원하는 바를 구하면, 그것이 이루어진다"라는 오래된 격언이 있다. 나는 오랫동안 이 말을 상징적이거나 비유적인 표현 정도로만 받아들였다. 그러나 마스터 마인드의 원리를 체득한 이후에야, 그것이 실제로 작동하는 하나의 원리임을 깊이 납득하게 되었다.

게이츠 박사가 이 원리를 실천에 옮겨 연구 성과를 이끌어 내는 과정을 여러 차례 직접 지켜보면서, 나의 확신은 더욱 굳어졌다. 마스터 마인드 원리는 분명히 상식을 뛰어넘는 현상을 가능하게 하는 힘의 원천이었다. 나 역시 삶의 수많은 문제를 이 원리를 통해 풀어 내는 경험을 거듭하며, 그것이 이론이 아니라 실제로 존재하는 법칙임을 체감했다. 이 원리는 올바르게 이해하고 실천하는 사람에게만 열리는 보편적 에너지의 통로이며, 다른 어떤 수단으로도 쉽게 도달할 수 없는 차원의 힘이었다.

한 번은 게이츠 박사가 자신이 '침묵의 방'이라 부르던 조용한 공간에 들어가, 무인 선박을 전파 신호로 조종하는 장치의 핵심 문제를 해결하기 위해 깊은 집중 상태에 들어간 적이 있었다. 그는 한 시간 넘게 말없이 앉아 영감이 떠오르기를 기다리고 있었다. 그러던 중, 갑작스럽게 전혀 다른 장치에 대한 아이디어가 그의 머릿속을 스쳐 지나갔다. 그는 즉시 불을 켜고 떠오른 생각을 정리하기 시작했고, 몇 시간 동안의 몰입 끝에 본인조차 놀랄 만큼 값진 과학적 정보를 얻어냈다. 이전까지 누구도 발견하지 못했던 중요한 통찰이었다.

1910년 무렵, 나는 그가 직접 개발한 무인 선박 조종 장치를 실험실에서 시연하는 모습을 지켜본 적이 있다. 내가 알기로 이 장치는 훗날 다른 사람의 이름으로 특허가 등록되어 실제 산업 현장에서 활용되었다. 그러나 그 발명의 핵심 아이디어는 게이츠 박사가 홀로 수행하던 마스터 마인드 훈련 속 깊은 집중 상태에서 떠올린 깨달음의 산물이었다. 그 장치를 처음 외부에 공개하던 날, 나는 그 실험실에 함께 있었고, 그가 남긴 말은 지금도 또렷이 기억 속에 남아 있다.

"언젠가 이 장치가 다른 사람 이름으로 특허청에 등록될 수도 있겠군요."

게이츠 박사는 지나칠 만큼 관대한 사람이었다. 그는 자신의 연구 성과를 어떠한 기술적 보호 장치도 없이 주변 사람들에게 거리낌 없이 공유했다. 그리고 바로 그 점이 그가 평생 금전적 어려움에서 벗어나지 못했던 가장 큰 이유이기도 했다.

나는 연구 과정에서 수많은 유형의 천재들을 만나 보았지만, 게이츠 박사만큼 독특한 인격을 지닌 인물은 본 적이 없다. 그는 돈에 거의 아무런 관심이 없었다. 자기 자신이나 가족이 배고픔을 느껴 더 이상 미룰 수 없을 때에야 비로소 돈의 필요성을 떠올릴 정도였다. 한 번은 메릴랜드 셰비 체이스에서 워싱턴의 특허청까지 전차를 타고 가려다, 주머니에 단 한 푼의 동전도 없다는 사실을 뒤늦게 깨닫고 크게 당황한 적도 있었다. 결국 전차에서 내려 왕복 약 6.4킬로미터에 달하는 거리를 걸어 다녀야 했다. 그럼에도 그는 연구 공동체 안에서 누군가는 최소한의 생활비와 운영 자금을 책임져야 한다는 사실, 즉 '마스터 마인드 연합'이 지녀야 할 현실적 구조에 대해서는 끝내 인식하지 못하고 있었다.

나는 종종 이런 상상을 해보았다. 만약 그 상황이 카네기 씨에게 벌어졌다면 어땠을까 하고 말이다. 그러나 사실 그의 삶에는 그런 상황 자체가 발생할 여지가 거의 없었다. 그는 이미 자신을 철저히 '마스터 마인드 연합'과 연결해 두었고, 연구와 사업, 생활에 필요한 모든 자원을 그 연합체로부터 안정적으로 공급받을 수 있도록 구조를 설계해 두었기 때문이다. 이 점이 바로 두 사람 사이의 본질적인 차이였다. 두 사람 모두 자연의 섭리를 이해하고 있었지만, 카네기 씨는 이를 삶에 실질적으로 적용하는 데 시간과 노력을 기울였고, 그 결과 그 법칙으로부터 자신이 원하는 모든 성과를 끌어낼 수 있었다. 반면 게이츠 박사는 그 법칙이 만들어 내는 물질적 결과에는 거의 관심이 없었고, 오히려 그 법칙 자체를 이해하고 탐구하는 데에만 깊은 흥미를 두었다.

게이츠 박사가 수행한 수많은 실험 가운데, 내가 가장 인상 깊게 기억하는 실험은 오히려 매우 단순한 내용이었다. 그 단순함 때문에 오히려 더 강한 울림을 남겼다. 그는 개의 사고 능력을 검증하기 위해 정교하게 설계된 실험을 여러 차례 반복했고, 그 결과 개들이 특정한 주제 범위 안에서는 놀라울 만큼 지능적으로 사고할 수 있다는 사실을 명확히 입증했다. 그러나 그의 발견은 거기서 멈추지 않았다. 그는 개들이 인간보다 훨씬 예민하게 발달한 지각 능력을 지니고 있으며, 이를 통해 주인의 생각을 일종의 텔레파시처럼 감지할 수 있다는 점까지 과학적으로 밝혀냈다.

실험은 다음과 같은 방식으로 진행되었다. 실험실 바닥에는 빨강, 노랑, 파랑, 검정으로 칠해진 작은 상자 네 개가 놓여 있었고, 1번부터 4번까지 번호가 붙어 있었다. 게이츠 박사는 그가 '정신적으로 깊이 연결된(sensitized)' 상태에 있다고 설명한 두 마리의 개를 방 안에 두고, 자신은 방을 나가 보이지 않는 곳으로 물러났다. 그런 다음 마음속으로 특정한 지시를 떠올렸다. 예컨대 "고무공을 들어 3번 파란 상자에 넣어라"와 같은 명령이었다. 그러면 두 마리 중 오직 한 마리만이 반응해 스스로 움직였고, 정확히 해당 상자를 찾아가 공을 넣었다. 이때 다른 한 마리는 전혀 반응하지 않았다. 바로 이 점이 실험의 핵심이었다. 지시는 무작위가 아니었고, 행동 역시 혼란스럽지 않았다. 오직 '전달된 생각'을 받은 개만이 정확히 움직였다.

내가 직접 실험을 지켜보던 중, 이번에는 다른 개에게 지시를 내려보자는 쪽지를 건넸다. 게이츠 박사는 그 종이를 잠시 바라본 뒤, 말 한마디 없이 마음속의 명령 신호를 바꾸었다. 그러자 이번에는 앞선 실험에서 전혀 반응하지 않던 다른 개가 이전과 정확히 같은 방식으로 움직여 지시를 수행했다.

더 놀라운 실험도 있었다. 어느 날 나는 종이에 숫자를 무작위로 적어 내려갔고, 게이츠 박사는 그 숫자를 소리 없이 개에게 전달해 해당 번호가 붙은 상자에 공을 넣도록 했다. 지시는 번갈아 바뀌었지만, 개는 무려 쉰 번 연속 단 한 차례의 오류도 없이 정확히 행동했다.

어떤 경우에는 이미 공을 넣어둔 상자에서 공을 다시 꺼내, 새롭게 지시한 다른 상자로 옮기도록 명령하기도 했다. 이 모든 과정은 개가 게이츠 박사를 직접 보지도 않았고, 단 한 마디의 말도 오가지 않은 상태에서, 완전한 침묵 속에서 이루어졌다.

개들과 게이츠 박사의 뇌 사이에 형성된 이 강력한 교감은 우연이나 즉흥적인 본능의 결과가 아니었다. 훈련은 매우 체계적으로 진행되었다. 처음에는 구두로 지시하고, 개가 지시에 맞게 행동하면 먹이로 보상했다. 이후 점차 말의 빈도는 줄어들었고, 마침내는 개가 마치 주파수를 맞추듯, 게이츠 박사의 정신 상태에 반응해 행동하도록 훈련되었다. 이 과정은 반복과 검증을 통해 철저히 다듬어졌다.

개를 조금이라도 아는 사람이라면, 그들의 청각이 인간보다 훨씬 뛰어나다는 사실을 알고 있다. 그러나 진정한 애견가라면 또 하나의 사실을 알고 있다. 개는 별다른 훈련이 없어도 주인의 감정 상태를 민감하게 감지하고, 때로는 그 감정에 깊이 동조한다는 점이다.

나 역시 깊은 정신적 고통에 잠겨 있던 어느 날, 내 개가 마치 아이처럼 흐느끼는 모습을 본 적이 있다. 그것은 단순한 조건 반사나 본능적 반응으로는 설명하기 어려운 경험이었다. 말로 표현되지 않은 나의 내면 상태를, 어떤 방식으로든 감지한 결과였다고밖에는 달리 해석할 수 없었다.

나는 20년이 넘는 연구 여정을 거치며 하나의 분명한 결론에 도달했다. 각 분야에서 두드러진 성취를 이룬 인물들의 삶 속에는 반드시 어떤 형태로든 '마스터 마인드 연합'이 작동하고 있었다는 사실이다. 그 연합은 때로는 순수한 사업적 협력 관계로 나타났고, 때로는 한 남성과 그의 아내 사이에 형성된 깊고 정서적인 정신적 결합의 형태로 드러났다. 형식은 달랐지만, 그 본질은 언제나 같았다. 서로의 사고가 연결되고, 의지가 공명하며, 단독으로는 도달할 수 없는 수준의 통찰과 힘이 발현되는 구조였다.

나는 수많은 재력가와 탁월한 업적을 이룬 인물들을 가까이에서 관찰할 수 있는 기회를 누려 왔다. 그들의 삶을 장기간에 걸쳐 지켜보며 한 가지 공통된 패턴을 발견했다. 겉으로 드러난 성공의 이면에는 대개 오랜 세월을 함께해 온 한 여인의 조용하지만 강력한 정신적 뒷받침이 자리하고 있었다는 점이다. 흔히 말하는 내조나 외적인 보조의 차원이 아니었다. 두 사람의 사고와 감정, 의지가 긴 시간에 걸쳐 결합된 결과였으며, 바로 그 지점에서 마스터 마인드가 실제로 작동하고 있었다.

예컨대 헨리 포드의 경우가 그러하다. 그가 세상에 이름을 알리기 훨씬 이전부터, 나는 그의 성공이 단순한 경영 능력이나 기술 혁신만으로 설명될 수 없다는 확신을 갖고 있었다. 그의 성취는 포드 부인과 형성된 응집력 있는 정신적 동반자 관계에서 비롯되었다. 대중은 그녀의 얼굴이나 이름조차 거의 알지 못한다. 그러나 그것이 그녀의 영향력이 미미했음을 뜻하지는 않는다. 오히려 포드의 중대한 사업 결정과 전략적 전환의 배후에는 외부로 드러나지 않는 그녀의 지지와 내면적 조율이 일관되게 작용하고 있었다.

이와 유사한 형태의 마스터 마인드 연합은 토머스 에디슨과 그의 두 번째 아내 사이에서도 분명히 관찰되었다. 그녀는 남편의 정신 상태와 놀라울 만큼 깊이 조율된 관계를 유지하고 있었고, 에디슨이 연구에 몰두하고 있을 때조차 그의 내면에서 어떤 생각이 흐르고 있는지를 민감하게 감지했다. 그녀는 단순한 동반자가 아니라, 에디슨의 정신에 지속적으로 에너지를 공급하는 존재였다. 바로 그 안정된 정신적 결합 덕분에 에디슨은 하루 스무 시간에 가까운 강도 높은 실험에도 지치지 않고 몰입할 수 있었다.

마스터 마인드 설문지

벨 박사와 게이츠 박사와 함께 연구하던 시절, 우리는 공동으로 하나의 설문지를 설계했다. 목적은 분명했다. 기업, 산업, 금융, 운송 등 다양한 분야에서 탁월한 성과를 이룬 인물들이 '마스터 마인드 원리’를 실제로 어떻게 활용했는지, 그리고 그 적용이 어떤 구체적 변화를 가져왔는지를 경험의 언어로 확인하는 일이었다. 우리는 이 원리를 이론으로 증명하려 하지 않았다. 대신 현실 속에서 어떻게 작동했는지를 생생한 사례를 통해 검증하고자 했다.

그렇게 수집된 자료는 우리의 예상을 훨씬 뛰어넘는 깊이와 일관성을 보여 주었다. 그중에서도 특히 주목할 만한 핵심 결과는 다음과 같다.

첫째, 총 2,200명이 설문에 응답했으며, 이 가운데 2,149명은 ‘마스터 마인드 원리를 실제로 활용한 적이 있는가?’라는 직접적인 질문에 명확하게 “그렇다”고 답했다. 이들은 개별 문항에 대한 서술형 응답을 통해서도, 자신의 성취가 이 원리를 적용한 결과였음을 반복해서 강조했다. 나머지 51명은 성공의 원인을 이 원리 하나로 단정 짓기에는 판단이 어렵다고 답했으나, 이들 역시 모두 어떤 형태로든 마스터 마인드 원리를 삶과 일 속에서 활용한 경험이 있음을 인정했다.

둘째, 응답자 가운데 1,152명은 자신의 마스터 마인드 연합에서 가장 핵심적인 조력자가 아내였다고 밝혔다. 반면 550명은 자신의 성취에 아내의 기여가 전혀 없었다고 응답했다. 나머지 응답자들은 아내가 일정 부분 도움을 주었다는 사실은 인정했으나, 가장 결정적인 영향력을 행사한 인물로까지는 평가하지 않았다. 이 결과는 앞서 살펴본 부부 간 마스터 마인드의 사례가 결코 예외적 현상이 아님을 통계적으로 뒷받침해 주었다.

셋째, 모든 응답자는 예외 없이 하나의 공통된 견해를 보였다. 마스터 마인드 연합의 구성원들 사이에 완전한 조화와 상호 이해가 이루어지지 않는 한, 지속적이고도 큰 성공에 이르기는 어렵다는 점이었다. 단순한 협업이나 역할 분담만으로는 충분하지 않으며, 사고의 방향성과 정서적 결속까지 포함된 조화가 필수적이라는 데 의견이 일치했다.

넷째, 1,840명은 마스터 마인드 그룹의 구성원들과 직접 마주 앉아 사고를 교환하는 과정에서, 마치 머릿속 어딘가가 환히 밝혀지는 듯한 강렬한 정신적 자극을 경험했다고 응답했다. 그들은 평소에는 떠오르지 않던 아이디어나 문제 해결의 실마리가 그 순간 자연스럽게 떠올랐다고 회상했다. 바로 이 경험이 창의적 사고와 결정적 돌파구를 여는 계기가 되었다는 증언이 다수였다.

나는 이 설문지의 작성과 배포 그리고 그 결과에 대한 분석 전 과정에서 벨 박사와 게이츠 박사와 함께할 수 있었던 일을 커다란 행운으로 여긴다. 두 사람의 신뢰와 영향력 덕분에, 전국 각지의 바쁜 실무자들은 단순히 질문에 답하는 수준을 넘어, 자신의 성공과 실패의 원인을 구조적으로 정리한 추가 자료를 자발적으로 제공해 주었다. 그들의 응답은 통계 이상의 가치를 지녔고, 이 철학을 실제 삶의 언어로 증명하는 데 결정적인 역할을 했다.

이 설문지를 계기로, 나는 이후 수십 년에 걸쳐 미국 사회에서 널리 알려진 수많은 저명 인사들과 깊은 교류를 이어갈 수 있었다. 그들은 모두 이 철학을 정리하고 검증하는 과정에서 자신의 시간과 경험을 아낌없이 내어 주었으며, 그 진정성 있는 참여가 오늘날 이 사상의 토대를 이루었다. 만약 게이츠 박사와 벨 박사 그리고 카네기 씨의 신뢰와 후원이 없었다면, 나는 그처럼 오랜 기간 동안 수많은 인물들과 이토록 깊은 개인적 신뢰를 쌓고 유지하는 일은 불가능했을 것이다.

이 글을 읽는 독자 가운데에는, 어떻게 그처럼 바쁜 인물들이 긴 설문지에 응답하고, 나아가 오랜 시간 동안 협력 관계를 유지할 수 있었는지 궁금해 하는 이들도 있을 것이다. 그 질문에 답하기 위해, 나는 당시 설문지와 함께 동봉했던 편지를 이 자리에서 그대로 재현해 소개하고자 한다.

존경하는 프랭크 A. 밴더립 총재님께

총재님께 평안과 건승이 늘 함께하시기를 진심으로 기원합니다. 바쁘신 가운데 이 편지를 읽어 주시는 데 대해 깊은 감사의 말씀을 드립니다.

저는 앤드루 카네기, 알렉산더 그레이엄 벨 박사 그리고 엘머 R. 게이츠 박사의 후의에 힘입어, 이분들의 판단으로 약 20년에 걸쳐 수행될 방대한 연구 과업을 맡게 되는 영광을 누리고 있습니다. 본 연구의 목적은 개인의 성공과 실패를 좌우하는 모든 핵심 원인을 체계적으로 분석·정리하여, 실천 가능한 하나의 '성공 철학'으로 정립하는 데 있습니다. 이 연구는 전적으로 저 개인의 시간과 비용을 들여 진행되고 있으며, 현재까지 어떠한 형태의 재정적 후원도 받지 않고 있습니다. 또한 그 결과로 얻게 될 혜택의 대부분은 제 개인이 아닌, 오늘을 살아가는 사람들뿐 아니라 아직 태어나지 않은 미래의 세대에게까지 돌아가게 될 것임을 저는 잘 알고 있습니다.

아울러 이 연구는 현재 진행 중인 그 어떤 개인 연구나 교육기관의 연구와도 중복되지 않으며, 과거에도 유사한 시도가 이루어진 적이 없는 작업입니다. 그렇기에 이 과업은 교육과 인간 이해의 영역에서 장기적으로 지속될 가치를 지닌, 근본적으로 새로운 지식을 밝혀낼 가능성을 품고 있다고 확신합니다.

이에 감히 총재님께 부탁의 말씀을 드리고자 합니다. 동봉된 설문지에 성실히 응답해 주시고, 더불어 총재님께서 기꺼이 공유하실 수 있는 추가적인 경험이나 통찰이 있다면 함께 전해 주시기를 부탁드립니다. 이는 제가 성공과 실패의 실제적 원인을 보다 정확하고 명확하게 분석하고 체계화하는 데 매우 귀중한 자료가 될 것입니다.

총재님께서 국가와 금융계를 위해 얼마나 막중한 책임을 지고 계신 분인지 저는 잘 알고 있습니다. 또한 이 요청이 총재님께 어떠한 금전적 보상도 제공하지 않는다는 사실 역시 충분히 인식하고 있습니다. 그럼에도 불구하고, 벨 박사와 게이츠 박사는 한 가지 확고한 신념을 공유하고 있습니다. 물질적 성공을 이룬 사람은 자신이 누린 축복에 대해 일종의 '감사의 빚'을 지고 있으며, 그 빚은 오직 자신의 경험과 깨달음을 타인과 나누는 방식으로만 갚을 수 있다는 믿음입니다.

이 요청은 결코 제 개인을 위한 부탁이 아닙니다. 지금까지 성공의 길을 발견하지 못한 수많은 이들을 위해, 이미 성공을 이룬 분들이 베풀 수 있는 가장 현실적이면서도 의미 있는 나눔의 방식이라 믿기에 감히 도움을 청하는 바입니다.

존경과 감사의 마음을 담아,

나폴레온 힐 드림

물론 내 서신에 앤드루 카네기, 알렉산더 그레이엄 벨 박사, 엘머 R. 게이츠 박사의 이름이 함께 적혀 있었기에, 무시하기 어려운 위신과 영향력이 동반되어 있었을 것이다. 그러나 솔직히 말해 편지를 발송하던 당시의 나는 이토록 많은 이들이 자발적으로, 그것도 진심을 담아 협력해 주리라고는 전혀 예상하지 못했다.

이를테면 프랭크 A. 밴더립은 단순히 설문지를 성실히 작성해 회신하는 데서 그치지 않았다. 그는 세 장에 달하는 자필 편지를 따로 덧붙여 보내왔고, 그 내용은 내가 오랜 연구 여정 동안 받아 온 정보들 가운데서도 손에 꼽을 만큼 실질적이고 깊이 있는 통찰로 가득

차 있었다. 그는 그 편지를 다음과 같은 말로 맺었다.

"추가로 도움이 필요하시다면 언제든 뉴욕으로 직접 오시기 바랍니다. 원하신다면 제 동료나 지인들 가운데 누구든 기꺼이 소개해 드릴 준비가 되어 있습니다. 또한 선생님께서 착수하신 이 뜻깊은 과업에 대해, 저 역시 진심 어린 지지와 협력을 아끼지 않겠습니다."

벨 박사와 게이츠 박사와의 협업이 시작된 지 채 1년이 지나지 않았을 무렵, 나는 이미 연구 성과를 구체적인 형태로 정리할 수 있을 만큼 분명한 진전을 이루고 있었다. 무엇보다도 두 위대한 발명가의 조언과 인적 네트워크를 통해, 내가 오랜 시간 탐구해 온 다섯 가지 성취 원리가 단순한 가설이 아니라 실제 현실에서 반복적으로 입증되는 원칙임을 보여 주는 풍부하고 설득력 있는 증거들을 확보할 수 있었다.

동시에 미국 각계의 저명한 지도자들과의 직·간접적인 교류도 빠르게 확장되었다. 그들 대부분은 이 철학의 정립 과정에 깊은 관심을 보였으며, 완성의 순간까지 기꺼이 협력하겠다는 약속을 자발적으로 내놓았다.

이 연구 여정을 거치며 나는 기존의 다섯 가지 원리에 더해, 또 다른 세 가지 핵심 요소를 분명히 발견하게 되었다. 바로 상상력, 열정 그리고 주도력이었다. 세 요소는 단순히 기존 원칙을 보완하는 부차적 개념이 아니었다. 오히려 누구든 탁월한 성취에 도달하기 위해 반드시 갖추어야 할, 본질적이며 필수적인 조건임이 명확해졌다.

미국 전역에서 보내온 수많은 설문 응답과 벨 박사 및 게이츠 박사로부터 얻은 심층적인 통찰을 종합해 보면, 이 결론에는 더 이상 의문의 여지가 없었다. 눈에 띄는 성취를 이룬 인물들에게는 예외 없이, 미래를 그려내는 탁월한 상상력과 행동을 멈추지 않게 하는 불꽃 같은 열정 그리고 생각을 현실로 옮기게 하는 강한 주도력이 공통적으로 자리하고 있었다.

나는 이 성취의 원리를 실제 삶에 적용해 워싱턴 자동차대학을 안정적인 수익 구조를 갖춘 사업체로 성장시킬 수 있었다. 이 학교는 나의 연구 활동과 생계를 동시에 충당하고도 남을 만큼 충분한 수익을 창출해 주었고, 그 결과 나는 '마사 워싱턴 캔디 컴퍼니(Martha Washington Candy Company)'의 운영 프랜차이즈 지분 절반을 매입할 수 있었다. 나머지 절반은 자동차 학교에 함께 투자했던 어니스트 M. 헌트(Ernest M. Hunt)가 보유하고 있었다.

우리는 숙련된 기술 전문가들을 고용해 자동차 운전과 정비에 관한 통신 교육 과정을 체계적으로 개발했고,《새터데이 이브닝 포스트(Saturday Evening Post)》를 통해 대규모 광고를 집행했다. 그 결과 불과 1년 만에 미국 전역 50개 주에서 수천 명의 수강생이 등록하는 눈에 띄는 성과를 거두었다.

사실을 말하자면, 헌트와 내가 자동차에 대해 알고 있던 지식은 겨우 직접 운전할 수 있을 정도의 기초 수준에 불과했다. 그러나 나는 위대한 멘토 앤드루 카네기로부터 개인의 한계는 '마스터 마인드 연합'의 원리를 통해 얼마든지 보완할 수 있다는 교훈을 배운 바 있었다. 나는 그 원칙을 그대로 실행에 옮겼다. 각 분야에서 전문성을 갖춘 인재들로 팀을 구성하고, 그들의 지식과 경험을 결합함으로써 학교 운영 전반을 안정적으로 궤도에 올릴 수 있었다.

사업이 절정에 이르렀을 무렵, 헌트는 자동차 사업보다 캔디 사업에 더 큰 흥미를 느끼기 시작했다. 결국 그는 자동차 학교의 지분을 내게 넘기는 대신, 내가 보유하고 있던 캔디 프랜차이즈 지분을 가져갔다. 이후 그는 사업의 중심을 시카고로 옮겼고, 내가 정립한 성취의 원리를 적극적으로 활용해 그 사업을 단기간에 비약적으로 성장시켰다. 마침내 그는 상당한 부를 이루는 데 성공했다.

헌트가 내게 지분 교환을 제안하게 된 배경은 지금도 떠올리면 미소가 지어지는 일화이다. 그는 자동차 학교에 참여하기 전, 오하이오 주 애크런(Akron, Ohio)에 위치한 한 출판사의 재무 책임자로 일하고 있었다. 그러나 그 출판사는 결국 파산했고, 그 사건으로 그는 사실상 전 재산을 잃고 말았다. 이후 우리가 자동차 학교 교재의 출판을 본격적으로 추진하려 하자, 그는 과거의 불쾌한 기억이 되살아난 듯 곧바로 지분 교환을 요구하며 내게 여러 차례 경고했다.

"절대로 출판업에는 손대지 마시오."

그러나 나는 그의 조언을 따르지 않았다. 오히려 내 안의 재능을 글쓰기라는 방향에 온전히 쏟아붓기로 결심했다. 그리고 그 선택이야말로, 이후 내가 이룬 모든 성취의 가장 결정적인 출발점이 되었다. 만일 그때 헌트와 함께 캔디 사업을 계속 선택했다면, 오늘의 나는 아마 존재하지 않았을 것이다.

그러나 운명이란 언제나 우리가 예상하지 못한 방향으로 흐르기 마련이다. 정확히 1년 뒤, 나는 자동차 학교를 매각하고 시카고로 터전을 옮겼다. 그곳에서 무려 10년에 걸친 여정을 시작하게 되었고, 성공과 실패가 쉼 없이 교차하는 격동의 시간 속에서, 내가 구축해 온 성취 철학의 모든 원리가 하나하나 현실이라는 무대 위에 올라 철저한 검증을 받게 되었다.

이 시기를 지나며 나는 자주 카네기 씨의 말을 떠올렸다. 그가 언젠가 내게 건넸던 경고는 이러했다.

"진정한 성공을 손에 넣고자 하는 자는 누구나 반드시 한 번쯤, 세상의 빛이 완전히 사라진 밤을 통과해야 하네. 그 어떤 위로도, 도움도, 동행도 없는 고요한 시련의 밤. 오직 자신과의 치열한 대면 속에서 심연의 고통을 껴안고도 끝내 무릎 꿇지 않은 자만이, 아침이 밝을 때 성공이라는 왕관을 받아 들 자격을 얻게 되는 법이지."

그 말은 실로 놀라울 만큼 정확한 예언이었다. 나는 시카고에서 내 인생의 '운명의 밤'을 맞이했고, 그 밤은 단 한순간이 아니라 무려 10년에 걸쳐 이어진 시간이었다. 그 세월 동안 나는 수많은 좌절과 시련을 통과하며, 내 안에 남아 있던 인간적인 허영과 불순물을 하나씩 벗겨 내야 했다. 그렇게 나는 겹겹이 쌓인 껍질을 벗고, 이전보다 훨씬 단단하고 깊은 내면으로 나아가게 되었다.

돌이켜 보면 그 10년은 내게 가장 쓰라린 상처를 남긴 시간이었지만, 동시에 인생에서 가장 값진 축복을 안겨 준 시기이기도 했다. 만일 그 시련이 없었다면 오늘의 나는 존재하지 않았을 것이며, 지금 내가 누리고 있는 이 충만한 결실 또한 결코 손에 넣을 수 없었을 것이다.

시카고는 분명 나에게 주어진 운명의 시험장이었다. 나는 그곳에서 지금껏 발견해 온 성취의 원리들을 하나하나 실제 삶 속에 적용해 검증해야 했고, 동시에 내 영혼과 육체가 과연 그 원리들을 끝까지 감당할 수 있을 만큼 성숙하고 강인한지까지도 철저히 시험받아야 했다.

필라델피아의 '빅 쓰리'

시카고로 이주하기 전, 나는 이미 수많은 영향력 있는 인사들과 인연을 맺고 있었다. 그들 가운데 일부는 훗날 내 인생에서 결정적인 역할을 하게 되었고, 특히 지금까지도 내 기억 속에 선명하게 남아 있는 인물들이 있다. 사람들은 그들을 가리켜 '필라델피아의 빅 쓰리(Big Three)'라고 불렀다.

《새터데이 이브닝 포스트》의 발행인 사이러스 H. K. 커티스, 《레이디스 홈 저널》의 편집장 에드워드 보크 그리고 철학자적 기질을 지닌 상업계의 거장 존 워너메이커였다.

커티스와의 첫 만남은 흥미롭고도 극적인 경험이었다. 그는 내가 발송한 2,200통의 설문지 가운데 하나를 직접 작성해 회신한 인물이었고, 그와 함께 동봉된 편지에는 유난히 날카롭고 실질적인 조언이 담겨 있었다. 그는 내가 정리한 성취의 원리 목록을 검토한 뒤, 두 가지 핵심 요소를 반드시 추가해야 한다고 말했다. 바로 '지불받은 것 이상을 해내는 습관'과 '정확하게 사고하는 습관'이었다.

얼마 지나지 않아 우리는 자동차 운전 및 정비를 가르치는 통신 교육 과정의 광고를 《새터데이 이브닝 포스트》에 게재하려 했다. 그러나 결과는 거절이었다. 이유는 단순했다. 통신 교육만으로는 자동차 운전을 가르칠 수 없다는 판단이었다.

나는 곧바로 교재와 차트, 청사진과 학습 자료를 모두 챙겨 필라델피아로 향했다. 직접 커티스 씨를 만나 이 광고를 받아들여 달라고 설득하기 위해서였다. 그는 내 설명을 거의 아무런 표정 변화 없이 끝까지 들었다. 그러나 정작 광고 이야기는 뒤로 미룬 채, 카네기 씨의 권유로 내가 시작한 연구 프로젝트인 개인의 성공과 실패의 원인을 체계화하려는 그 작업에 대해 깊이 있는 분석을 시작했다.

지금도 나는 그날 커티스 씨의 말을 한 마디도 빠짐없이 받아 적지 못한 점을 종종 아쉬워한다. 다만 그가 전하려 했던 핵심만큼은 분명히 기억하고 있다. 그는 이렇게 말했다.

"귀하의 광고를 게재하겠습니다. 솔직히 말해 귀하의 자동차 학교가 대단한 가치를 지닌다고 생각해서는 아닙니다. 그러나 학교는 누군가에게 분명 도움이 되고 있습니다. 더 중요한 이유는 그 광고가 귀하가 수행 중인 연구의 자금 마련에 기여하고 있다는 점입니다. 그리고 그 연구는 세상에서 가장 필요로 하는 이들에게 꼭 필요한 지식을 밝혀낼 가능성을 지니고 있지요. 바로 그 점이 나에게는 충분한 이유입니다."

                              마스터 마인드

우리가 낸 광고는 단 한 칸짜리의 소박한 지면에 불과했지만, 《새터데이 이브닝 포스트》에 실리자마자 등록자는 눈에 띄게 증가했다. 그 효과는 즉각적이었고, 무엇보다도 내게는 '신념을 지켜주는 편집자의 판단'이 얼마나 큰 힘이 되는지를 처음으로 체감한 순간이었다.

커티스 씨와의 만남을 마친 뒤, 그는 나를 에드워드 보크 씨에게 소개해 주었다. 보크 역시 내 설문지에 응답해 준 인사 중 한 사람이었다. 그와의 만남은 이후 10년에 걸친 깊은 우정의 출발점이 되었고, 동시에 내 성공 철학에 있어 결정적인 하나의 원칙을 발견하게 만든 계기가 되었다.

그 원칙은 바로 사람을 끌어당기는 힘, 곧 '호감형 인품(Pleasing Personality)'이었다. 보크 씨는 카네기, 포드, 벨, 게이츠와의 교류를 통해 내가 정리해 놓은 여덟 가지 성공 원칙과 커티스 씨가 추가하라고 조언한 두 가지 원칙을 모두 검토한 뒤 이렇게 말했다.

"진정한 성공 철학이라면, 반드시 사람들에게 신뢰와 호감을 동시에 불러일으키는 인품을 형성하는 원리를 포함해야 합니다."

그는 왜 이 원칙이 성공에 있어 필수 요소인지 조리 있게 짚어 주었다. 그리고 사람을 끌어당기는 인품을 구성하는 열두 가지 핵심 자질을 제시했다. 나는 그 목록을 출발점으로 삼아 독자적인 연구를 이어갔고, 실제 사례와 관찰을 덧대어 항목을 보완·확장해 나갔다. 그 결과, 이 원칙을 이루는 핵심 요소들은 마침내 스물한 가지로 체계화되었다.

에드워드 보크와 저명인사들이 제시하는

'호감 가는 인품을 형성하는 스물한 가지 핵심 요소'

1. 효과적인 표현력 : 자기 생각, 말, 행동에 극적인 요소를 더해 사람들의 기억에 남도록 만드는 능력

2. 내면의 조화 : 자신의 감정을 통제하고, 능숙하게 다스리는 힘

3. 자연스럽게 사람을 끌어당기는 매력 : 관능적 에너지를 절제하고 원하는 방향의 창조적 에너지로 발산하도록 전환하는 능력

4. 개성에 맞는 세련된 옷차림 : 자신의 성격과 직업에 가장 잘 어울리는 디자인과 색상의 옷을 고르는 습관

5. 균형 잡힌 자세와 태도 : 세련되고 절도 있는 동작 속에 살아 있는 자존심과 에너지

6. 목소리의 힘과 조율로 빚어내는 설득력 : 목소리의 톤과 높낮이를 조절하여 원하는 인상을 자유롭게 표현하는 능력

7. 목적의 진정성 : 변함없는 성실함과 먼저 손 내미는 따뜻한 마음으로 사람들과 깊은 신뢰를 맺는 능력

8. 품격 있는 언어 사용 : 상대를 불쾌하게 하지 않으면서도 명확하게 의사를 전달하는 언어 습관

9. 정신적·육체적 균형과 자기 확신 : 겉으로 과시하지 않으면서도 내면 깊이에서 우러나오는 안정감과 자기 신뢰

10. 유쾌한 유머 감각 : 사람들과의 관계 속에서 지나치지 않게, 자연스럽게 분위기를 밝게 만드는 재치

11. 이타적인 태도 : 보상이나 대가를 기대하지 않고 타인을 돕고자

하는 마음과 자세

12. **표정으로 전하는 감정의 언어** : 눈빛, 입가, 얼굴 근육의 섬세한 움직임을 통해 감정을 정확하게 전달하는 능력. 말보다 먼저 신뢰를 얻는 표정의 힘

13. **긍정적인 사고방식** : 낙관적이고 생산적이며 창의적인 생각으로 마음을 채우는 습관, 어떤 상황에서도 희망과 가능성을 보는 훈련된 시선

14. **불타는 열정** : 가슴속 깊은 관심과 몰입을 말이나 행동, 혹은 조용한 집중으로 자연스럽게 드러내는 힘

15. **창의적인 상상력** : 익숙한 아이디어를 새로운 방식으로 조합하고, 기회를 즉각 포착해 내는 민첩한 사고력

16. **세심한 배려와 재치 있는 말투** : 상대방을 불편하게 하지 않으면서도, 할 말을 정확하게 전달할 수 있는 언어적 감각

17. **다양한 분야에 대한 폭넓은 관심** : 세계의 흐름과 삶 전반 그리고 자신의 핵심 목표와 관련된 중요한 사실들을 꾸준히 배워가는 습관, 언제 어디서든 통하는 대화의 깊이

18. **진심을 담은 경청의 자세** : 누군가가 말하거나 생각을 표현할 때, 온전히 집중하며 들어주는 태도

19. **울림 있는 말하기의 기술** : 일상 대화든 대중 연설이든, 언제나 확신과 진심이 담긴 말로 청중을 움직이는 능력

20. **흔들림 없는 자신감** : 있는 그대로 자신을 인정하며, 정확하게 자신을 이해하고 드러내는 태도

21. **건강한 신체와 맑은 정신** : 생기 넘치는 몸을 유지하기 위해 바른 식사, 운동, 수분 섭취, 긍정적인 사고방식을 습관화하는 태도

내가 평생에 걸쳐 이 성취 철학을 완성하는 데 도움을 준 수많은 위대한 기업인과 산업계 지도자들 가운데, 에드워드 보크만큼 매력적인 인격을 지닌 이는 없었다. 그는 사람을 끌어당기는 성품의 요소를 정확히 이해했을 뿐 아니라, 이를 일상의 습관으로 완전히 체화한 인물이었다.

그는 내게 이전까지 한 번도 들어 본 적 없고, 깊이 생각해 본 적도 없는 중요한 사실 하나를 일러 주었다. 말과 글에는 언제나 발화자의 성격 가운데 가장 두드러진 면이 고스란히 담긴다는 설명이다. 의도와는 무관하게, 누군가가 말하거나 글을 쓰는 순간 그 사람의 내면이 은연중에 그대로 드러난다고 보크는 설명했다.

이 이야기를 들은 이후, 나는 다양한 글을 의도적으로 분석하기 시작했다. 가능하다면 글쓴이를 직접 만나, 글이 남기는 인상과 실제 인물의 성품 사이에 어떤 상관관계가 존재하는지를 비교했다. 가장 먼저 관찰의 대상이 된 사람은 다름 아닌 보크 자신이었다. 그 과정을 통해 나는 그가 짚어낸 통찰이 얼마나 정확하며, 사물의 본질을 꿰뚫는 날카로운 안목에서 비롯되었는지를 뼛속 깊이 실감하게 되었다.

보크와 처음 만난 그날 이후 지금 이 순간까지, 나는 사람을 관찰하고 평가할 때마다 언제나 '호감 가는 인품을 형성하는 스물한 가

지 핵심 요소'를 기준으로 삼아 왔다. 비즈니스 스쿨에서 광고와 세일즈 교육 과정을 이끌며, 나는 지금까지 3만 명이 넘는 세일즈맨을 직접 훈련했고, 그들 모두에게 스물한 가지 요소를 어떻게 계발하고 실전에 적용할 수 있는지를 체계적으로 가르쳐 왔다.

그 가운데 상당수는 눈에 띄는 성과를 거두었으며, 그 공통된 기반에는 예외 없이 타인과 자연스럽게 어울리는 탁월한 대인관계 능력이 자리하고 있었다. 특히 6,000명이 넘는 이들이 생명보험 분야에 종사했고, 그중 다수가 연간 백만 달러 이상의 실적을 올리는 엘리트 클럽의 일원이 되었다.

만약 당신이 매력적인 인격을 갖추고자 한다면 반드시 기억해야할 사실이 있다. 이 스물한 가지 특성 가운데 단 하나도 요행으로 얻어질 수 없다는 점이다. 그러나 동시에 누구나 이 요소들을 의식적으로 계발하고 연습하며 숙련시킬 수 있다. 단 하나의 조건이 있다면, 바로 타인과 진심 어린 관계를 맺고자 하는 마음이다.

보크 씨로부터 호감 가는 인품을 구성하는 요소들의 목록을 받은 뒤, 나는 다음 인터뷰에서 카네기 씨에게 그 목록을 함께 검토해 달라고 요청했다. 그는 항목들을 하나하나 세심히 살펴본 뒤, 덧붙일 만한 내용은 거의 없다고 말했다. 그리고 마지막으로 이렇게 덧붙였다.

"내가 아는 모든 사람 가운데, 이 모든 요소에서 가장 높은 점수를 받을 만한 인물은 찰리 M. 슈왑(Charles M. Schwab)입니다."

나는 수천 명에 이르는 각계각층의 남녀를 분석해 왔다. 그들 모두를 '호감 가는 인품을 형성하는 스물한 가지 핵심 요소'에 따라 하나하나 점검한 결과, 전체 항목에서 100퍼센트의 평가를 받은 인물은 단 한 사람뿐이었다. 바로 프랭클린 D. 루스벨트(Franklin D. Roosevelt)였다. 이 평가는 그가 초대 대통령으로 취임한 지 며칠이 지난 뒤에 이루어졌다.

보크 씨의 말대로, 한 사람의 성격은 그가 내뱉는 모든 말 속에 고스란히 드러난다. 이 사실을 가장 분명하게 입증해 준 사례가 바로 루스벨트 대통령이었다. 그는 라디오 방송을 통해 전해진 목소리만으로도 청취자들에게 깊은 호감을 불러일으킨 인물로 널리 알려져 있다. 실제로 그의 음성은 지금까지도 가장 매력적인 목소리 중 하나로 손꼽히며, 임기를 마친 이후에도 그 울림은 변함없이 사람들의 마음을 사로잡아 왔다. 아니, 시간이 흐를수록 오히려 더욱 세련되고 깊어진 면모를 보였다고 해도 과언이 아니다.

이는 결코 쉬운 일이 아니다. 훈련된 배우조차도 라디오라는 매체를 통해 자신의 개성을 온전히 전달하는 데에는 분명한 한계가 있으며, 그 과정에서 중요한 요소 대다수가 손실되기 마련이다. 그럼에도 루스벨트는 목소리 하나만으로 신뢰와 안정, 따뜻함과 결단력을 동시에 전달해 냈다. 이것이야말로 '호감 가는 인품'이 가장 응축된 형태로 드러난 사례라 할 수 있다.

이러한 인터뷰와 분석 과정을 이어가던 동안, 나는 동시에 생계를 위한 일에도 힘써야 했다. 카네기 씨로부터는 단 한 푼의 보수도 받지 않고 이 연구를 수행하고 있었기 때문이다. 당시 미국 대통령이

 마스터 마인드

었던 윌리엄 H. 태프트(William H. Taft) 역시 내 '성공 철학'의 정립 과정에 함께한 주요 인물 가운데 한 사람이었다. 그는 내 연구에 깊은 관심을 보였고, 여러 차례의 대화를 통해 중요한 조언을 건네주었다.

그의 권유에 따라 나는 결국 운영 중이던 자동차 학교를 매각하기로 결심했다. 태프트 대통령은 내가 한곳에 머무르기보다는, 더 넓은 세상으로 나아가 새로운 사실들을 직접 경험하고 수집해야 할 시점에 이르렀다고 판단했다. 그는 다음 단계로 나아갈 준비가 되었음을 조용히 일깨워 주었고, 그 조언은 이후 내 삶의 방향을 결정짓는 중요한 전환점이 되었다.

삶 속에 적용한 성공 원칙

나의 다음 여정은 얼핏 우연처럼 보이는 계기를 타고, 운명의 수레바퀴 위에서 조용히 굴러오기 시작했다. 나는 막 결혼식을 올린 직후였고, 태프트 대통령의 권유에 따라 학교를 정리하자마자 아내와 함께 그녀의 가족이 사는 웨스트버지니아(West Virginia)를 처음으로 방문하게 되었다.

한 사람의 모습을 떠올려 보라. 그는 이제 막 자신의 철학을 세상에 시험해 볼 준비가 되었다고 믿는 젊은 사상가였다. 스물세 해의 삶이 안겨 준 세속의 경험 위에 앤드루 카네기, 알렉산더 그레이엄 벨 박사, 엘머 R. 게이츠 박사와 4년 가까이 교류하며 얻은 지적 자신감이 겹겹이 쌓여 있었다. 그는 이미 세상의 원리를 꿰뚫었다고 믿을 만큼 스스로에 대한 확신으로 가득 차 있었다. 바로 아내의 가족을 처음 찾아갔던 그때의 나였다.

워싱턴에서 웨스트버지니아 클락스버그(Clarksburg)에 도착한 우리는 기차에서 내려 시외 전차로 갈아탔다. 그러나 그 전차는 헤이우드(Haywood)까지만 운행되었고, 우리가 목적지로 삼은 럼버포트(Lumberport)는 그곳에서 다시 두 마일가량 더 들어가야 하는 작은 마을이었다. 전차는 느릿느릿, 말없이 우리를 태운 채 헤이우드를 향해 나아갔다.

헤이우드에 도착했을 때는 비가 내리고 있었다. 마중 나올 마차는 어디에도 보이지 않았고, 우리는 거의 한 시간 가까이 비를 맞으며 진흙탕 길을 걸어야 했다. 고작 몇 킬로미터에 불과한 거리였지만, 궂은 날씨와 질퍽한 길은 내 새 양복을 망가뜨렸고, 그보다 먼저 내 기분을 완전히 무너뜨려 놓았다. 속에서는 불만이 끓어올랐고, 내 마음은 이미 세상과 맞서 싸울 준비가 된 것처럼 날카로워져 있었다.

그날 내가 처음 소개받은 사람은 처남인 밴스 호너(Vance Hornor)였다. 나는 인사말조차 제대로 건네지 않은 채, 따지듯 질문을 던졌다.

"왜 마을 사람들이 전차 회사에 강하게 요구하지 않죠? 헤이우드에서 럼버포트까지 노선을 연장하면 될 일 아닙니까?"

그는 담담하게 대답했다.

"우리는 벌써 10년 넘게 모농가힐라 전차 회사(Monongahela Valley

Traction Company)에 럼버포트까지 전차 노선을 연장해 달라고 요청해 왔어요. 하지만 회사는 강 위에 다리를 놓는 데 십만 달러가 넘게 든다며 계속 거절하고 있죠. 회사로서는 감당하기 어려운 비용이라는 겁니다. 그래서 우리는 언젠가 상황이 바뀌기를 바라며 그저 기다리고 있을 뿐입니다."

그의 말이 끝나자, 나는 잠시 침묵했다. 곧 천천히, 그러나 단호하게 입을 열었다.

"그러고만 있어서는 아무것도 바뀌지 않습니다."

내 목소리는 내가 생각했던 것보다 더 단정하게 울렸다.

"기다림과 희망만으로는 다리가 놓이지 않습니다. 전차도 달리지 않죠. 그러나 사람들이 의지를 하나로 도으고, 같은 방향을 바라보게 된다면 이야기는 달라집니다. 제 멘토인 카네기 씨는 이를 '마스터 마인드'라고 불렀습니다. 여기에 흔들리지 않는 신념이 더해진다면, 이 마을에 전차가 달리는 변화를 막을 힘은 어디에도 없을 겁니다."

그 말이 입 밖으로 나온 순간, 나는 지금껏 머릿속에서만 갈고닦아 온 '성공의 원칙'을 직접 시험해 볼 첫 번째, 그리고 결코 가볍지 않은 기회가 눈앞에 다가왔음을 직감했다. 내가 도전장을 던지자마자, 밴스 처남이 기다렸다는 듯 되물었다.

"그럼, 매형이 직접 나서 보면 어때요?"

처가 식구들 앞에서 기세가 꺾일 수는 없었다. 나는 한 치의 망설임도 없는 듯 단호하게 외쳤다.

"좋습니다. 이 일이 충분히 가능하다는 걸 제가 직접 보여 드리죠.

제 사전에 '불가능'이란 단어는 없습니다."

바로 그때, 처가의 장남인 J. 후드 호너(J. Hood Hornor)가 방으로 들어섰다. 밴스 처남은 웃음을 띠며 그를 향해 말했다.

"형, 우리 집 사위 나폴레온 힐이야. 우리 마을을 위해 큰일을 해줄 사람이지. 헤이우드에서 럼버포트까지 전차 노선을 연결하겠대."

후드는 시큰둥한 표정으로 고개를 끄덕이며 짧은 인사말을 건넸다. 그리고는 반쯤 농담처럼 한마디를 덧붙였다.

"그 노선을 놓을 수만 있다면 마을을 통째로 드려도 좋겠네요."

그 말이 떨어지는 순간, 내 안에서 무언가가 깨어났다. 동시에 운명의 시계가 마침내 째깍거리며 움직이기 시작했다. 다만 솔직히 고백하자면 그때의 나는 어디서부터 손을 대야 할지, 무엇으로 시작해야 할지 전혀 감을 잡지 못하고 있었다. 젊은이들이 흔히 저지르는 실수, 곧 생각보다 말이 앞서는 실수를 저지르고 만 셈이다.

그러나 이미 내뱉은 말을 거둬들일 수는 없었다. 체면을 지키기 위해서라도, 아니 그보다 더 정확히 말하자면 스스로에게 한 선언을 배신하지 않기 위해서라도 나는 곧바로 행동에 나서야 했다.

지금부터 이어지는 이야기는 노련한 사상가들의 철학을 인생에서 처음으로 실전에 옮기려 했던 한 젊은이의 첫 시도에 관한 기록이다. 그 모습은 마치 아버지의 구두와 외투를 덜컥 걸친 아이가 거울 앞에 서서, 면도칼을 손에 쥔 채 어른 흉내를 내며 진지하게 면도를 시도하는 장면과도 같았다. 어설프고, 위태롭고, 그러나 이상하리만큼 진지한 모습이었다.

　　　　　　　　　　　　　　　　　　　　　　

나는 이제 더 이상 물러설 곳이 없었다. 그래서 가장 먼저 문제의 핵심을 직접 확인하기로 했다. 모두가 불가능하다고 말하던 바로 그 강을 보여 달라고 요청했다. 십만 달러가 넘는 비용을 들여 다리를 놓아야 한다는 이유 하나만으로, 아내의 고향 마을은 오랜 세월 외부와 단절된 채 고립된 세상에 머물러 있었기 때문이다.

두 처남은 나를 차에 태우고 그 강가로 향했다. 그들의 눈빛에는 묘한 기대와 호기심이 섞여 있었다. 내가 말한 '마스터 마인드'라는 원리가 과연 무엇이며, 그것이 현실적인 난관 앞에서 어떤 힘을 발휘할지 지켜보겠다는 표정이었다. 물론 그들 자신도 그 원리가 정확히 무엇인지 알지는 못했다.

둘은 슬쩍 눈빛을 주고받으며 미소를 지었다. 그 웃음 속에는 장난기와 반신반의 그리고 은근한 조소가 함께 섞여 있었다. 마치 내가 어떤 흥미로운 실험 대상이라도 된 듯한 시선이었다.

우리가 그 자리에 도착한 지 채 오 분도 지나지 않아, 하나의 전환점이 될 만한 순간이 조용히 다가왔다. 그 순간은 자칫하면 내가 세워 온 계획 전체를 뒤흔들 수 있는 위기였지만, 동시에 현실 속에서 길을 여는 결정적인 실마리이기도 했다. 무엇보다도 카네기 철학을 세상에 처음으로 시험해 볼 수 있는 분명하고 값진 기회가 바로 그 앞에 펼쳐지고 있었다.

나는 그날 모농가힐라 강둑에 서서 눈앞에 펼쳐졌던 풍경을 지금도 또렷이 기억한다. 내가 서 있던 자리에서 약 30미터 아래에는 시골길 하나가 강을 가로질러 이어져 있었고, 그 위에는 아주 오래되고 위태로워 보이는 나무다리 하나가 덩그러니 놓여 있었다. 말 한 마리만 지나가도 금세 무너질 듯 심하게 흔들리는, 임시방편에 가까운 다리였다.

강을 따라 위아래로는 볼티모어 앤 오하이오 철도(Baltimore & Ohio Railroad)의 화물열차가 오가는 철로가 열 줄 가까이 뻗어 있었다. 그 철로 한가운데를 시골길이 아무런 보호 장치도 없이 그대로 가로지르고 있었다. 우리가 강가에 서서 이야기를 나누고 있을 때, 덮개도 씌워지지 않은 채 석탄이 그대로 드러난 화물칸들을 끌고 기관차 한 대가 느릿하게 모습을 드러냈다.

기관차는 마치 오래된 퍼즐을 맞추듯, 여기저기 흩어져 있던 석탄 화물칸들을 하나씩 끌어모으며 낡은 철로 위를 기어가고 있었다. 금속이 맞물리는 거친 소리가 공기를 가르며 울려 퍼졌고, 이윽고 기다란 석탄 열차 한 줄이 서서히 형태를 갖추기 시작했다. 그 과정에서 시골길은 꼼짝없이 막혀 버렸고, 그 상태는 약 15분이나 이어졌다.

기찻길 양편에는 농부들이 마차를 세운 채 발이 묶여 있었다. 처음에는 모두가 참고 기다리는 눈치였지만, 시간이 흐르자 짜증과 분노가 서서히 얼굴 위로 떠올랐다. 마침내 한 농부가 더는 참지 못하고 승무원을 향해 고함을 질렀다.

"언제까지 이러고 있어야 하는 거요? 길을 좀 열어줘야 우리도 갈 길을 가지 않겠소!"

꽤 긴 실랑이 끝에, 마침내 승무원들은 열차를 잠시 끊어 길을 내

주었다. 그제야 농부의 마차 한 대가 조심스럽게 선로를 건너갔다.

그 순간이 바로 결정적 전환점이었다. 겉으로 보기에는 아무 일도 아닌 장면처럼 보였을지 모르지만, 내게는 분명 기회의 문이 열리는 순간이었다. 나는 성난 농부를 손가락으로 가리키며 두 처남을 향해 외쳤다.

"지금 저 사람 보이죠? 여러분도 제가 본 장면을 같이 보지 않았습니까?"

밴스 처남은 담담한 얼굴로 대답했다.

"봤어요. 하지만 저건 별일 아니에요. 나도 저기서 30분 넘게 발이 묶여 있었던 적이 한두 번이 아니거든요."

그가 말을 채 끝내기도 전에, 내 머릿속에서는 이미 십만 달러짜리 다리가 완성되어 있었다. 그 다리 위로 전차 한 대가 조용히 지나가고 있었고, 전차 회사가 마을까지 선로를 연장하도록 유도할 수 있는 구체적인 방안이 마치 도면처럼 또렷하게 펼쳐지고 있었다.

그 구상은 순간의 번뜩임이 아니라 완결된 설계에 가까웠다. 나는 그 계획의 타당성을 조금도 의심하지 않았다. 마치 그 모든 생각이 카네기 씨의 손에서 직접 다듬어져 내게 건네진 계획처럼 확신에 차 있었다.

"됐어요. 석 달 안에 이 마을은 다리와 럼버포트까지 이어지는 전차를 갖게 될 겁니다."

처남들은 눈과 입을 크게 벌린 채 나를 바라보았다. 놀라움이 분명히 읽혔지만, 그 속에는 여전히 짙은 의심이 섞여 있었다.

나는 그들에게 '마스터 마인드'라는 개념이 무엇인지 간략히 설명했다. 카네기 씨에게서 이 원칙을 처음 접하게 된 계기와 그것이 단순한 이론이 아니라 실제 문제를 풀어내는 사고의 방식이라는 점을 차분히 들려주었다. 그리고 그 원리가 어떻게 이 마을의 교통 문제에 적용될 수 있는지를, 가능한 한 구체적으로 풀어 설명했다.

"지금 이 상황은 겉으로 보면 막막해 보일 수 있습니다. 다리 하나 놓는 데 드는 비용이 워낙 크니까요. 어디서부터 손을 대야 할지 감이 잡히지 않는 게 당연합니다. 하지만 이런 문제일수록 저는 항상 이렇게 접근합니다. 문제를 잘게 나누고, 각 조각을 책임질 주체를 찾아 연결하는 겁니다. 이게 바로 마스터 마인드 방식입니다.

첫 번째 단계는 시의회를 여는 겁니다. 그 자리에서 결의안을 하나 만드셔야 합니다. 전차 회사에 도심 내 도로를 무상으로 사용할 수 있게 해주고, 그 대신 전차 노선을 연장해 주민들에게 전기 공급까지 가능하도록 하자는 내용입니다.

그다음 단계로는, 시의회 의원 몇 분과 저를 포함한 위원회를 구성해 볼티모어 앤 오하이오 철도 회사의 지역 책임자를 찾아가는 겁니다. 그리고 이렇게 제안하는 겁니다. '현재 철길 옆 시골길이 심각한 안전 위험 요소가 되고 있으니, 이 길을 완전히 없애는 조건으로 다리 건설 비용의 3분의 1을 철도 회사가 부담해 달라'고요."

그리고 세 번째 단계로, 나는 도로위원회를 찾아갈 계획이라고 말했다. 그들에게는 이렇게 요청할 생각이었다.

"시민들이 매일 철길을 건너다 위험한 상황에 노출되고 있습니다.

이는 명백한 공공 안전 문제입니다. 그러니 다리 건설 비용의 또 다른 3분의 1을 도로위원회에서 부담해 주십시오."

이렇게 해서 다리 건설 비용의 3분의 2를 확보한 뒤에는, 마지막으로 전차 회사 경영진을 찾아갈 참이었다. 나는 이미 손에 쥐고 있을 도로 사용권을 제시하며 이렇게 말할 수 있었다.

"남은 비용만 부담해 주신다면, 공사는 즉시 착수할 수 있습니다."

그리고 이 모든 과정과 동시에, 전차 노선이 들어설 부지 문제도 해결해야 했다. 나는 땅 소유주들을 직접 찾아가 이 일이 마을 전체에 어떤 변화를 가져올지를 설명하고, 가능한 한 기부의 형태로 토지를 제공해 달라고 설득할 생각이었다.

내 설명이 끝나자, 처남들의 얼굴은 아까와 완전히 달라져 있었다. 불과 몇 분 전까지만 해도 남아 있던 의심은 온데간데없이 사라졌고, 두 사람은 약속이나 한 듯 동시에 외쳤다.

"그 계획이라면, 분명히 되겠어요!"

밴스 처남은 웃으며 한마디를 덧붙였다.

"도대체 우리는 왜 이런 생각을 십 년 전에는 한 번도 못 해봤을까요?"

놀랍게도 단 사흘 만에 세 기관은 마침내 한뜻으로 움직였다. 다리 건설에 필요한 십만 달러의 비용은 정확히 삼등분되어, 각자 책임지기로 합의되었다.

이 사례가 내가 처음으로 '카네기 철학'을 현실의 문제에 적용해 본 순간이었다. 그리고 그 결과는 너무도 명확하고, 완벽한 성공이었다. 이 경험은 이후의 내 인생 전체를 바꿔 놓을 만큼 강렬한 인상을 남겼다.

'이게 바로 큰 비즈니스구나!'

그 규모와 가능성에서 느껴진 전율은 내 안의 열정을 단숨에 흔들어 깨웠다. 나는 처남들에게 더 큰 힘이 되어 주고 싶다는 마음을 억누를 수 없었다.

"이건 시작에 불과합니다. 진짜 일은 지금부터예요."

나는 이렇게 말하며, 다음 단계를 제안했다. 우선 그들의 상황을 차분히 점검해 보았다. 처남들은 마을 인근의 거의 모든 토지를 소유하고 있었고, 시내 곳곳의 빈 땅 역시 대부분 그들의 소유였다. 규모는 작지만 천연가스를 생산하는 사업도 운영 중이었다.

그러나 곧 가장 큰 문제가 드러났다. 문제는 가스를 캐는 일이 아니라 파는 일이었다. 그들은 땅에 구멍만 뚫으면 올림픽 수영장 수천 개를 채우고도 남을 만큼 막대한 양의 천연가스를 생산할 수 있었지만, 정작 그 가스를 안정적으로 소비해 줄 시장이 존재하지 않았다. 그래서 나는 그들을 '마스터 마인드 연합'에 초대했다. 이 회의에는 마을에서 영향력이 있고, 재정적으로도 신뢰할 수 있는 인사들을 함께 불러 모았다.

목표는 분명했다. 산업을 유치해 일자리를 만들고, 동시에 천연가스를 안정적으로 소비할 수 있는 수요처를 확보해야 했다. 회의는 약 3주에 걸쳐 여러 차례 이어졌고, 마침내 우리는 이 마을에 유리 공장을 설립하기로 뜻을 모았다.

그 결정이 내려지자마자, 나는 피츠버그로 향했다. 그곳에서 유리 제조 분야의 전문가 한 사람을 초빙해 이 프로젝트에 참여시키고, 공장 운영 전반을 맡기기로 했다. 얼마 지나지 않아 유리 공장은 본격적으로 가동에 들어갔고, 그곳에서 일하게 된 남녀 노동자 600여 명은 모두 숙식이 가능한 새로운 보금자리를 필요로 하게 되었다.

이 지점에서 우리 처남들은 또 하나의 기회를 포착했다. 그들은 시내 곳곳의 공터를 주택 부지로 개발해, 비어 있는 땅을 수익성 있는 자산으로 바꾸어 놓았다. 더불어 유리 회사는 매달 3,000달러어치의 천연가스를 꾸준히 구매해 갔다.

그 무렵, 나는 이미 마을 사람들 사이에서 '럼버포트의 앤드루 카네기'로 통할 만큼의 영향력을 얻게 되었다. 사람들은 앞다투어 내 손에 선물을 쥐여 주려 했지만, 나는 그 무엇도 바라지 않았다. 나는 그저 아내의 가족들에게 '성공 철학'이 실제 삶에서 얼마나 놀라운 결과를 만들어 낼 수 있는지 몸소 보여 주며, 그 모든 과정을 진심으로 즐기고 있었다.

처가 식구들은 천연가스를 생산할 수 있는 넓은 땅을 소유하고 있었고, 그 위에는 두 개의 소규모 가스 공장이 있었다. 이 공장에서 생산된 가스는 그들 가족은 물론 럼버포트 주민 일부에게도 공급되고 있었다. 우리는 곧 회사를 설립하고 즉시 추가 시추 작업에 들어갔다. 얼마 지나지 않아, 우리는 판매량을 훨씬 웃도는 수준의 가스를 확보하게 되었다.

나는 앤드루 카네기와의 인연을 활용해, 가스정에 필요한 자재를

월 분할 납부 방식으로 확보할 수 있도록 조율했다. 가스정에는 지하 시추공이 무너지지 않도록 벽을 지지하고 가스를 안전하게 끌어올리는 데 사용되는 강철관인 케이싱(casing)과 채취한 가스를 운반하기 위한 배관이 필요했다. 이 덕분에 시추 작업은 훨씬 빠른 속도로 진행될 수 있었다.

가스 판매로 얻은 수익은 모두 다시 사업에 재투자되었고, 결국 우리 회사는 인근 거의 모든 마을에 가스를 공급하게 되었다. 그중 일부는 이 지역에서 운영되던 스탠다드 오일(Standard Oil Company) 계열사인 호프 내추럴 가스 컴퍼니(Hope Natural Gas Company)에 도매로 납품되었다.

오늘날까지도 이 가스 회사는 우리 가족과 처가 식구 두 가문이 공동으로 소유하고 있으며, 장남이 최대 주주로서 회사를 이끌고 있다. 이 사업에서 나오는 수익은 세 아들의 대학 교육을 모두 뒷받침해 주었고, 설립 초기부터 가정의 생계와 자녀 양육에 필요한 모든 재정을 충실히 감당해 주었다. 나는 바로 이러한 기반 덕분에 앤드루 카네기나 그 누구의 지원도 받지 않은 채 '성공 철학'을 체계화하기 위한 20여 년의 연구를 오롯이 이어갈 수 있었다.

이처럼 내가 처음으로 본격 적용한 앤드루 카네기 철학은 전차 노선을 럼버포트까지 연장한 이후, 수십 년에 걸쳐 수백만 달러에 이르는 수익을 가져다주었으며, 오늘날에도 여전히 우리 가족이 필요로 하는 수준을 훨씬 넘어서는 수입을 안겨 주고 있다. 이후 이야기에서는 내가 겪은 심각한 재정적 시련도 다루게 되겠지만, 이 시점

     마스터 마인드

에서 분명히 밝혀둘 점이 있다. 나는 럼버포트에서 맡은 일을 모두 마친 뒤, 그곳에서 벌어진 수익 중 단 한 푼도 가져가지 않은 채 마을을 떠나 다른 지역에서 새로운 활동을 이어갔다.

당시의 모든 일은 두 명의 유능한 처남과 함께한 마스터 마인드 협력 체계 안에서 이루어졌다. 나는 전체 구상과 전략을 맡았고, 처남들은 실행과 현장 업무를 도맡아 주었다. 그들의 신용도는 매우 높았으며, 사업 초기 여러 위기를 그들의 신용으로 버텨낸 경우도 적지 않았다.

그 무렵, 내 이름은 빠르게 알려지기 시작했다. 모농가힐라 전차 회사의 대표가 후한 보수를 제안하며 자문실 수석 보좌직을 맡아 달라고 요청해 왔고, 나는 그 제안을 수락했다. 얼마 지나지 않아 시카고의 라살 방송통신대학교(LaSalle Extension University)에서 광고부장으로 일할 기회가 찾아왔고, 나는 망설임 없이 그 길을 택했다. 왜냐하면 럼버포트에서 거둔 그 눈부신 성공이 자칫하면 내가 평생을 바쳐 탐구해 온 '성공 철학'을 그 안에 묻어 버릴지도 모른다는 위기감이 들었기 때문이다.

내가 웨스트버지니아의 기반을 정리하고 시카고로 향하게 된 결정의 이면에는 어쩌면 앤드루 카네기를 실망시키고 싶지 않았던 깊은 책임감이 있었는지도 모른다. 그러나 이러한 선택을 아내와 처가 식구들은 끝내 이해하지 못했다. 그들은 내가 시카고로 떠나는 일을 무모한 선택으로 여겼고, 그 생각은 끝내 바뀌지 않았다. 그리고 내가 아는 한, 그들은 내가 평생을 걸고 탐구해 온 '무엇이 사람을 성공하게 하고 실패하게 만드는가?'라는 질문에 대한 나의 집요한 열망을 진심으로 공감해 준 적이 없었던 것 같다.

그럼에도 불구하고, 내가 럼버포트에 머무는 동안 처남들과 함께 심었던 작은 씨앗은 결국 풍성한 열매를 맺었다. 1929년 대공황을 불러온 시장 붕괴 직전, 나는 처가 식구들이 보유하고 있던 가스 사업권을 116만 달러에 월가의 투자자들에게 매각할 수 있는 옵션 계약을 체결했다. 게다가 1912년 사업을 시작한 이후 1929년 매도에 이르기까지, 그들이 사업을 운영하며 벌어들인 수익은 수백만 달러에 달했다.

물론 이 말이 처가가 쌓아 올린 부가 내 덕분이라는 뜻은 아니다. 나는 단지 그들에게 '마스터 마인드' 원리를 소개하고, 그 원리를 실전에 처음 적용할 수 있도록 도와주었을 뿐이다. 그 이후의 모든 성장은 오롯이 그들 자신의 추진력과 노력에서 비롯되었다. 그들의 성공은 무엇보다도 마스터 마인드의 원리를 빠르게 이해하고, 그것을 지혜롭게 실천에 옮겼기 때문에 가능했다.

큰 처남 후드는 언제나 신중하고 현실적인 입장을 견지하며, 아이디어에 먼저 '아니오'를 외치는 사람이었고, 작은 처남 밴스는 넘치는 열정으로 아이디어를 내고 계획을 세우며 진행을 밀어붙이는 추진력의 소유자였다. 그러나 밴스의 구상은 언제나 큰 처남 후드의 손을 거쳐 실현 가능한 규모로 조정된 뒤 실행에 옮겨졌다.

나는 지금까지 수많은 협업의 사례를 경험해 왔지만, 성향이 완전히 다른 두 사람이 이토록 조화롭게 힘을 합쳐 일하는 모습을 본 적은 단 한 번도 없었다. 처남들과 함께한 시간은 1년이 채 되지 않았다. 그러나 그 짧은 시간 안에 나는 마을에 실질적이고 지속 가능한 교통 기반을 마련할 수 있는 효과적인 방법이 분명히 존재한다는 사실을 입증해 보였다. 그리고 두 사람은 내가 보여 준 그 하나의 본보기를 토대로, 스스로의 힘으로 막대한 부를 일궈 냈다.

내가 처남들과 함께했던 사업 초창기에는 특히 인상 깊고 의미 있는 장면 하나가 있다. 그 장면은 목표 없이 떠도는 삶의 습관과 뚜렷한 목적을 향해 나아가는 삶의 태도 사이에 존재하는 결정적인 차이를 선명하게 보여 준다.

장남 제임스(James)가 대학 진학을 앞두고 있었을 때, 나는 그를 며칠간 곁에 불러 앉혀 인생에는 반드시 하나의 분명한 목적이 필요하며, 교육은 그 목적을 이루기 위한 수단으로 활용되어야 한다는 점을 거듭 강조해 일러 주었다. 제임스는 오랜 숙고 끝에, 내가 창립에 기여했던 가스 회사의 경영자가 되겠다는 목표를 세웠다. 그는 단지 학점을 채우기 위한 공부가 아니라, 그 목표에 도달하는 데 실제로 필요한 과목들을 스스로 선택하고, 분명한 목적을 품은 채 대학에 진학했다.

내가 처음으로 럼버포트에 전차를 개통한 지 정확히 22년이 지난 1934년 말, 나는 그 마을을 다시 찾았다. 당시 철도 회사의 특별한 배려로, 전차 노선이 폐지되기 전 마지막 차량에 단 한 명의 승객으로 탑승할 수 있었다. 그 전차의 운전석에는 내가 처음 마을을 방문했을 때와 같은 기관사가 서 있었다. 나는 그의 곁에 조용히 서서, 대공황으로 거의 모든 자산을 잃은 지금의 나 자신을 돌아보았다. 그 마을에는 내가 남기고 온 상당한 재산이 여전히 남아 있었다.

그 순간, 나는 친척들이 수없이 스스로에게 던졌을 법한 질문을 나 자신에게도 던지게 되었다.

"왜 나는 안락함과 안정된 수입, 예측 가능한 삶을 내려놓고, 즉각적인 보상이 보장되지 않는 이 길을 택했을까?"

나는 아마도 그 선택의 이유를 끝내 완전히 알지 못할지도 모른다. 그러나 한 가지는 분명히 말할 수 있다. 그 선택은 옳았다. 왜냐하면 그 길은 결국, 내가 평생을 바쳐 도달하고자 했던 하나의 목적지로 나를 이끌어 주었기 때문이다. 만약 그 목적 없이 살아갔다면, 나는 아마도 인생이라는 바다 위를 방향 없이 떠도는 존재로 남았을 것이다.

나는 이상할 정도로 럼버포트라는 마을 자체에서 늘 무겁고 음울한 기운을 느껴왔다. 몇 차례 그곳에 정착해 보려 했지만, 그때마다 말로 표현하기 어려운 어떤 감정이 마음을 짓눌렀고, 결국 나의 평온을 앗아가고 말았다. 그곳에 계속 머물렀다면 나는 정신적으로 결코 살아남지 못했을 것이다.

세상에는 그런 마을이 있고, 그런 사람이 있다. 겉보기에는 조용하고 해가 없어 보일지라도, 그 안에 담긴 부정적인 에너지는 사람의 의지와 생기를 조금씩, 그러나 확실하게 갉아먹는다. 그리고 단호하게 그런 영향에서 벗어나지 못할 경우, 그 끝은 결국 실패로 귀결된다.

내가 럼버포트에 남아 함께 사업을 하지 않았다는 사실은 처남들 가운데서도 특히 작은 처남 밴스에게 오랫동안 아쉬움으로 남아 있었다. 그들은 내게 사업 지분의 3분의 1을 제안하며 유혹했지만, 돌이켜 보면 내가 그 제안을 받아들이지 않은 선택은 오히려 잘된 일이었다고 확신한다.

나는 그곳에서 행복하지 않았고, 돈을 버는 일에도 별다른 흥미가 없었다. 그곳에 머물렀다면 결국 나는 스스로를 실패자라고 느끼게 되었을 것이며, 그들에게도 그리고 아내에게도 실망을 안겨 주는 존재가 되었을 것이다.

더욱이 내 마음 깊은 곳에는 겉으로 드러나지 않지만 결코 거스를 수 없는 어떤 힘이 끊임없이 나를 밀어붙이고 있었다. 그 힘은 내가 럼버포트에서 안정을 추구하거나 마음의 평화를 누리는 일을 근본적으로 불가능하게 만들었다.

그 힘의 정체는 앤드루 카네기가 내 정신 속 깊이 심어 준 하나의 뚜렷한 '인생의 목적'이었다. 그 목적은 한곳에 정착한 채로는 결코 이룰 수 없었다. 그 목표를 이루려면 수많은 사람들의 삶을 직접 보고, 듣고, 느끼며 그들의 경험을 통해 인생과 성공의 본질을 더 깊이 이해해야 했고, 다양한 분야의 지식과 통찰을 차곡차곡 쌓아가야만 했다. 단기간에 끝나는 일이 아니라 오랜 세월에 걸쳐 완성되어야 할 여정이었으며, 어느 한 지역에 머무른 채로는 결코 닿을 수 없는, 먼 미래로부터의 부름이었다.

다시 시카고로 돌아가며

　내가 럼버포트를 떠나 시카고로 돌아가기로 한 결정은 내 인생에서 가장 중대한 선택 가운데 하나였다. 그 선택은 나에게 행복한 가정생활과 막대한 재산 그리고 비교적 평온한 삶을 포기하게 했다. 그 길은 가시가 돋친 듯 험난한 여정이었고, 수많은 눈물로 채워진 길이었다. 그러나 그 여정은 결국 나를 내 영혼 깊은 곳에서 삶을 더 깊이 이해하게 만들었고, 모든 이가 갈망하는 마음의 평화와 내면의 충만함에 이르게 해주었다.

　럼버포트에서 여러 사업을 성공적으로 마무리한 뒤, 나는 개인의 '성공 철학'을 완성했다는 착각에 잠시 빠져 있었다. 그러나 곧 깨달았다. 그 철학은 완성이 아니라, 이제 막 첫걸음을 뗀 수준에 불과했다. 나는 단지 하나의 철학적 구조물의 골격만을 세웠을 뿐이었다. 그 위에는 반드시 현실의 경험과 실천이라는 살이 덧입혀져야 했고, 무엇보다 사람들의 마음을 움직이려면 그 철학 안에 살아 숨 쉬는 혼이 깃들어야 했다. 오직 그럴 때만 이 철학은 수많은 이들에게 시련 앞에서도 쓰러지지 않는 힘을 주고, 삶의 장애물을 마주하더라도 다시 일어설 용기와 의지를 북돋아 줄 수 있기 때문이다.

　훗날 나는 깨닫게 되었다. 그 철학에 마지막으로 더해져야 했던 그 '혼'은, 내 삶의 몇 차례 고비와 전환점을 지나며 모습을 드러낸 '또 다른 나'라는 존재를 통해 조용히 제 자리를 찾아가고 있었음을.

　앞으로의 연구를 이어가는 데 필요한 자금을 스스로 마련하겠다는 뜻을 세우고, 내 관심과 내가 지닌 모든 재능을 새로운 사업과 전문 분야에 쏟아 금전적 성과로 이어가기로 마음먹었다. 그리하여 나는 광고라는 직업을 선택했고, 시카고에 있는 라살 방송통신대학교에서 광고부장으로 일하게 되었다. 마침 럼버포트에서의 활동이 여러 신문에 보도된 덕분에, 내 이름은 이미 그 학교 경영진의 눈에 띄어 있었고, 그 인연이 자연스럽지 협의로 이어져 나는 초대 광고부장 직을 맡게 되었다.

라살 방송통신대학교는 설립된 지 몇 해 되지 않은 신생 교육기관이었고, 나는 그곳에 합류한 지 얼마 지나지 않아 학교가 심각한 운영 자금 부족에 처해 있다는 사실을 알게 되었다. 자금 사정은 생각보다 훨씬 긴박했다. 급여를 받는 날이면 한시라도 빨리 은행으로 달려가 수표를 인증받아야 안심할 수 있을 정도였고, 조금이라도 늦으면 계좌에 잔액이 남아 있지 않아 급여를 실제로 받지 못할지도 모른다는 불안에 시달려야 했다. 그렇게 석 달쯤 지나자, 나는 왜 학교가 제대로 된 운영 자금을 확보하지 못하고 있는지를 직접 확인해 보기로 마음먹었다.

실태를 들여다본 결과, 나는 다소 충격적인 사실을 마주하게 되었다. 학교 직원 대다수가 등록금 수금 부서에 배치되어 있었고, 그들은 무려 1만 8,000명에 이르는 재학생들에게 강압적인 방식으로 등록금 납부를 독촉하고 있었다. 이러한 과도한 압박은 오히려 학생들의 반감을 샀고, 많은 이들이 학교에 불신을 품게 되는 결과로 이어지고 있었다.

나는 학교 경영진에게 하나의 제안서를 제출했다. 기존의 강압적인 등록금 납부 독촉 방식을 중단하고, 그 대신 학생들과의 관계 회복을 목적으로 한 친절한 어조의 '세일즈 편지'를 단계적으로 발송하자는 내용이었다. 이 편지들은 학생들의 신뢰를 다시 얻는 동시에, 학교에 대한 호감을 회복하도록 설계되었다.

이 계획은 단순히 학생들과의 신뢰를 회복하는 데 그치지 않았다. 학교는 학생들에게 일정한 이익 배당이 보장되는 형태의 지분을 제공했고, 이들을 학교의 홍보자이자 파트너로 참여시킴으로써 공동의 성장 기반을 마련하고자 했다. 그 결과 이 계획은 백만 달러가 넘는 운영 자금을 유치하는 데 성공했으며, 라살 방송통신대학교가 미국에서 가장 성공적인 정규 대학 민간 교육 서비스 기업 중 하나로 성장하는 출발점이 되었다.

럼버포트에서의 모든 활동과 라살 방송통신대학교에서의 경험을 돌아보면, 나의 가장 큰 목표는 결코 단순히 돈을 버는 데 있지 않았다. 내가 진정으로 바랐던 결실은 앤드루 카네기가 남긴 성공 철학이 실제 현실 속에서도 유효한지를 확인하기 위해, 다양한 사업 현장에 적용해 보고 그 효과를 직접 검증하는 일이었다.

그러나 일부 사람들은 내가 자주 활동 분야를 옮겨 다니는 모습을 실패로 오해하기도 했다. 하지만 나는 확신한다. 이 성공 철학이 전 세계로 퍼져나갈 수 있었던 이유는 거창한 홍보나 치밀한 마케팅 덕분이 아니라, 수많은 현실적 상황 속에서 거듭 시험되고 다듬어지는 과정을 거쳤기 때문이다. 바로 그 실전의 축적을 통해, 이 철학은

　　　　　　　　　　　　　　　　　　　　　　마스터 마인드

시간이 흐를수록 더욱 단단해졌고 마침내 거의 흔들림 없는 원칙으로 자리 잡게 되었다.

그다음으로 내가 발을 들인 사업은 벳시 로스 캔디 컴퍼니(Betsy Ross Candy Company)였다. 이 프로젝트는 경제적으로 내게 큰 손실을 안겨 주었지만, 동시에 값진 교훈을 남겼다. 바로 마스터 마인드 원칙, 즉 목적과 신뢰를 공유하는 조화로운 협력 관계 없이는 어떤 동업도 오래가지 못한다는 사실을 내가 직접 경험하게 된 사건이었다.

벳시 로스 캔디 컴퍼니는 라살 방송통신대학교의 전임 학장과 내가 함께 세운 법인이었다. 우리는 회사의 중요한 결정을 내릴 수 있는 지분을 둘이 3분의 1씩 나눠 갖고 있었다. 처음에는 나머지 지분 3분의 1이 비어 있었지만, 사업을 시작한 지 얼마 지나지 않아 학장이 자신의 오랜 친구를 사업에 끌어들이자고 제안했다. 나는 그 제안을 받아들였고, 예전에 운영하다 문을 닫은 캔디 가게의 재고와 경험을 넘겨받는 조건으로 우리는 그의 친구에게 남은 3분의 1 지분을 주었다.

그 결과 세 명이 동등한 지분을 가진 공동 창업자가 되었다. 하지만 문제는 바로 거기서 시작되었다. 사업 첫날부터 의견 충돌이 끊이질 않았다. 이사회가 열릴 때마다 갈등이 반복됐고, 표결은 늘 2대 1, 즉 나를 상대로 한 그들 연합의 승리로 결론이 났다.

당시 우리 회사는 시카고의 공장을 중심으로 열여덟 개 도시에 캔디 체인점을 운영하고 있었다. 경영진 사이의 불화는 곧 직원들에게도 전해졌고, 이내 직원들 사이에서도 편이 갈라지기 시작했다. 내

부의 갈등은 조직 전체에 불협화음을 불러왔고, 결국 생산성과 사기까지 흔들리게 되었다.

시간이 흐를수록 회사 내 분위기는 점점 나빠져 갔다. 나는 파트너들과 매일같이 소모적인 갈등을 이어갈지, 아니면 과감히 물러나 남은 사업을 그들에게 넘길지 선택해야 했다. 결국 나는 사임을 결심했고, 곧바로 그들은 채권자들과의 법적 합의를 마친 뒤 나를 철저히 배제한 채 회사를 새롭게 재편했다. 법적으로는 문제가 없었을지 모르지만, 도의적으로는 분명 비열한 일이었다.

그런데 그들이 나를 서둘러 지워 버리려는 욕심에 간과한 사실이 하나 있었다. 바로 '벳시 로스(Betsy Ross)'라는 상표권이었다. 이 상표는 내 개인 명의로 등록돼 있었고, 내가 명백히 소유하고 있는 자산이었다.

이후 그들은 새 회사의 주식을 외부 투자자들에게 팔기 시작했지만, 다시금 심각한 자금난에 빠졌다. 그중 한 투자자가 상황을 면밀히 살펴보던 중, 상표권이 여전히 내 소유라는 사실을 알아냈고, 자신이 투자할 당시 회사 자산에 대해 잘못된 정보를 받았다며 강하게 항의했다. 그는 투자금 환급을 요구하며 집요하게 압박했고, 결국 당황한 두 전 동업자는 나를 다시 찾아왔다. 처음에는 상표권을 그냥 넘겨달라고 했고, 그 억지가 통하지 않자 헐값에 사겠다는 제안을 해왔다.

나는 침묵으로 일관하며 상표권을 단단히 움켜쥐고 있었다. 마치 덫에 걸린 두 마리 쥐처럼 궁지에 몰린 그들이 과연 어떻게 이 상황을 빠져나가려 하는지 지켜보기로 마음먹었다. 그리고 머지않아 그들은 수를 던졌다. 어느 날 저녁, 나는 한 장의 영장을 받았다. 내가 한때 대표로 있었던, 지금은 폐업한 회사에서 자금을 횡령했다는 내용이었다.

공판을 이틀 앞두고 두 사람은 마침내 다급히 내게 손을 내밀었다. 상표권만 넘겨준다면 이 사건을 없던 일로 만들겠다고 했다. 하지만 나는 꿈쩍도 하지 않았다. 상표권은 여전히 내 손에 있었고, 나는 끝까지 기다렸다.

재판 당일, 법정에는 고소인이 나타나지 않았다. 내 요청에 따라 변호인은 법원에 정식으로 소환장을 발부했고, 결국 고소인은 마지못해 증인석에 올랐다. 그러나 그가 입을 연 지 몇 분도 채 지나지 않아 재판부는 사건을 기각해 버렸다. 그뿐만 아니라 판사는 도리어 나에게 이렇게 말했다.

"이 사건은 당신이 피고가 아니라 원고였어야 합니다."

정의는 결국 그 이름을 잃지 않았다. 나는 판사의 조언에 따라 원고가 되어, 전 동업자 두 명과 그들과 공모했던 제삼의 인물을 상대로 손해배상 소송을 제기했다. 일리노이 주법에 따르면, 내가 승소하고 피고들이 배상금을 지급하지 않을 경우 그들을 구금할 수 있는 권한이 주어졌다.

재판 결과 세 사람 중 한 명은 교묘히 책임을 회피했지만, 나머지 두 사람에게는 상당한 금액의 손해배상 판결이 내려졌다. 이 판결은 오늘날까지도 시카고 법원 기록에 그대로 남아 있으며, 강제 집행도 배상 행위도 이루어지지 않은 상태로 한 가지를 여실히 증명하고 있다. 그것은 바로 내가 게이츠 박사나 벨 박사 같은 이들과 함께한 시간 속에서 '관용'이라는 덕목을 배웠고, 이를 실제 삶에서 실천했다는 사실이다.

훗날 나는 이들 세 사람에 대해 씁쓸하면서도 의미심장한 소식을 전해 듣게 되었다. 얼마 지나지 않아 손해배상 판결을 받았던 전 동업자 중 한 명은 아이러니하게도, 나에게서 빼앗은 그 사업과 관련한 사기 행위로 유죄 판결을 받아 일리노이의 졸리엣 주립 교도소(Joliet, Illinois State)에 수감되었다. 또 다른 인물은 파산했고, 책임을 피했던 마지막 한 사람은 텍사스 어딘가에서 허드렛일로 생계를 잇고 있다는 소문이 들려왔다.

내 인생의 원칙, 황금률

시카고에서 보낸 첫 2년은 내게 모든 재산을 앗아가며, 일생일대의 중대한 선택을 요구받는 시기였다. 나를 무너뜨리려 했던 사람들에게 맞서 싸울 것인가, 아니면 '자신이 대접받고 싶은 대로 타인을 대하라'는 삶의 원칙인 황금률(The Golden Rule)에 따라 그들을 시간과 운명에 맡기고 나는 묵묵히 나의 길을 걸어갈 것인가?

나는 후자를 택했다. 그리고 그 선택을 단 한 번도 후회한 적이 없다. 그 결정을 통해 마음속에 오래 지니고 있던 한 가지 사실을 확인했다. 내 안에는 누군가에게 복수하고 싶은 마음보다, 분노나 증오 같은 부정적 감정들과 조용히 거리를 두고 앞으로 나아가고 싶은 마음이 더 크다는 사실이다. 이 깨달음은 내게 크고도 깊은 위안이 되었고, 무엇과도 바꿀 수 없는 값진 경험으로 남았다.

그 선택은 내면의 균형을 되찾게 해주었고, 내 삶의 방향을 이전보다 더 단단히 다져 주는 계기가 되었다. 그 과정에서 나는 중요한 교훈 하나를 배웠다. 때로는 모든 것을 잃는 경험이야말로, 진짜로 지켜야 할 것이 무엇인지를 알려주는 유일한 길이다.

벳시 로스 캔디 컴퍼니에서의 실패는 나에게 잃어버린 시간과 돈을 훨씬 뛰어넘는 '영원한 배당금'을 안겨 주었다. 이 경험은 카네기 씨가 했던 다음의 말을 내 삶 속에서 직접 증명한 첫 사례가 되었다.

"실패는 언제나 그에 상응하거나 더 큰 성공의 씨앗을 조용히 품고 있다."

이 성공의 씨앗은 언제나 그렇듯 전혀 예상치 못한 자리에서 꽃을 피우고 열매를 맺으며, 조용히 내 앞에 모습을 드러냈다. 바로 프랭크 크레인 박사(Dr. Frank Crane)라는 한 목회자와의 인연이었다. 내 이야기를 전해 들은 그는 내가 법정에서 보여 준 '보복이 아닌 존중과 관용으로 응답하는 삶의 자세'에 깊이 감동해 직접 축하의 뜻을 전하러 나를 찾아왔다. 그날의 만남은 그의 생이 다할 때까지 이어진 진실한 우정으로 자라났고, 우리 두 사람 모두에게 말로 다 표현할 수 없는 소중한 결실을 안겨 주었다.

벳시 로스 캔디 회사에서의 실패를 딛고 다시 일어설 수 있었던 동력은 프랭크 크레인 박사와의 우정을 통해 황금률을 나의 철학에 추가하게 되었기 때문이다. 이는 단순한 보완이 아니라, 철학 전반을 향기롭게 꽃피운 결정적 전환점이 되었다. 나는 평생을 바쳐 온 사명과 인격 형성에 소중한 기여를 한 이들의 이름을 적어둔 빨간 수첩에 크레인 박사의 이름을 새로 기록하고, 이전의 두 파트너의 이름은 지워 버렸다.

박사와 처음 인연을 맺은 직후, 나는 시카고 로터리 클럽에서 그의 연설을 들을 기회를 얻었다. 그가 강단에 선 순간, 나는 내 성공 철학의 핵심 원칙 가운데 하나가 실제 삶에서도 유효함을 시험해 볼 때가 마침내 도래했음을 직감했다. 동시에 크레인 박사가 빈곤의 사슬을 끊고 보다 풍요로운 삶으로 나아갈 수 있도록 도울 기회의 문이 열렸다는 사실도 깨달았다. 그는 종종 설교자로서 변변한 생계를 유지하기 어렵다며 안타까움을 토로하곤 했고, 나는 그의 수입을 늘릴 수 있는 방안을 조용히 모색하기 시작했다.

그의 연설을 들으며, 나는 그의 한계와 가능성이 동시에 또렷이 드러나는 순간을 목격했다. 그는 고결한 인격의 소유자였고, 철학적 진리를 짧고 인상적인 문장으로 표현하는 데 탁월한 재능을 지니고 있었다. 그러나 전반적인 인상은 희미했고, 목소리에는 생기와 울림이 부족해 설교라는 무대에는 어울리지 않는 면이 분명히 존재했다.

로터리 클럽에서의 연설이 끝난 뒤, 나는 크레인 박사를 찾아갔다. 그리고 '황금률'을 나의 성공 철학의 핵심 원칙으로 받아들이게 된 데에는 박사의 영향이 컸으며, 이제는 그 은혜에 보답할 차례라고 전했다. 이어 나는 그동안 관찰하며 분석한 내용을 공유했고, 특히 그의 연설을 들은 뒤 내린 결론을 강조했다. 그러면서 성격적 약점을 보완하는 방안으로 '마스터 마인드 원칙'을 활용해 볼 것을 제안했다. 박사는 곧바로 깊은 관심을 보이며, 어떻게 실행할 수 있는지 물었다. 나는 차분히 이렇게 말했다.

"박사님은 자신의 인격을 글 속에 자연스럽게 녹여낼 수 있는 분입니다. 짧은 설교문이나 철학적 에세이를 써서 여러 신문에 연재해 보십시오."

그 방식이라면 직접 청중을 마주할 때보다 훨씬 더 많은 사람에게 매일 다가갈 수 있었고, 동시에 설교자로서의 수입을 훌쩍 뛰어넘는 소득도 기대할 수 있었다.

그는 내 제안을 흥미롭게 받아들였고, 한번 해보겠노라 약속했다. 얼마 지나지 않아 들려온 소식은 놀라웠다. 킹 피처스 신디케이트(King Features Syndicate)가 그를 전속 작가로 영입했고, 그의 글은 대중의 뜨거운 반응 속에 빠르게 퍼져 나갔다. 그 결과 그의 연 수입은 순식간에 7만 5,000달러에 이르렀다. 그의 에세이는 수년 동안 수백 개의 신문에 실렸고, 책 판매와 공개 강연을 통해서도 안정적인 수익을 올렸다.

이 모든 변화는 그가 '황금률'을 삶의 중심 원칙으로 삼고, 아무런 대가 없이 시간을 내어 나를 찾아와 그 위대한 인간 행동의 법칙을 내 삶 속에 실천하도록 이끌어 주었기에 가능했다.

그는 짧고 명료한 글을 통해 인간의 본성과 책임, 타인에 대한 배려와 진정성, 공감과 용서, 겸손처럼 사람답게 살아가기 위해 우리가 반드시 붙들어야 할 가치들을 전했다. 그의 글은 '황금률'을 일상의 언어로 번역해 낸 기록이었으며, 그는 그 원칙을 말로만 전한 사람이 아니라 자기 삶으로 증명해 낸 사람이었다.

벳시 로스 캔디 회사에서의 격전이 끝나고, 그 속에서 얻은 상처들도 서서히 아물기 시작하자 나는 또 하나의 중간 목표를 세웠다. 그 목표에 도달할 구체적인 방안을 계획했고, 다시 한번 행운의 바다를 향해 돛을 올렸다. 지난 항해에서 부딪혔던 암초와 절벽은 이번에는 비켜 가기를 바라는 마음으로, 조심스럽게 새로운 여정을 시작했다.

나는 평생 교육과 관련된 일과 인연을 맺으며 살아왔다. 어쩌면 내 안에는 학교와 학문 그리고 교육적 시도에 끌리는 기질이 스며 있었던 듯하다. 그런 영향으로 나는 광고와 세일즈를 가르치는 기숙사형 방송통신대학을 설립하겠다는 새로운 구상을 품게 되었다. 학교의 설립 취지부터 운영 방식, 1년 차 예산에 이르기까지 모든 세부 항목을 직접 설계했다. 그렇게 완성된 계획안은 나를 비롯해 내용을 본 누구에게든 매력적으로 비칠 만큼 정교하고 설득력 있게 구성되어 있었다.

하지만 그 계획에는 결정적인 장애물이 하나 있었다. 실행을 위해서는 무려 5만 달러에 이르는 운영 자금이 필요하다는 점이었다. 당시 나는 캔디 사업에서 전 재산을 잃었고, 동시에 사업가로서의 평판도 크게 실추되어 있었다. 그런 상황에서 시카고 같은 도시에서

　　　　　　　　　　　　　　　　　　　　마스터 마인드

5만 달러라는 거금을 마련하기란 결코 쉬운 일이 아니었다. 그러나 수많은 난관을 마주할 운명에 놓인 사람에게는 그 무게에 상응하는 자질이 반드시 내재되어 있기 마련이다. 그 자질은 다름 아닌, 상황을 주도하며 스스로를 좋든 나쁘든 새로운 국면 속으로 밀어 넣는 성향이다.

지금 돌아보면 나는 언제나 스스로 어려움 속으로 걸어 들어가는 기질과, 결국에는 그곳에서 빠져나오는 능력을 함께 지니고 있었다. 다만 늘 충분한 고통을 겪고 난 뒤에야 비로소 거기서 벗어날 수 있었다.

그때 내가 직면했던 어려움은 본질적으로 내가 수많은 사람들에게 극복하도록 도왔던 수백 가지 난관들과 크게 다르지 않았다. 또한 중요한 한 가지 차이를 제외하면, 내가 스스로 이겨 낸 몇몇 경험과도 유사한 성격을 지니고 있었다.

이제 나는 그동안 축적해 온 지식을 나 자신을 위해 써 볼 기회를 얻게 되었다. 진정한 지도자들이 바로 이런 위기를 돌파하며 체득한 지식이었고, 지금 나를 일시적으로 멈춰 세운 이 문제에도 그대로 적용될 수 있었다. 나는 스스로에게 이렇게 자문했다.

"라살 방송통신대학교의 자금 조달 문제를 그토록 신속하고 손쉽게 도와줄 수 있었다면, 같은 방법으로 지금 내 경우에도 똑같이 해낼 수 있지 않을까?"

절대 희망을 버리지 마라

이야기를 시작하기에 앞서, 나는 인생의 거의 모든 실패 이면에 공통으로 깔려 있는 한 가지 인간적 약점을 짚고 넘어가고자 한다. 그 약점은 장애물이 나타나는 순간, 희망을 놓아버리고 너무 쉽게 포기해 버리는 습관이다. 한때는 알지 못했던 사실을 지금에서야 분명히 깨달았다. 해결할 수 없는 문제란 세상에 존재하지 않는다는 사실을 말이다.

대체로 어떤 문제든 해답은 문제 자체 안에, 혹은 최소한 그와 매우 밀접한 상황이나 사실 속에 들어 있다. 내 경우도 예외는 아니었다. 내가 직면한 문제 역시 그 안에 적절하고 만족스러운 해결의 씨앗을 품고 있었고, 그 해결은 관련된 모든 이에게 이익을 가져다주는 결과로 이어졌다.

나는 무엇보다 먼저 지역 내에서 평판은 좋지만 재정 수입이 부족한 학교를 찾기 시작했다. 그리고 마침내 내가 찾던 조건에 맞는 곳을 발견했다. 시카고 랜돌프가(Randolph Street)에 자리한 브라이언트 앤 스트래튼 비즈니스 칼리지(Bryant & Stratton Business College)였다. 이 학교는 한때 여러 도시에 걸쳐 성공을 거두었던 브라이언트 앤 스트래튼 체인 소속 학교들 가운데, 몇 안 되는 '남은 학교'였으며 지금은 존폐의 기로에 놓여 있었다.

어떤 이들은 5만 달러라는 재정 문제의 해답을 찾기에는 이곳이 어울리지 않는 장소였다고 말할지도 모른다. 그러나 나는 이 학교와 협력 관계를 맺음으로써 학교 운영에 다시 활기가 돌기 시작했고, 동시에 나 역시 광고와 세일즈 고육을 위한 학교 설립 자금을 확보할 수 있었다. 나는 학교 운영진을 한자리에 불러 모았고, 그들에게 이렇게 말했다.

"여러분께서는 아마 제가 라살 방송통신대학교의 광고부장으로 재직하며 쌓은 평판에 대하 들어보셨을 것입니다. 저는 오늘, 그때의 경험을 바탕으로 귀교에 더 큰 도움이 될 수 있는 제안을 가지고 왔습니다.

저는 광고·세일즈 분야를 위한 전문 교육 프로그램을 구성했습니다. 이 프로그램을 귀교에 다음과 같은 조건으로 제공하고자 합니다.

첫째, 제가 직접 귀교에서 강의를 진헝하겠습니다. 수강료는 학생 1인당 150달러입니다. 둘째, 이 과정을 귀교 이름으로 통신 교육 방식으로도 운영할 수 있습니다. 그렇게 되면 더 넓은 지역에서 학생들이 모일 수 있고, 자연스럽게 귀교의 다른 과정에도 관심이 이어질 수 있습니다. 수업료는 전액 귀교에서 받으시고, 그중 일부를 제가 개설한 과정 홍보를 위한 광고비로 먼저 사용해 주시면 됩니다. 광고비를 제외한 수익은 저와 귀교가 반씩 나누는 방식으로 계약을 진행하고자 합니다.

단, 계약에는 한 가지 조건이 포함됩니다. 1년이 지난 시점에 광고비가 모두 지급되고, 귀교가 이 과정으로부터 1만 달러 이상의 순이익을 얻게 된다면, 저에게 제 부서를 인수해 단독으로 운영할 수 있는 권리를 주십시오.

굳이 강조하지 않아도 아시겠지만, 이 교육 과정을 '브라이언트 앤 스트래튼'의 이름으로 운영하면서 진행하게 될 광고는 귀교에 꼭 필요한 활력을 불어넣는 계기가 될 수 있습니다. 이는 분명 '브라이언트 앤 스트래튼'이 한때 누렸던 위상을 회복하는 데에도 크게 기여할 것입니다."

이 계약은 내가 제시한 조건 그대로 받아들여졌고, 1년 후 나는 어떤 빚도 없이 내 부서를 인수하게 되었다. 당시 나의 강의를 수강한 학생은 수천 명에 달했으며, 모두가 매달 10달러씩 수강료를 납부하고 있었다. 나는 단 한 푼의 자본도 없이 이 일을 시작했지만, 수익 구조를 정교하게 설계한 덕분에 초기 필요 자금이었던 5만 달러 이상을 스스로 만들어 냈고, 결국 빚 없이 내 부서를 온전히 소유할 수 있었다. 이는 곧, 누군가가 처음부터 내게 5만 달러를 건네주며 "이 돈으로 시작하고, 수익이 나면 갚으시오."라고 기회를 주었을 때 얻었을 법한 결과와 다를 바 없는 결실이었다.

첫 강의를 하던 중, 뜻밖의 상황과 마주쳤다. 자칫하면 수업이 난처한 방향으로 흘러갈 수도 있었지만, 다행히 임기응변으로 무사히 넘길 수 있었다. 지역 광고로 수강생을 모집할 때만 해도, 나는 대부분이 20대 초반의 젊은 학생들이고 광고나 세일즈에 대해서는 아직 경험이 많지 않으리라 생각했다. 그런 이들을 대상으로 수업을 진행하는 데 큰 어려움은 없을 거라고 여겼다.

하지만 막상 수업이 시작되자, 내가 예상하지 못했던 상황에 놀라움과 함께 적잖이 당황하지 않을 수 없었다. 수강생들 가운데는 광고와 세일즈 분야에서 나보다 더 오랜 경력을 가진 이들이 적지 않았고, 그들 중 일부는 오히려 나보다 더 많이 알고 있는 듯했다. 그 순간 나는, 가르치려 했던 입장에서 오히려 배워야 할 상황에 놓였다는 사실을 실감하게 되었다.

수강생 가운데 한 명은 아머 앤 컴퍼니(Armour & Company)의 광고부에서 일했고, 또 한 명은 대형 유통업체로 명성을 떨치던 마샬 필드 백화점(Marshall Field Store) 광고부에 재직 중이었다. 이 밖에도 만델 브라더스(Mandel Brothers) 백화점의 광고 차장으로 근무하는 이가 있었고, 커먼웰스 에디슨 컴퍼니(Commonwealth Edison Company) 광고부에서 일하는 여성도 있었다.

수업을 시작한 지 오래지 않아, 나는 큰 난처함을 모면하게 해준 하나의 기지를 떠올렸다. 이는 실로 절묘한 발상이었으며, 200명이 넘는 수강생 가운데 단 한 사람만이 그 실마리를 간파할 만큼 은밀하고도 정교했다. 더구나 그 유일한 학생은 자신의 발견을 끝내 드러내지 않을 만큼 고결한 품성을 지닌 사람이었다.

그 아이디어는 이러했다. 수업 중 광고나 판매에 관한 질문이 제기되었을 때, 내 경험이 부족해 즉시 답변할 수 없는 상황이 생기면 나는 이렇게 말했다.

"여러분, 이 강의실에는 저보다 더 탁월한 실무 경험을 지닌 훌륭한 수강생들이 여럿 계십니다. 그러니 제가 먼저 말씀드리기보다는 그분들의 소중한 경험을 여러분과 함께 나누고자 합니다."

이 말과 함께 나는 해당 분야에 정통한 몇몇 수강생을 지목했고,

그들은 흔쾌히 나서서 실무에서 체득한 필요 정보를 정확히 전달해 주었다. 그들의 말이 끝나면 나는 간단히 요약하며 설명을 덧붙였는데, 본질적으로는 그들이 말한 내용을 정리하고 되짚는 수준에 지나지 않았다.

나는 이 경험을 통해 한 가지 중요한 진리를 깨달았다. 세일즈의 세계에서 진정한 힘은 무엇을 말하느냐가 아니라, 어떻게 질문하느냐에 있다는 사실이었다. 적절하게 던진 질문 그리고 정교하게 방향을 잡은 질문은 상상을 초월하는 가치를 지닌다.

나는 이 방법을 통해 오랜 시간 수많은 영업 부문의 사람들을 지도해 왔고, 그들 중 다수는 결국 세일즈의 대가가 되었다. 그들이 뛰어난 성과를 거둘 수 있었던 비결은 그들이 무슨 말을 했느냐에 있지 않았다. 오히려 그들은 정중하고 영리한 질문으로 고객 스스로 입을 열어 말하게 했고, 고객의 말 속에서 자연스레 거래의 발판이 마련되었다.

이처럼 외교적 감각이 깃든 질문 기법은 내가 '성공 철학'을 정립하는 과정에서 수많은 성공 인사들의 참여와 전폭적인 지지를 끌어내는 데도 결정적인 역할을 했다. 나는 그들에게 협력을 청할 때 정면으로 요구하기보다는, 언제나 우회적인 질문으로 이렇게 운을 뗐다.

"수많은 시행착오 끝에 마침내 성공의 문을 연 분들의 실전적 지혜를 바탕으로, 앤드루 카네기와 제가 함께하는 실용적 성공 철학을 세상에 전하고자 합니다. 이 위대한 여정에 기꺼이 동참해 주시겠습니까?"

이 질문을 던진 뒤, 나의 제안을 거절한 이는 거의 없었다. 성공 철학을 완성하기까지 이어진 수년간의 탐구 여정에서 나는 언제나 그렇게 사람들의 마음을 얻었다.

브라이언트 앤 스트래튼 대학교에서의 경험을 통해 나는 한 가지 분명한 사실을 깨달았다. 사람들은 자신의 경험에 기초한 지적이고 진지한 질문을 받을 때, 질문을 하나의 칭찬으로 받아들이며 깊은 만족을 느낀다는 점이다. 나는 확신한다. 세일즈의 진정한 고수들은 모두 바로 그러한 정교하고 의도된 질문을 통해 판매의 예술을 터득해 왔을 것이다.

제1차 세계대전이 발발한 지 이미 2년이 지나 있었지만, 미국은 아직 그 전쟁에 직접 개입하지 않고 있었다. 그 무렵 내 강의를 듣던 수강생 가운데 독일 국적의 학생이 한 명 있었는데, 그는 훗날 나에게 위험한 존재이자 동시에 뜻밖의 자산으로 기억되었다.

뒤늦게 밝혀진 사실에 따르면, 그는 전쟁 물자를 생산 중이거나 생산할 가능성이 있는 미국 내 산업 시설들에 관한 정보를 조국인 독일에 은밀히 전달하고 있었다. 내가 진행하던 수업에 수강생으로 참여하고 있다는 사실은 그의 정체를 가리는 교묘한 위장막에 지나지 않았다.

그의 정체를 알아채기도 전에, 그는 조용히 불신의 기운을 퍼뜨리며 학생들 사이에서 나에 대한 반감을 조성해 나가고 있었다. 이러한 분위기는 결국 대학 이사진의 귀에까지 들어갔고, 그들은 사태를 심각하게 받아들이기 시작했다. 학교 측은 이미 내가 집행한 광고로 인해 적잖은 채무를 떠안고 있었기에, 투자 손실에 대한 우려 속에서 점점 노골적인 압박을 가해 왔다.

나는 더 이상 물러설 수 없다고 판단했고, 마침내 사태를 정면으로 마주하며 결단을 내렸다. 학교 측은 내게 하나의 제안을 건넸다. 지금 내가 맡고 있는 학과를 인수해 직접 운영하되, 그동안 학교가 부담해 온 광고비로 발생한 채무는 내가 매달 분할 상환하는 조건이었다. 그들은 내가 학과 운영에 실패할 경우, 자신들의 투자가 물거품이 될지 모른다는 깊은 불안을 안고 있었다. 여기에 더해, 독일인 수강생이 퍼뜨린 교묘한 심리전은 내가 이미 무너지고 있다는 인상을 학교 내부에 강하게 각인시키고 있었다.

나는 그 제안을 받아들였고, 학과 과정을 인수한 뒤 학교와의 관계를 완전히 정리하고 내 이름으로 운영을 시작했다. 그 결과, 1년이 채 되기 전에 모든 채무를 상환할 수 있을 만큼의 수익을 올렸고, 사업에 대한 온전하고도 명확한 소유권을 확보할 수 있었다. 누구도 손해를 보지 않았고, 모두가 만족했다. 나는 마치 은행에서 일시불로 자금을 대출받은 방법과 같은 효과로 학교의 재정 문제를 말끔히 해결한 셈이었다.

이때 내가 활용한 자금 조달 방식은 헨리 포드와 앤드루 카네기에게서 배운 두 가지 금융 원칙을 결합한 내용이었다. 브라이언트 앤스트래튼과 체결한 거래 구조는 과거 다수의 중소 철강 회사를 하나로 묶어 미국 최대의 철강 기업을 탄생시켰던 통합 방식과 매우 흡사했다. 동시에 이는 헨리 포드가 일관되게 실천해 온 원칙, 즉 자신의 자본 활용으로 이익을 얻게 될 당사자들로부터 자연스럽게 운영 자금을 조달하는 방식과도 정확히 맞아떨어졌다.

브라이언트 앤 스트래튼과의 일은 모두가 만족하는 결과로 마무리되었다. 그러나 독일인 수강생과의 문제는 그때부터가 시작이었다. 그 무렵부터 학생들과 나 사이의 분위기는 점점 경직되고 어색해지기 시작했다. 나는 마침내 결심했다. 그 변화의 원인을 분명히 밝혀내기로.

나는 학생들을 한 명씩 불러 조심스럽게 질문을 이어간 끝에, 하나의 공통된 사실에 도달했다. 나와 학생들 모두가 정확한 이유를 인식하지 못한 채, 그 독일인 수강생이 은밀하게 신뢰를 훼손하는 심리적 선동을 벌이고 있었던 것이다.

나는 그 혹은 그와 연결된 누군가가 이러한 행동을 통해 얻을 수 있는 이득이 무엇인지 도무지 이해할 수 없었다. 그 지점에서 나는 의심하기 시작했다. 그의 목적은 단순한 금전적 이익이 아니라, 어쩌면 전혀 다른 차원에 있지 않을까 하는 불길한 예감이었다.

나는 곧장 연방수사국(FBI)을 찾아가 그를 감시 대상에 올려 달라고 요청했다. 이후에는 매일 우체국 수사국장실을 방문해, 그의 우편물을 발송 전에 열람하며 정밀 조사를 진행했다. 조사는 오래 걸리지 않았다. 우리는 곧 그 독일인 수강생이 독일 정부에서 파견된 비밀 공작원이며, 시카고에 특정 사업체를 설립해 이를 은폐 거점으로 삼아 첩보 활동을 수행하고 있다는 사실을 밝혀냈다.

혐의가 사실상 완전히 입증되자, 법무부 요원들은 그를 소환해 장시간 심문했고, 매일 출석해 조사를 받으라는 명령을 내렸다. 그는 자신을 궁지로 몰아넣은 배후가 누구인지 알아차리자 분노를 억누르지 못했고, 몰래 법무부를 찾아가 나를 고발하는 영장을 발부받았다. 내가 일리노이주 증권법을 위반해 그에게 학교 지분을 불법으로 판매했다는 주장이었다. 그는 그 영장이 밤늦게 집행되도록 꾸미며, 내가 보석을 준비할 틈도 없이 구금되기를 바랐다.

그러나 그는 거기서 멈추지 않았다. 영장 집행에 앞서 한 신문사를 찾아가, 내가 투자금 100달러를 사기처럼 가로챘다는 터무니없는 이야기를 늘어놓았다. 이어 법무부에서 발부된 영장을 제시하며 해당 내용을 기사화하도록 유도했다. 그 결과, 사실과는 전혀 무관한 악의적인 기사가 다음 날 아침 신문 1면에 실렸고, 나는 공공의 신뢰에 심각한 타격을 입게 되었다.

그러나 법무부는 조사 끝에 그 고발이 전혀 근거 없음을 확인하고 즉시 사건을 기각했다. 내가 지분을 매입한 시점은 증권법이 발효되기 이전이었기 때문이다. 이후 그 정체불명의 독일인 스파이는 정부의 손에 넘겨졌고, 다시는 자유롭게 활동할 수 없게 되었다.

그 사건 이후 나의 강의는 눈에 띄게 성장했다. 방송 통신 과정 수강생들만으로도 장부상 수익이 10만 달러를 넘어섰고, 정규 수업에 등록한 100명이 넘는 학생들로부터는 매달 25달러씩의 수입이 안정적으로 들어왔다.

나는 광고와 세일즈 기술을 가르치는 데 그치지 않고, 그 과정에서 얻은 생생한 실전 지식을 끊임없이 축적해 나의 철학에 반영했다. 이 교육의 장은 단순한 수익 창출의 수단이 아니었다. 나의 사상을 실제로 검증하고 끊임없이 다듬어 가는 살아 있는 실험실이었으며, 내 철학이 이론을 넘어 현실에서 숨 쉬기 시작한 최초의 무대였다.

국가의 부름에 응답하여

전쟁이 발발하기 전까지는 모든 일이 순조롭게 진행되었다. 그러나 1917년, 미국이 참전하면서 나는 이미 수납했거나 수납이 예정되었던 10만 달러가 넘는 수강료 전액을 손실 처리해야만 했고, 정규 강의와 통신을 통해 진행하던 비정규 과정도 모두 중단할 수밖에 없었다.

나는 국가의 부름을 받아 징집되었다. 다행히 프린스턴 대학교 총장이던 시절부터 인연을 맺어온 우드로 윌슨(Woodrow Wilson) 대통령과의 개인적 친분 덕분에 해외 파병은 면제받고, 대통령 직속 업무에 배속되었다.

내가 맡은 일은 매우 다양했는데, 주된 임무는 점심 모임이나 산업 현장에서 연설하는 연사들을 위해 4분 분량의 연설문을 작성하는 일이었다. 국민에게 군에 대한 충성과 지지를 촉구하는 동시에, 당시 독일제국의 황제였던 빌헬름 2세(Wilhelm II)와 그 군사 체제를 강도 높게 비판하는 내용이었다. 아울러 전쟁 물자를 생산하는 공장에 게시할 뉴스 형식의 선전문도 직접 집필했다.

이후 윌슨 대통령은 나에게 선전물 배포와 관련된 기밀 임무를 추가로 맡겼다. 그 결과 나는 산업전쟁위원회에서 새뮤얼 인설(Samuel Insull)과 함께 일하게 되었고, 이를 통해 국가에 봉사하는 동시에 내 생애에서 가장 특이한 지성을 지닌 인물을 가까이에서 관찰할 기회를 얻게 되었다. 인설 씨는 한때 토머스 에디슨의 비서로 일했으며, 훗날 전력 산업의 거물로 성장한 인물이었다. 전쟁 중에는 수백만 달러 규모의 전쟁 공채를 성공적으로 판매하는 데 결정적인 역할을 해냈다.

새뮤얼 인설 씨는 당시 명성과 권세의 절정에 있었다. 나는 그가 훗날 자신이 이룩한 거대한 제국을 포기하고 법의 심판을 피해 도망치는 신세가 되리라고는 상상조차 하지 못했다. 이후 나는 그가 주도하던 강력한 '마스터 마인드 연합'이 어떤 과정을 통해 무너졌으며, 그로 인해 그가 어떻게 다시는 회복하지 못할 몰락의 길로 나아가게 되었는지를 상세히 서술하겠다. 많은 이들이 그 실패가 세계 대공황이나 외부 환경 탓이라고 믿지만, 실제로는 인설 씨 자신의 사고 체계 안에 그 근본 원인이 있었다.

전쟁은 나의 철학을 시험대에 올려놓았고, 그 과정에서 마주한 인간의 민낯은 어떤 이론보다도 깊은 진실을 드러내 보였다. 그러나 그러한 통찰조차도 세계 대공황이라는 격변의 시대를 온몸으로 통과하며 사람들과 직접 부딪쳐 얻은 경험의 밀도에는 미치지 못했다. 이

   마스터 마인드

두 차례의 극적인 사건은 마치 나의 성공 철학을 실험하고 검증하기 위해 미리 조성된 거대한 실험 환경과도 같았다. 나는 그 한가운데서 성공의 원칙 하나하나를 실제 삶의 무대 위에 올려 철저히 시험하고, 검토하며, 끊임없이 다듬어 나갔다.

전쟁 중 윌슨 대통령을 위해 수행한 선전 업무는 극비에 해당했기에 그 내용을 상세히 밝힐 수는 없다. 다만 한 가지는 분명히 말할 수 있다. 미국의 참전 전후를 아우른 전쟁의 전개 과정은 인간이 우주의 섭리를 거스르고 그것을 부정적인 방향으로 작용시킬 때 어떤 불필요한 파멸이 뒤따르는지를 여실히 증명해 주었다.

당시 내가 맡았던 임무들은 내가 확립해 온 성공 철학의 원칙들을 전례 없이 현실 속에서 실험하고 검증할 수 있는 값진 기회였다. 특히 전 세계 수억 명의 사람들이 피에 대한 광기에 휩싸여 순식간에 이성을 잃고, 집단적 사고 에너지를 부정적인 방향으로 분출하던 장면은 마스터 마인드 원리가 잘못 적용될 경우 얼마나 파괴적인 결과를 초래하는지를 적나라하게 보여 주는 살아 있는 증거였다.

이처럼 수많은 이들이 동시에 부정적 사고에 사로잡힐 때 어떤 일이 벌어지는지를 직접 목격한 경험은 이후 대공황이라는 또 다른 격변 속에서 전 세계가 '공포'라는 감정을 집단적으로 분출하는 현상을 꿰뚫어보는 데 결정적인 통찰을 안겨 주었다. 그리고 그 충격의 여파는 지금 이 순간에도 다양한 모습으로 인류의 삶 곳곳에 깊이 스며들어 있다.

나는 성공한 인물들이 마스터 마인드 원리를 긍정적으로 활용했을 때 어떤 결과를 얻는지를 직접 관찰해 왔고, 동시에 수천 명에 이르는 실패자들이 그 원리를 부정적으로 적용하며 무너져 가는 과정 또한 면밀히 분석해 왔다. 제1차 세계대전과 대공황이라는 두 거대한 격변은 수백만 인류의 집단의식 속에서 마스터 마인드 원리가 어떻게 작동하고, 어떻게 방향을 잃는지를 적나라하게 보여 준 살아 있는 역사였다. 그 거센 흐름의 한가운데서 나는 개인의 의식들이 모여 만들어 낸 거대한 정신의 물결이 어떻게 세상을 흔들고, 무너뜨리며, 다시 일으켜 세우는지를 목도할 수 있었다. 그것은 단순한 관찰이 아니라, 인간 본성과 성공 원리에 대한 나의 철학을 검증하는 거대한 무대였다.

특히 전쟁 중 새뮤얼 인설 씨와 함께 수행한 업무는 내가 마스터 마인드 원리를 실전에 효과적으로 적용한 대표적 사례였다. 우리는 전쟁 물자를 생산하는 산업 현장의 노동자들에게 더 큰 열정과 강한 소속감을 불어넣기 위해 다양한 전략을 고안했다. 근로자들로 구성된 오케스트라, 밴드, 사중창단 등 음악 프로그램을 조직해 작업 중에도 즐길 수 있는 연주가 공장 전역에 끊임없이 울려 퍼지도록 구성했다.

우리는 빠른 템포와 강한 리듬 그리고 긍정적인 가사를 지닌 곡들만을 엄선해 사용했다. 이러한 음악은 노동자들의 심신에 활력을 불어넣고, 사고와 행동을 보다 빠르고 집중된 흐름으로 이끄는 강력한 동력이 되었다.

나는 전쟁 뉴스를 단순히 전달하는 데 그치지 않았다. 익살스러

마스터 마인드

운 만화로 재구성하고, '광대 황태자'를 풍자하는 재치 있는 유머를 덧입혔다. 때로는 극적인 요소를 가미해 노동자들의 의식을 흔들고, 마음 깊은 곳에 불씨를 지폈다. 이렇게 다듬어진 뉴스는 큼직한 활자로 인쇄되어 공장 곳곳에 부착되었고, 어디에서든 누구나 한눈에 읽을 수 있도록 세심하게 배치되었다. 내용은 수시로 교체되었으며, 그 변화 자체가 단조로운 일상에 활력을 불어넣어 작업장의 공기를 생기 있게 바꾸어 놓았다.

그 효과는 놀라울 만큼 분명했다. 실제로 시카고의 윈슬로 브라더스(Winslow Brothers) 공장에서는 3,000명의 남녀가 대형 탄환을 생산하고 있었는데, 이 프로그램이 본격적으로 가동된 지 불과 2주 만에 생산량이 40% 이상 증가했다. 그러나 단순한 수치 상승보다 더욱 인상적이었던 점은 공장 전체에 자연스럽게 스며든 협력과 단결의 분위기였다. 마치 보이지 않는 전류처럼 긍정의 에너지가 공기 속을 타고 흐르며 사람들의 마음 깊숙이 침투했고, 그 결과 구성원들의 태도와 관계, 작업의 리듬까지 바꾸어 놓았다.

제1차 세계대전 당시 내가 맡았던 선전 업무는 전쟁이라는 거대한 기획 뒤에서 대중 여론이 어떻게 형성되고 또 얼마나 쉽게 조율될 수 있는지를 몸소 체득하게 해준 생생한 현장이었다. 나는 그 경험을 통해 국가가 전시 분위기를 유지하고 전쟁 수행의 동력을 확보하기 위해 얼마나 정교하게 여론을 관리하는지를 직접 목격했다.

그리고 세월이 흐른 뒤 제2차 세계대전이 유럽에서 발발했을 무렵, 나는 미국 내에서도 동일한 흐름이 감지되고 있음을 느꼈다. 특히 프랭클린 D. 루스벨트 대통령을 중심으로 독일에 대한 대중의 적대감을 조성하고, 그의 직위를 활용해 그 분위기를 강화하려는 외부의 압력이 분명하게 작용하고 있었다. 이는 루스벨트 대통령이 지닌 막강한 영향력을 통해 독일에 대한 반감을 증폭시키려는 노골적인 시도였으며, 제1차 세계대전 당시 독일에 대한 분노를 조장하기 위해 사용되었던 심리 전략과 정확히 같은 궤를 그리고 있었다.

심리학의 기본 법칙 가운데 하나는 이렇다. 어떤 사상이나 계획, 혹은 목표라도 반복적으로 인식되는 순간, 사람들은 그 메시지를 자연스럽게 받아들이고 결국 행동으로 옮기게 된다. 이 원리는 모든 광고인이 익히 알고 있는 사실이며, 실제로 매일같이 활용하는 전략이기도 하다.

전쟁도 예외는 아니다. 전쟁은 어느 날 갑자기 벌어지는 우연한 사건이 아니라, 치밀하게 설계된 선전 전략에 따라 준비되고, 누군가의 손에 의해 도화선에 불이 붙으며, 그 불길이 꺼지지 않도록 정교하게 유지되는 하나의 거대한 과정이다.

이러한 선전은 대중의 의식을 교묘하게 자극해, 마치 반복 광고처럼 특정 메시지를 '당연한 진실'로 받아들이게 만든다. 광고든 선전이든 가장 핵심적인 요소는 반복이다. 내가 제1차 세계대전 당시 윌슨 대통령 곁에서 중요한 역할을 맡을 수 있었던 이유도 바로 '반복의 심리'를 중심으로 한 판매·광고 이론에 깊이 통달해 있었기 때문이었다. 나는 가능한 모든 채널과 수단을 동원해, 대중에게 하나의 메시지를 지속적으로 주입했다.

"우리는 전쟁을 끝내기 위한 전쟁을 하고 있으며, 독일은 반드시 저지되어야 할 위험한 침략자이다."

이 인식이 퍼지는 순간, 전쟁은 단순한 무력 충돌이 아니라 도덕적 사명이 되었고, 수많은 사람들의 신념이 되어 갔다.

독일 측에서 정전 협정을 요청해 온 날, 나는 윌슨 대통령의 집무실에 있었다. 국무부로부터 문서가 전달되자 대통령은 문서를 천천히 읽은 뒤, 내게 건네고 자리를 비웠다. 약 15분 후 그는 직접 연필로 쓴 답장을 들고 돌아와, 내게 보여 주며 조언할 부분이 있는지 물었다. 그 답장에는 세 가지 질문이 담겨 있었는데, 나는 그 문장을 읽으며 한 가지 질문을 덧붙이자고 제안했다.

"대통령 각하."

내가 조심스럽게 말했다.

"정전 협정 요청이 독일 군부를 대변하는지, 아니면 독일 국민의 뜻을 반영하는지 그 여부를 묻는 네 번째 질문을 추가하시면 좋지 않겠습니까?"

윌슨 대통령은 천천히 고개를 끄덕이며 대답했다.

"그래. 그게 좋겠군. 그 질문은 곧 독일제국 황제 빌헬름 2세를 퇴위시키라는 분명한 신호가 될 걸세."

그 답장이 발송된 지 오래 지나지 않아, 독일제국 황제 빌헬름 2세는 퇴위와 동시에 망명을 떠났다. 전쟁은 그렇게 끝이 났다.

1918년 정전 협정이 체결된 날, 거리는 전쟁의 종식을 환호하는 인파로 들썩였다. 그러나 나는 조용히 책상 앞에 앉아 타자기를 두드리고 있었다. 그날 내가 써 내려간 짧은 문서는, 훗날 대통령과 맺었던 기밀 관계는 물론 인설 씨를 비롯해 전쟁 중에 만난 수많은 협력자와의 공적 인연을 하나로 통합하고, 그 안에서 얻은 지식과 네트워크를 결집시키는 전환점이 되었다.

이 문서는 내 인생에서 전쟁의 종전처럼, 한 시대를 갈무리하고 또 다른 시대를 여는 중요한 이정표가 되었다. 또한 내 사상을 보다 자유롭게 펼칠 수 있는 표현의 통로를 열어 주었고, 그 길을 통해 나는 전국 각지에서 뜻을 같이하는 수많은 이들과 연결될 수 있었다. 동시에 나는 이 기회를 발판 삼아, 인간 삶의 근본 원칙인 황금률을 보다 실천적이고 바람직한 삶의 규범으로 다시 자리매김하는 데 온 마음을 다해 헌신했다.

《힐의 골든 룰》 잡지의 탄생

Part 3

성공 철학을 세우기 위해 흐릿한 가능성들 속에서 나아갈 길을 모색하던 시기, 나는 세 인물에게서 삶을 대하는 태도에 관한 중요한 배움을 얻었다. 게이츠 박사는 내게 한 가지 습관을 일깨워 주었다. 목표와 계획을 종이에 구체적으로 써 내려가는 습관이었다. 그는 그 단순한 행위가 인간의 마음에 얼마나 강력한 심리적 변화를 일으키는지를 정확히 이해하고 있었다.

재정적으로 나는 다시 원점에 서 있었다. 그러나 그 출발선은 낯선 자리가 아니었다. 나는 이미 그곳으로 여러 차례 되돌아가 본 경험이 있었다. 다만 이번에는 분명히 달랐다. 당장 손에 쥔 돈은 없었지만, 내게는 지식이라는 확고한 자산이 있었다. 그 지식은 단순히 돈을 대신하는 수준을 넘어, 목표를 실현하는 데 있어 훨씬 더 강력한 도구가 되어 주었다.

이 경험은 내게 한 가지 분명한 진리를 다시금 일깨워 주었다. 아이디어와 검증된 지식은 지혜 없이 손에 쥔 그 어떤 돈보다도 훨씬 더 큰 이익을 가져다주는 진정한 자산이라는 사실이다.

이제 나는 여러분과 함께 1918년 11월 11일, 그날의 시카고로 가 보려 한다. 그날의 나는 타자기 앞에 앉아 한 편의 원고를 써 내려가고 있다. 그 글은 내게 처음으로 직업과 계층을 넘어 수많은 사람들과 정신적으로 연결되는 길을 열어 주었다. 나는 그 길을 따라 삶의 방향을 잃고 방황하던 이들의 마음속으로 천천히 들어갔다. 어디로 가야 할지, 무엇을 믿고 의지해야 할지 알지 못한 채 흔들리던 영혼의 깊은 숲을 걸으며, 나는 조용히 그 마음의 풍경을 들여다보고 있었다.

나 역시 휴전을 선언한다

무분별한 살육은 멈추었다. 이제 인류는 이익과 탐욕을 앞세운, 돈이 지배하는 원칙인 '황금의 법칙(Golden Rule of Gold)'이 남긴 깊은 상처를 인간다움과 상호 존중의 가치를 담은 '황금률'의 정신으로 치유해야 한다. 바로 지금이 '산상수훈(山上垂訓, The Sermon on the Mount)'을 대중의 언어로 풀어 해석하고 전하는 데 온전히 헌신하는 잡지를 세상에 내놓을 적기이다.

나는 오랜 관찰 끝에 한 가지 분명한 진리에 도달했다. 무엇이든 시작하기에 가장 좋은 순간은 언제나 지금이며, 훌륭한 시작은 이미 절반의 완성에 해당한다는 사실이다이에 나는 나의 시간과 정신, 육체 그리고 영혼의 모든 자원을 바쳐 《힐의 골든 룰(Hill's Golden Rule)》이라는 이름의 잡지를 창간하고 발행할 것을 이 자리에서 선언한다.

이제 이 잡지를 어떻게 운영하고, 어떤 방식으로 재정을 마련할 것인지 그 구체적인 계획을 밝히고자 한다.

(a) 조지 B. 윌리엄스(George B. Williams)는 월간지를 인쇄할 수 있을 만큼 충분한 설비를 갖춘 인쇄소를 소유하고 있으며, 그에 필요한 자본 또한 보유하고 있다. 그는 내가 발행하고자 하는 잡지의 성격과 이를 편집·운영할 수 있는 나의 역량을 충분히 이해하고 있는 인물이다. 이러한 조건을 종합적으로 고려해, 나는 그에게 잡지가 자립할 때까지 이를 후원할 수 있는 특권을 부여하고자 한다.

(b) 윌리엄스 씨가 손실 없이 참여할 수 있도록 보장하고, 그의 위험 감수에 상응하는 보상을 제공하기 위해 나는 다음과 같은 권리를 부여할 예정이다. 내가 잡지에 기고하는 영감을 주는 사설, 광고 및 판매에 관한 칼럼 그리고 소책자 형태로 대중 배포가 가능한 산문들을 재인쇄하고 판매할 수 있는 권한이다. 또한 광고 수익과 구독료에서 발생하는 모든 현금 수입을 수금·관리할 수 있는 권한을 부여하며, 그 수입의 절반은 잡지 인쇄 비용에 충당할 수 있도록 그의 재량에 맡긴다.

(c) 잡지의 구독자를 빠르고 폭넓게 확보하기 위해, 나는 오랜 연구

     마스터 마인드

기간 동안 직접 교류해 온 산업계 및 기업체 대표자들에게 잡지를 도매가로 구독할 것을 제안할 것이다. 이들은 이를 전 직원에게 배포하는 방식으로 활용할 수 있다. 더 나아가 나는 해당 기업의 전 직원을 대상으로, 추가 비용 없이 '성공 철학'에 관한 강연을 제공함으로써 이 제안의 가치를 한층 높이고, 적극적인 참여와 호응을 이끌어 낼 수 있으리라 확신한다.

(d) 내가 이 잡지를 통해 세상에 기여하고자 하는 바는, 제1차 세계대전 당시 우드로 윌슨 대통령의 지시에 따라 수행했던 나의 역할이 혹여 남겼을지 모를 상처를 씻어 내고, 그 책임의 흔적을 지워 내는 하나의 길이 되기를 바라는 마음에서 비롯되었다.

나는 타자기에서 문서를 뽑아낸 뒤 새 종이를 끼워 넣고, 그 자리에서 곧바로 첫 번째 원고를 써 내려가기 시작했다. 아직 실체조차 갖추지 못하고 개념만 존재하는 상태였지만, 잡지의 창간호에 실릴 첫 글이었다. 그만큼 나는 윌리엄스 씨가 내 계획을 기꺼이 받아들이리라 확신하고 있었다.

그 후 며칠 동안 나는 창간호에 실을 원고들을 계속해서 준비해 나갔다. 외부 집필자를 들일 재정적 여유가 전혀 없었기에, 첫 호에 실릴 모든 글은 단 한 문장까지도 예외 없이 내가 직접 썼다. 각 원고마다 문체를 달리하고, 여러 필명을 사용해 나의 정체가 드러나지 않도록 했다.

창간호에 실릴 원고를 모두 준비한 뒤, 나는 원고를 들고 조지 B.

윌리엄스를 찾아가기로 했다. 다만 그를 만나러 가기 전, 한 가지 준비를 마쳤다. 회색의 고급 정장 한 벌을 마련하고, 셔츠와 넥타이, 구두는 물론 손잡이를 팔에 걸 수 있도록 구부러진 고리 모양의 황금 머리 지팡이까지 갖추어 완벽한 차림을 했다.

새 옷을 차려입고 코트 깃에 장미 봉오리 하나를 꽂은 채, 나는 미시간 애비뉴(Michigan Avenue)를 걷고 있었다. 마침 그 시각은 윌리엄스 씨가 일리노이 애슬레틱 클럽(Illinois Athletic Club)으로 점심을 먹으러 가던 시간이었다.

그가 나를 알아보기 훨씬 전부터, 나는 이미 그가 이쪽으로 다가오고 있음을 알아차렸다. 그리고 마치 우연을 가장하듯, 자연스럽게 그의 시선에 들어올 수밖에 없는 자리를 차지하고 서 있었다. 아니나 다를까 그는 나를 발견하자 곧장 다가와 악수를 청했다. 잠시 나를 머리부터 발끝까지 찬찬히 훑어본 뒤, 이렇게 말했다.

"오, 나폴레온 힐! 전쟁 중 단 1달러의 연봉으로 국가를 위해 헌신하던 전시 고문이 바로 당신이었군요. 오늘 당신의 차림을 보니 과연 그런 자리에 있던 인물답습니다. 그런데 요즘은 무슨 일을 하고 계십니까?"

나는 미소를 머금고 대답했다.

"소식을 못 들으셨나 보군요. 지금 저는 《힐의 골든 룰》이라는 이름으로 미국 전역에 배포할 잡지를 준비하고 있습니다."

그는 곧바로 반응했다.

"흥미롭군요! 내가 인쇄업에 종사하고 있다는 건 잘 아시지 않습니까? 그렇다면 제 인쇄소에 기회를 주시는 건 어떻겠습니까? 점심을 드시면서 새로운 계획에 대해 이야기해 보시지요."

내가 그 제안을 정중히 사양할 틈도 없이, 나는 이미 그와 함께 점심 식탁에 마주 앉아 있었다. 그가 식사를 하는 동안, 나는 이야기를 이어갔다. 처음부터 차근차근 설명하며, 왜 지금이야말로 내가 구상한 이 잡지를 세상에 내놓기에 가장 적절한 시점이라고 확신하는지를 풀어놓았다.

나는 대중을 대상으로 한 강연을 통해 단기간에 대규모 구독자층을 형성할 수 있다는 점을 강조했다. 아울러 내가 보유한 산업계와 기업 경영진과의 폭넓은 인맥을 활용해, 기업들이 직원들에게 단체 구독 형태로 이 잡지를 제공하도록 유도할 수 있다는 전략도 덧붙였다.

그의 식사가 끝날 때까지 윌리엄스는 내 이야기를 처음부터 끝까지 모두 들어주었다. 나는 가능한 모든 방식을 동원해 내용을 극적으로 구성하며 그를 설득하려 애썼다. 그리고 마침내 결정적인 순간이 찾아왔다. 나는 주머니에 손을 넣어, 잡지 창간호를 위해 직접 집필한 칼럼 원고를 꺼내 그에게 건넸다. 그는 말없이 원고를 받아 천천히 읽기 시작했다. 끝까지 읽고 난 뒤, 그는 원고를 돌려주며 이렇게 말했다.

"한 가지 제안을 하지요. 당신이 잡지에 실릴 글을 모두 맡아 준다면, 나는 잡지를 인쇄해 가판대에 내놓겠습니다. 만약 잘 팔리면 인쇄비는 수익에서 충당하고, 남는 수익은 전부 당신 몫으로 하지요.

그렇게 합시다. 어떻습니까?"

나는 말로 답하는 대신 그의 손을 잡고 조용히 고개를 끄덕였다. 그러나 윌리엄스 씨는 그때도 몰랐을 것이다. 그가 방금 한 제안이 토씨 하나 다르지 않게, 이미 내 작은 검은 수첩 속에 적혀 있었다는 사실을 말이다. 나는 언제나 어떤 목표를 실행에 옮기기 전에, 이루고자 하는 목표를 또렷한 문장으로 수첩에 적어 두는 습관을 지니고 있었다.

이는 카네기 씨에게서 배운 습관으로, 그가 '성공 철학'이라 부른 원칙들 가운데 가장 첫 번째에 놓았던 가르침이었다. 이 방법은 막연한 희망이 아니라, 확고한 목적의식(Definiteness of Purpose)을 통해 신념을 행동으로 이끌고 현실을 설계하는 힘이었다.

윌리엄스 씨와 잡지 발행을 두고 나눈 이 거래의 전 과정을 되돌아보면, 모든 순간이 마치 치밀하게 준비된 각본처럼 느껴질지도 모른다. 내가 새 옷을 입고 황금 머리 지팡이를 들고 나섰던 까닭도 단지 형편이 넉넉하다는 인상을 주기 위한 연출만은 아니었다. 중요한 사명을 수행하는 동안, 내 정신을 긍정적인 흐름 속에 붙들어 두기 위한 하나의 의식이자 표식이었다.

내가 윌리엄스 씨에게 제시한 계획에는 그를 속이려는 의도는 전혀 없었다. 다만 나는 이미 오래전부터 한 가지 진리를 분명히 알고 있었다. 성공은 성공을 끌어당기고, 실패는 실패를 끌어당긴다는 사실이다.

숙련된 세일즈맨이라면 누구나 잘 알고 있다. 내가 그를 찾아간 방식이 '긍정'이 아니라 '부정'의 태도였다면, 결과가 어떻게 달라졌을 지를 말이다. 이를테면 내가 초라한 옷차림으로 윌리엄스 씨의 사무 실을 찾아가, 투자금을 '부탁'하는 말투로 아래와 같이 말했다고 상 상해 보자.

"윌리엄스 씨, 저는 오래전부터 인간관계의 가장 확고한 토대는 황금률에 있다고 믿어 왔습니다. 그래서 그 철학을 바탕으로 한 잡 지를 언젠가는 꼭 발행하고 싶었습니다. 다만 아직 자본이 부족해 실행에 옮기지 못하고 있을 뿐입니다. 혹시 제 뜻에 공감하신다면, 그 비용을 대신 투자해 주실 수 있으실까요?"

내가 그런 방식으로 접근했다면, 아마 처음부터 단호하게 거절당 했을 것이다. 인간의 마음속에는 누구에게나 공통적으로 흐르는 묘 한 심리가 있다. 사람들은 이미 모든 것을 넉넉히 갖춘 사람에게 오 히려 더 많은 기회를 내주고 싶어 한다. 반대로 누군가가 절실하고 부족해 보이는 순간, 많은 이들은 돕기보다 한 걸음 물러선다. 때로 는 그 존재 자체를 부담스럽게 여기기도 한다. 이처럼 역설적이고 냉 혹한 심리의 법칙은 사회 전반에 걸쳐 은밀히 작용한다. 나는 오랜 세월의 경험 속에서 그 진실을 몸소 깨달았다.

그날 점심 자리에서 나는 윌리엄스 씨 맞은편에 앉아, 내가 준비 해 온 잡지 계획을 조리 있게 설명했다. 그 순간 내 마음은 확신으로 가득 차 있었고, 그 확신은 목소리의 울림과 눈빛, 말 속의 의도에 그 대로 배어 있었다. 그는 그 진심을 느꼈고, 긍정적으로 반응했다. 그 증거는 그의 제안이 내가 미리 수첩에 또박또박 적어 두었던 문장과

거의 한 치의 오차도 없이 일치했다는 사실이다.

《힐의 골든 룰》의 인쇄 문제가 큰 어려움 없이 해결되자, 이번에는 또 다른 과제가 나를 기다리고 있었다. 원고를 확보하려면 필자들에게 원고료를 지급해야 했다. 바로 그 순간, 카네기 씨에게서 배운 한 가지 교훈이 다시 나를 일으켜 세웠다. 결핍에서 비롯된 한계가 오히려 무한한 추진력으로 바뀔 수 있다는 진리였다. 나는 외부의 도움을 기대하기보다, 글 하나하나를 내 손으로 직접 써내기로 결심했다. 글의 성격에 따라 문체를 바꾸고 필명도 달리하며, 철저히 홀로 잡지를 채워 나갔다. 이 계획은 1년간 이어졌다. 그리고 놀랍게도 단 한 명의 독자를 제외하고는 아무도 그 사실을 눈치채지 못했다.

이를 알아챈 유일한 독자는 메인주 포틀랜드(Portland, Maine)에서 온 의사였다. 그는 어느 날 내 사무실을 찾아와 이렇게 말했다.

"저는 이 잡지를 매달 처음부터 끝까지 혼자 써낸 분이 누구인지 꼭 만나보고 싶었습니다. 문체도, 주제도 한 번도 겹치지 않아 읽을 때마다 늘 새롭고 흥미로웠습니다. 그런 사람이 과연 어떤 분인지 궁금해, 멀리 시카고까지 찾아왔습니다."

나는 그의 말을 부인하지 않았다. 대신 이렇게 답했다.

"토끼와 사냥개의 이야기를 아십니까? 토끼는 원래 나무를 타지 못합니다. 하지만 저는 예전에 한 토끼가 나무를 오르는 모습을 본 적이 있습니다. 사냥개가 턱밑까지 따라붙었을 때였죠. 그 순간 토끼에게는 선택지가 없었습니다. 살아남으려면 오를 수 없는 나무라도 올라야 했던 겁니다. 저는 바로 그 토끼였습니다."

   마스터 마인드

나는 잡지에 실릴 모든 글을 직접 쓰는 동시에, 정기적으로 철학 강연을 열었다. 강연 현장에서는 안내를 맡은 이들이 즉시 잡지 구독 신청을 받을 수 있도록 했다. 잡지의 내용이 실용적이면서도 계몽적인 성격을 띠고 있었기에, 강의를 들으러 온 많은 기업과 산업체 관계자들은 직원들에게 배포하기 위해 잡지를 대량으로 구매해 갔다.

나는 《힐의 골든 룰》 창간호에 실은 편집자 서문, 곧 나의 선언문인 '나 역시 휴전을 선언한다(I, Too, Declare an Armistice!)'에서 이렇게 밝혔다.

"이제 세상은 황금의 법칙을 지나 황금률의 시대로 나아갈 준비를 해야 한다."

그리고 그 믿음은 틀리지 않았다. 대기업들이 앞다투어 연간 구독을 신청하며 잡지를 대량 구매하기 시작했고, 직원들을 대상으로 한 무료 강연 역시 폭발적인 반응을 얻었다. 강연 요청은 끊임없이 이어졌고, 내 하루는 강연으로 가득 찼다.

잡지 초창기 호 가운데 하나에서, 나는 윌리엄스 씨가 보여 준 신뢰에 대한 보답으로 '우리의 아들과 딸들에게 무엇을 가르쳐야 하는가(What To Do With Your Sons and Daughters)'라는 글을 발표했다. 이 글은 장차 어떤 직업을 선택하든 그에 앞서 비즈니스 실무 교육을 받는 일이 모든 청소년에게 반드시 필요하다는 강력한 제언을 담고 있었다.

이 글은 이후 팸플릿 형태로 재인쇄되어, 미국 전역에서 비즈니스 과정을 운영하는 교육기관들에 배포되었다. 각 학교는 이 소책자의 뒷면에 자교 광고를 실을 수 있는 권한을 부여받았고, 그 덕분에 많은 학교가 졸업을 앞둔 고등학생들을 대상으로 해마다 수만 부씩 무료 배포를 이어갔다. 그중 일부 학교는 무려 10년이 넘는 세월 동안 매년 이 소책자를 재주문하기도 했다.

내가 마지막으로 들은 통계에 따르면, 윌리엄스 씨가 인쇄·판매한 이 팸플릿의 누적 부수는 1,000만 부를 넘어섰다. 그는 1,000부당 3달러의 순이익을 거두었고, 이로 인해 나와 맺은 이 특별한 계약이 얼마나 막대한 경제적 결실로 이어졌는지는 굳이 설명하지 않아도 충분히 짐작할 수 있다.

나는 이외에도 세일즈맨십에 관한 월간 연재물을 집필해 이를 소책자로 묶어 출간했으며, 이 책자들 역시 수천 부 단위로 판매되었다. 그 결과 윌리엄스 씨는 다시 한 번 상당한 추가 수익을 얻게 되었다.

경계의 한마디

한 번은 텍사스 출신의 한 석유업자에 관한 인간적인 미담을 써서 잡지에 실은 적이 있었다. 그 글의 주인공은 자신의 이야기가 잡지에 실린 사실에 깊이 감동했고, 그 보답으로 잡지를 무려 10만 부나 추가 인쇄해 배포하겠다고 나섰다. 그러나 그 결정은 뜻밖에도 나에게 개인적인 근심과 함께 적지 않은 명예의 손실을 안겨 주는 결과로 이어졌다.

그 글의 주인공은 S. E. J. 콕스(S. E. J. Cox)라는 인물이었다. 그는 훗날 사업 운영과 관련된 문제로 연방정부의 수사를 받았고, 결국 레번워스 교도소(Leavenworth Prison)에 수감되었다.

나는 이 일화를 통해 하나의 교훈을 강조하고자 한다. 배경이 분명하지 않은 사람과 거래할 때에는 언제나 신중함과 경계심을 잃지 말아야 한다는 사실이다. 수천 명에 이르는 다양한 연령대의 사람들이 법적 분쟁에 휘말리는 모습을 지켜보며, 나는 결국 하나의 분명한 결론에 도달했다.

콕스 씨와의 일처럼 내 명예를 실추시켰던 대부분의 사건은 돌이켜 보면 모두 신중함의 부족에서 비롯되었다. 나는 사람을 대할 때, 모든 이가 정직하다는 전제를 두고 대하는 습관이 있었다. 바로 그 과도한 신뢰가 나 자신을 수없이 위태로운 자리로 몰아넣었다. 말하자면, 누구든 마음만 먹으면 언제라도 목을 칠 수 있도록 스스로 목을 내민 셈이었다.

콕스 씨가 자신을 다룬 기사가 실린 잡지를 10만 부 추가 구매하겠다고 제안하며 내건 조건 가운데 하나는, 내가 직접 텍사스 유전지대를 찾아가 1919년 그 열기가 절정에 달했던 현장을 직접 목격하는 일이었다. 하루아침에 막대한 부를 거머쥔 사람들의 심리를 현장에서 체험하고, 그 생생한 인상을 바탕으로 연재물을 집필해 달라는 요청이었다.

나는 그 제안을 받아들였고, 텍사스 유전 지대에서 직접 보고 들은 내용을 토대로 글을 써 내려갔다. 그렇게 탄생한 연재물은 콕스 씨의 손에서 놀라운 효과를 발휘했다. 그는 그 기사들을 정교하게 활용해 무려 400만 달러가 넘는 막대한 수익을 올렸다. 그러나 정작 나에게 돌아온 보상은 겉보기에는 그럴듯해 보이는 주식 증서 몇 장이 전부였다. 그 문서가 실질적으로 아무런 가치도 없다는 사실을 깨닫는 데에는 오랜 시간이 걸리지 않았다.

처음에는 모든 결과가 전적으로 내 경솔함에서 비롯되었다고 여겼다. 그러나 시간이 흐르면서, 나는 점차 그 이면에 숨겨진 진실을 마주하게 되었다. 콕스 씨는 투자자들로부터 모은 자금을 합리적으로 운용하기는커녕, 사치와 방탕에 가까운 방식으로 무분별하게 탕진하고 있었다.

이 사실을 우연히 알게 된 뒤, 나는 오랜 갈등 끝에 하나의 중대한 결정을 내렸다. 그의 사업을 더 이상 그대로 두어서는 안 되겠다는 판단에 이르러, 연방정부에 관련 사실을 알리고 수사에 협조하기로 했다. 그 결과 콕스 씨는 연방 사법당국에 의해 체포되어 법정에 서게 되었다. 첫 번째 재판에서는 놀랍게도 유죄 판결을 피했지만, 그 이후 그의 부정행위는 오히려 이전보다 더 대담해졌다. 결국 얼마 지나지 않아 또 다른 혐의로 다시 기소되었고, 이번에는 끝내 유죄가 확정되어 수년간의 실형을 선고받고 복역하게 되었다.

그가 레번워스 교도소에서 출소한 뒤, 어느 날 갑자기 내 뉴욕 사무실을 찾아왔다. 그는 담담하면서도 간절한 어조로 말했다. 이제

                                   마스터 마인드

과거는 모두 정리했으며, 깨끗한 양심과 새로운 각오로 삶을 다시 시작하려 한다는 내용이었다. 아울러 황금률을 자기 삶의 지침으로 삼겠다는 새로운 철학을 마음 깊이 간직하고 있다고도 했다.

그의 말은 의외로 진정성 있게 들렸다. 나는 그가 정말로 변했다고 믿었고, 다시 한 번 손을 내밀었다. 거래 은행을 소개해 주었고, 여러 비즈니스 인맥과 연결해 주었으며, 직접 추천서까지 써 주었다. 마지막으로는 진심을 담아 그의 앞날에 축복을 전했다.

그는 오클라호마(Oklahoma)에 사업체를 열었고, 이후 몇 달 동안 자신의 사업이 눈부시게 성장하고 있다는 고무적인 편지를 연이어 보내왔다. 그 편지들에는 황금률을 사업 거래의 기초로 삼음으로써 얻게 된 성과에 대한 감사의 말도 담겨 있었다. 나는 벅찬 마음으로 답장을 보냈고, 또 한 사람을 황금률의 길로 이끌었다는 사실에 깊은 만족을 느끼고 있었다.

그러나 그의 사업 운영의 실상을 내가 제대로 파악하기도 전에, 두 명의 특별조사관이 내 사무실을 찾아왔다. 그들은 내가 보낸 모든 편지를 손에 들고 와, 내가 콕스 씨와 어떤 관계인지 설명해 달라고 요구했다. 나는 지금까지의 모든 경위를 그대로 설명했다.

그로부터 얼마 지나지 않은 1931년 초, 들려온 소식은 나에게 큰 충격을 안겨 주었다. 황금률을 말하던 그 인물은 결국 또다시 유죄 판결을 받고 레번워스 교도소에 재수감되었던 것이다. 어려움에 처한 타인을 돕는 '선한 사마리아인(Good Samaritan)'의 역할이 분명 미덕임은 틀림없다. 그러나 나는 이 일을 통해, 그 미덕이 때로는 커다란 위험을 동반할 수 있다는 사실을 뼈아프게 깨달았다. 특히 타인을 돕고자 하는 열망이 강한 사람일수록, 그 순수한 마음이 악의를 품은 자에게 가장 먼저 이용당할 수 있다는 진실을 비로소 절감하게 되었다.

이처럼 나를 교묘히 이용해 자신의 목적을 이루려 했던 이들을 직접 겪고 나서야, 나는 헨리 포드가 기부와 자선 행위에 관해 왜 그토록 엄격한 원칙을 세웠는지를 이해할 수 있었다. 그가 이미 오래전에 깨달았던 교훈을 나는 너무 늦게서야 배우게 된 셈이다. 참된 자선은 록펠러 가문이 실천해 온 방식처럼, 체계적으로 정리된 유용한 지식을 널리 보급하는 일에서 출발해야 한다. 지식을 통해 사람들이 스스로의 힘으로 자신을 돕게 이끄는 일, 그것이야말로 진정으로 의미 있는 선행이다.

콕스 씨의 유전 사업을 취재하던 한 기자가 수년 전, 나와 그가 과거에 함께 일한 적이 있다는 사실을 언론에 보도했다. 그는 거기서 그치지 않고, 연방정부가 나를 《힐의 골든 룰》 잡지의 주주들을 기만한 혐의로 기소했다고 주장했다. 그러나 《힐의 골든 룰》 잡지에는 애초에 단 한 명의 주주도 존재하지 않았다. 내가 콕스 씨와 맺었던 관계는 지금까지 내가 밝혀온 내용 그 이상도, 그 이하도 아니었다.

하지만 겉으로는 아무런 흠도 없었고, 나의 의도 또한 지극히 순수했음에도 불구하고, 그 인연 하나가 끝내 내 명예에 깊고도 지울 수 없는 상흔을 남기고 말았다. 그 흔적은 지금도 미국 곳곳의 신문

보관소 어딘가에 남아 있다. 이 희한의 기억은 마치 때를 기다린 듯 불쑥 떠올라, 여전히 내 마음에 생채기를 낸다. 돌이켜 보면, 그 모든 일은 내가 충분한 신중함을 갖추지 못했던 탓이었다.

물론 나는 그 이후로 이 약점을 극복했다. 내가 처음으로 '실패의 서른 가지 원인'을 분석했을 때, 나는 나 자신의 결함을 정면으로 들여다보지 않을 수 없었다. 그 목록에서 가장 중요한 원인 가운데 하나가 바로 '신중함의 결여'였기 때문이다.

그러나 모든 역경 속에는 그에 상응하는 성공의 씨앗이 담겨 있다는 진리처럼, 이 혹독한 경험 속에서도 나는 분명한 가능성을 발견할 수 있었다. 콕스 씨를 돕는 과정에서 벌어진 한 사건은 그의 이름과 나의 이름이 함께 얽혀 생긴 손실을 충분히 상쇄하고도 남을 만한 가치를 지니고 있었다.

당시 나는 석유 광풍에 관한 기사를 집필하기 위해 자료를 수집하고 있었다. 그러던 중 콕스 씨가 한 지역의 정유소 인수를 추진하고 있다는 소식을 듣고, 나는 그 도시를 방문하게 되었다. 정유소의 소유주들은 내가 호의적인 평가를 내려 준다면 거래 성사에 도움이 될 것이라 여긴 듯했다. 마침내 그들 가운데 한 사람이 나를 찾아와, 정유소를 직접 둘러본 뒤 매수를 권고해 준다면 상당한 액수의 사례금을 제공하겠다는 제안을 해왔다.

나는 정유소를 직접 둘러본 뒤, 곧바로 콕스 씨에게 전보를 보냈다. 그 거래는 절대로 성사시켜서는 안 된다는 분명한 경고였다. 그러나 몇 달 뒤 그는 내 충고를 무시한 채 정유소를 인수했다. 그것도 실제 가치의 다섯 배가 넘는 금액을 지불한 뒤였다. 그가 그런 무리한 결정을 내린 데에는 분명한 이유가 있었다.

나는 이미 그의 불건전한 사업 방식을 간파하고 있었고, 더 이상 투자자들을 기만하지 못하도록 강하게 견제하고 있었다. 내 글을 믿고 그의 회사에 투자한 사람들의 자산을 지키기 위해, 나는 경고하고 조언하며 때로는 노골적으로 제동을 거는 방식으로 그를 압박하고 있었다.

《힐의 골든 룰》 잡지를 막 창간한 직후, 나는 아이오와주 데이븐포트(Davenport, Iowa)에 있는 파마 학교(Palmer School)로부터 강연 초청을 받았다. 당시 기준으로 강연료 100달러와 여비를 지급하겠다는 조건이었고, 나는 그 제안을 받아들였다. 현장에 도착하자 학생들과 학교 관계자들은 나를 따뜻하게 맞아 주었다. 그 여정은 내 잡지에 실을 만한 훌륭한 기삿거리들을 안겨 주었고, 나는 곧 강연료를 받지 않기로 결심했다. 강연을 했다는 사실보다도 그 자리에서 내가 얻은 배움이 훨씬 더 값지게 느껴졌다. 오히려 그 경험을 할 수 있었던 특권을 위해 내가 비용을 지불했어야 한다는 생각마저 들었다.

다음 날 아침, 학교장은 전교생 2,000명을 한자리에 모았다. 그는 내가 강연료를 받지 않았다는 사실과 그 이유를 학생들에게 설명한 뒤, 모두에게 내 잡지를 한 부씩 구독해 줄 것을 요청했다. 강의가 있었던 그 주와 다음 주에 걸쳐, 나는 학생들과 그들의 지인들을 통해 6,000달러가 넘는 구독료를 확보할 수 있었다. 더 놀라운 일은 그 이

  마스터 마인드

후였다. 많은 학생들이 졸업 후에도 꾸준히 구독을 이어가며 나를 후원해 주었다.

그 강연은 결코 나쁜 출발이 아니었다. 단 한 번의 강연에 대한 보상치고는 결코 적지 않은 결과였다. 그러나 이는 어디까지나 시작에 불과했다. 이후 나는 그때 만났던 학생들을 통해, 그리고 지금 이 순간까지도 계속해서 다양한 혜택을 누리고 있다. 그중에서도 가장 값진 보상 가운데 하나는 '받은 것 이상으로 봉사하라'는 원칙이 얼마나 강력한 진리인지를 몸소 체험하게 된 일이었다. 그날 이후 이 원칙은 내 철학에서 핵심적인 자리를 차지하게 되었고, 내가 전하는 거의 모든 강연에서 빠지지 않고 강조하는 중심 개념이 되었다.

수년이 흐른 뒤에야 나는 파마 학교의 교장이 단순한 교육자가 아니라, 실용주의적 철학자이자 심리학자였다는 사실을 알게 되었다. 그는 당시 학생들에게 내 잡지 구독을 권했던 데에는 두 가지 분명한 목적이 있었다고 털어 놓았다. 하나는 '받은 것 이상으로 봉사하라'는 원칙의 가치를 학생들의 마음속에 지워지지 않을 각인처럼 새겨 두기 위함이었고, 또 하나는 나 자신에게, 내가 설파하는 성공 철학이 단지 이론이나 이상에 머무는 것이 아니라 현실에서 충분히 입증 가능한 진리임을 보여 주기 위함이었다.

그리고 2년 뒤, 나는 그 학교에서 다시 한 번 '한 걸음 더 나아가는 정신'의 위력을 분명히 체험하게 되었다. 그해 열린 연례 동문회에서 나는 주요 초청 연사 가운데 한 사람으로 강단에 섰다. 만 명이 넘는 인파가 모인 대규모 행사였고, 그 무대에는 '세일즈 철학의 선구자'로 불리는 아서 프레더릭 셸던(Arthur Frederick Sheldon)을 비롯해 아이오와 주지사, 버나 맥패든(Bernarr Macfadden) 등 열두 명이 넘는 저명인사들이 함께 자리하고 있었다. 동문회는 일주일 동안 이어졌고, 그 기간 중 내가 맺은 한 특별한 인연은 첫 방문 때의 무료 강연에 대한 보상을 훨씬 넘어서는 값진 선물이 되었다. 바로 그 자리에서 나는 훗날 내 삶에 깊은 영향을 미치게 될 인물, 버나 맥패든 씨와 처음 인연을 맺게 되었다.

맥패든 씨가 내게 관심을 갖게 된 계기는 동문회 기간 동안 지역 신문들이 각 연사에게 얼마나 많은 지면을 할애했는지를 확인한 뒤였다. 아서 프레더릭 셸던 씨는 내가 태어나기도 전에 이미 명성을 얻은 연설가였지만, 신문에 실린 그의 연설 관련 기사는 고작 몇 줄에 불과했다. 맥패든 씨 역시 사진 한 장과 함께 짧은 소개 기사만 실렸고, 주지사는 비교적 넉넉하게 신문 한 면의 절반 정도를 차지했다. 다른 연사들 또한 대부분 몇 문단을 넘기지 못했다. 그러나 내 연설은 전혀 달랐다. 내가 말한 내용이 단어 하나 빠짐없이 그대로 실렸고, 무려 신문 세 면을 차지했다.

이 일은 일부 연사들에게 적잖은 당혹감을 안겼다. 특히 셸던 씨는 분노를 참지 못하고 신문사 편집장을 찾아가, 나에게 부당한 특혜가 주어졌다며 강하게 항의했다. 반면 맥패든 씨의 반응은 전혀 달랐다. 그는 이 상황을 상상력으로 해석했다. 가장 젊은 연사가 모든 주목을 받은 데에는 분명 출판인에게 이익이 될 만한 무언가가 있다고 판단한 것이다. 그는 곧바로 나를 찾아와 자신의 잡지에 정기적으로 원고를 기고해 달라고 제안했다. 제시한 원고료는 그가 평소에 지급하던 수준을 훨씬 웃도는 금액이었다.

그로부터 수년 뒤, 나는 맥패든 씨가 운영하던 뉴욕의 일간지에서 '성공 철학'을 주제로 칼럼을 연재하게 되었다. 그 칼럼은 하루 수입이 750달러에 이를 만큼 큰 반응을 얻었다. 돌이켜 보면, 이 모든 기회는 몇 해 전 내가 한 차례 무료 강연을 위해 무대에 섰던 바로 그 순간에서 비롯되었다. 이 사실 하나만으로도 '받은 것 이상으로 봉사하라'는 원칙이 얼마나 크고도 실질적인 보상으로 돌아오는지를 충분히 증명한다.

이제 나는 그 당시의 작은 비밀 하나를 처음으로 밝히고자 한다. 누군가는 웃을지도, 또 누군가는 씁쓸한 미소를 지을지도 모른다. 내가 데이븐포트 동문회에서 유독 많은 지면을 할애받은 이유는 단지 연설이 뛰어났기 때문만은 아니었다 나는 2년 전 무료 강연을 통해 이미 그 지역 청중에게 깊은 인상을 남겨 두고 있었고, 그들은 나를 익히 알고 있었다.

그러나 사실, 그보다 더 결정적인 이유가 따로 있었다. 나는 동문회가 열리기 일주일 전, 비서를 데이븐포트에 먼저 보냈다. 그는 현지 신문사와 물밑 접촉을 진행해, 내가 도착하기도 전에 연설문을 신문사에 전달하고 인쇄가 진행되도록 조치해 두었다.

아마도 맥패든 씨라면 이 전략의 가치를 누구보다 정확히 이해하고 높이 평가했을 것이다. 설령 다른 이들이 그렇지 않게 보더라도 말이다. 그러나 내가 이 이야기를 꺼내는 진짜 이유는 특정 인물을 의식해서가 아니다. 이 일화를 통해 내가 강조하고 싶은 점은 단 하나이다. 모든 행동은 분명한 목적의식을 가지고 이루어져야 한다는 사실이다.

내 연설이 과연 지면 세 면을 차지할 만큼 탁월했는지는 중요하지 않다. 나는 오래전에 이미 깨달았다. 실력만으로는 충분하지 않다는 사실을 말이다. 성공을 원한다면 분명한 목적을 품고, 그 목적을 향해 철저한 계획을 세워야 하며, 그 계획의 실행을 가로막는 어떤 장애도 허용해서는 안 된다. 그것이 바로 내가 데이븐포트 동문회에서 실천한 방식이었다.

셸던 씨의 이름이 나온 김에, 우리 사이에 있었던 한 가지 깊은 인상을 남긴 경험을 전하고자 한다. 이는 자신의 자리를 찾아가려는 이들에게 분명한 깨달음을 줄 이야기이다. 이 일은 내가 벳시 로스 캔디 컴퍼니를 떠난 직후에 벌어졌다. 나는 시카고 초기 로터리 클럽에서 셸던 씨를 처음 만났고, 교류를 이어 가며 점차 그를 존경하게 되었다. 캔디 사업에서의 쓰라린 실패를 뒤로한 채, 나는 잠시 그의 곁에 머물며 그가 지닌 성공 철학의 지혜를 직접 배우고자 했다.

그와 함께 일하던 중, 나는 한 권의 소책자를 집필하게 되었다. 그 안에는 아서 브리즈번의 일요 칼럼 가운데 한 구절이 인용되어 있었는데, 나는 실수로 인용 부호를 빠뜨린 채 글을 옮기고 말았다. 셸던 씨는 그 사실을 발견하고 조용히 나를 불렀다. 그는 먼저 내가 그 실수를 스스로 인정하도록 이끌었고, 이내 내 생애에서 가장 날카롭고도 깊이 있는 훈계를 들려주었다.

    마스터 마인드

"문필가에게 단 하나의 범죄가 있다면, 바로 표절이네. 강도도 아니고, 살인도 아니야. 남의 사상을 가져다 쓰고도 출처를 밝히지 않는 일이지. 자네가 브리즈번을 흉내 낼 필요는 없네. 자네 역시 그만큼 쓸 수 있는 사람이니까. 설령 지금은 그보다 못하다 해도, 흉내로는 결코 자기 목소리를 얻을 수 없네. 작가의 진짜 자산은 문장을 다루는 기술이 아니라, 스스로 길어 올린 생각 그 자체에 있지. 남의 생각을 빌리는 버릇을 들이면, 자네는 평생 자기 생각을 갖지 못하게 될 걸세."

그 말을 들은 나는 땅이 꺼져 그 안으로 사라지고 싶을 만큼 부끄러웠다. 그러나 그 날 선 질책은 마땅히 감당해야 할 내 몫이었다. 나는 그 순간, 반드시 이 충고에 보답하겠다고 마음속으로 다짐했다.

기회는 머지않아 찾아왔다. 셸던 씨는 일리노이 자택에 소년들을 위한 학교를 세우고자 했지만, 뜻을 이루기 위해 반드시 넘어야 할 자금의 벽 앞에서 발걸음을 멈추고 있었다. 나는 곧 연방준비제도(Federal Reserve System)의 창설자이자 저명한 은행가였던 프랭크 A. 밴더립을 떠올렸다. 그는 내가 신뢰하던 조언자였고, 또 하나의 문을 열어 줄 수 있는 인물이기도 했다.

나는 즉시 그에게 연락을 취했다. 셸던 씨의 계획 전반을 설명하며, 충분히 실현 가능한 비전과 가치를 지니고 있다는 나의 확신을 전했다. 그리고 자금 지원을 정중히 요청했다. 얼마 지나지 않아, 밴더립 씨로부터 한 통의 전보가 도착했다. 그 전보에는 이렇게 적혀 있었다.

"보내 주신 셸던 씨의 학교 설립 구상, 대단히 인상 깊었습니다. 그를 즉시 뉴욕으로 데려오십시오. 정신적으로나 물질적으로나 전폭적인 지원을 아끼지 않겠습니다."

전보가 도착했을 때, 셸던 씨는 밀워키에서 강연 중이었다. 나는 그 전보를 특별 우편으로 다시 보내며, 하단에 연필로 짧은 문장을 덧붙였다.

"밴더립 씨께 회신 전보를 보내셔서, 뉴욕에서 뵐 수 있는 시간을 알려 주시기 바랍니다."

그러나 내 기대와 달리, 셸던 씨의 반응은 분노였다. 그는 내게 아무런 회신도 하지 않았고, 오히려 전보를 그대로 나에게 되돌려 보냈다. 내가 적어 둔 문장 아래에는 이런 말이 덧붙어 있었다.

"언제부터 당신이 내 공식 매니저가 되었소?"

내가 사전 상의 없이 주도적으로 움직였다는 이유로 그는 몹시 불쾌해했다. 비록 나의 행동이 그의 재정적 부담을 덜어 주려는 순수한 의도에서 비롯되었고, 마침내 유력 인사의 호의까지 이끌어낸 일이었음에도 말이다.

그가 다시 사무실로 돌아왔을 무렵, 나는 이미 시카고로 떠난 뒤였다. 나는 어떤 말도 남기지 않은 채, 소년 학교 설립과 관련된 서류를 모두 그의 책상 위에 정리해 두고 조용히 자리를 떠났다. 훗날 들은 바로는, 그는 자신이 저지른 실수와 자제력을 잃은 결과가 얼마나 치명적이었는지 깨닫고 병원에 실려 갈 만큼 크게 앓았다고 한다. 몇 주 동안 입원한 채, 거의 신경 쇠약에 가까운 상태에서 회복을 기다려야 했다.

이 일화를 통해 나는 많은 교훈을 얻었다. 그중에서도 가장 깊이 각인된 교훈은 자제력의 중요성이었다. 단 한 순간의 자제력 부족이, 그에게는 평생에 한 번 올까 말까 한 기회를 스스로 걷어차는 결과로 이어졌기 때문이다.

이전에 있었던 이러한 경험을 떠올려 보면, 데이븐포트 동문회 당시 내가 신문 지면 세 면에 걸쳐 보도되고 그는 단 몇 줄만 실렸던 일을 두고 못마땅해하며 항의했던 이유도 충분히 이해할 수 있다.

이제 셸던 씨에 대한 이야기를 마무리하며, 나는 한 가지를 반드시 밝혀 두어야겠다고 느낀다. 그것은 내게 하나의 의무이자, 동시에 기꺼운 특권이다. 셸던 씨와 그의 철학은 분명 내 사유와 실천에 깊은 뿌리를 내려 준 존재였다. 내가 그를 처음 만났던 1914년 무렵, 그는 미국 내에서 성공과 실패의 원인을 체계적으로 탐구하던 거의 유일한 인물이기도 했다. 그가 정립한 철학의 원칙들은 훗날 내가 구축하게 될 사유 체계의 단단한 토대가 되어 주었다.

나는 믿어 의심치 않는다. 지금으로부터 25년이 채 지나기 전에 또 다른 철학자가 등장해, 오늘의 내가 셸던 씨를 회고하듯 그 또한 내 철학을 그렇게 말하게 될 날이 반드시 올 것이다.

진화는 삶의 불가피한 진실 가운데 하나이다. 세계는 끊임없이 앞으로 나아가고, 인간은 언제나 그 시대의 언어로 새로운 진리를 하나씩 밝혀낸다. 위대한 지혜를 품은 으주는 인간에게 그 모든 비밀을 단번에 내어 주지 않는다. 다만, 기꺼이 노력한 만큼 그에 걸맞은 대가로 하나씩 내어 줄 뿐이다.

《힐의 골든 룰》 잡지는 매달 폭발적인 성장세를 이어가고 있었다. 나는 그 잡지의 거의 모든 내용을 집필하는 동시에, 각종 기업체를 대상으로 나의 철학을 주제로 한 강연을 쉼 없이 이어가고 있었다. 이동할 때마다 타자기를 들고 다녔고, 도시와 도시를 오가는 시간조차 원고를 쓰는 기회로 삼았다. 하루 평균 열여섯 시간을 일에 바쳤지만, 그 시간은 고되기보다 오히려 황홀함을 안겨 주었다. 사랑을 담아 한 일이었고, 진심에서 우러난 일이었기에 나는 오히려 더 강한 생명력을 느끼고 있었다.

그러던 어느 날, 시카고 사무실로 한 통의 전보가 도착했다. '만년필의 아버지'라 불리는 조지 S. 파커(George S. Parker)가 위스콘신주 제인즈빌(Janesville)로 와서 그의 동료들 앞에서 강연을 해달라고 초청하는 내용을 담고 있었다. 나는 기꺼이 이를 수락했고, 파커 부부의 자택에 머물며 손님으로 대접을 받았다.

그날 저녁, 파커 부부는 한 이웃을 집으로 초대했다. 그는 내가 포드 씨를 처음 만났던 시기에 포드 회사의 수석 엔지니어로 재직했던 인물이었다. 나는 그를 통해 헨리 포드 씨에 관한 많은 사실을 들을 수 있었다. 그중에는 지금껏 어떤 경로로도 접하지 못했던 귀중한 정보도 있었고, 새뮤얼 크라우더(Samuel Crowther)가 1922년에 출간한 헨리 포드의 자서전 《나의 생애와 일(My Life and Work)》에서조차 충분히 드러나지 않았던 핵심도 포함돼 있었다.

포드 씨의 눈부신 성공은 그의 집요한 집중력과 끈질긴 실행력 덕분이었다. 그는 남들이 불가능하다고 여겼던 대량 생산을 현실로 만들어 자동차 산업의 판도를 송두리째 바꿔 놓았다. 그러나 바로 그 강점은 때로 고집과 독선으로 이어져, 변화와 협력의 기회를 스스로 외면하게 만들기도 했다. 지금부터 소개할 일화는 그의 성공을 이끌었던 기질이 어떻게 약점으로 작용했는지를 단적으로 보여 준다.

쉐보레(Chevrolet)가 본격적으로 포드의 시장을 잠식하기 전, 포드사의 기술진 수석 엔지니어와 그의 보좌관들은 조용히 비공식적인 '마스터 마인드 회의'를 열었다. 그 목적은 국민차로 불리던 T형 모델(Model T)의 외관을 개선하기 위한 구체적인 설계안과 방향을 마련하는 데 있었다. 그들은 소비자들이 이제 단순한 내구성과 성능을 넘어, 자동차에서도 미적 감각을 요구하게 될 변화를 이미 예견하고 있었다.

기술진은 도면을 완성한 뒤, 당시로서는 놀라울 만큼 앞선 유선형 디자인을 구현해 포드 씨에게 제시했다. 그가 직접 그 설계를 검토하고, 나아가 새 디자인에 동의해 주기를 바랐다. 마침내 약속된 시간이 되어 포드 씨가 회의실에 들어섰다. 그는 느긋하게 자리에 앉아 마지막 설명이 끝날 때까지 묵묵히 귀를 기울였다. 그러고는 조용히 일어나 테이블 위에 놓인 설계도를 집어 들고 한동안 바라본 뒤, 기술진을 향해 이렇게 물었다.

"여러분은 우리가 지금 생산할 수 있는 양보다 더 많은 자동차를 이미 팔고 있다는 사실을 알고 있습니까?"

"예, 그렇습니다. 하지만…."

기술진이 말을 잇지 못하자, 포드 씨는 곧바로 말을 끊었다.

"만약도, 하지만도, 그리고도 필요 없습니다. 현 모델이 지금처럼 생산량을 초과해 팔리고 있는 한, 새로운 모델은 절대 없습니다."

그는 이 짧은 말을 남기고는 그대로 회의실을 떠났다. 당혹스러움을 감추지 못한 기술진은 뿔뿔이 흩어져 각자의 자리로 돌아갔다. 카네기 씨라면 결코 이런 반응을 보이지 않았을 것이다. 나는 실제로 포드 씨의 철학을 검토하던 자리에서 이 문제를 직접 카네기 씨에게 물은 적이 있다. 그는 조금의 주저도 없이 이렇게 답했다.

"나는 동료들에게 가능한 모든 격려를 아끼지 않았네. 말로만이 아니라, 실질적인 금전 보상이라는 형태로 말일세."

카네기 씨는 직원들이 부유해지도록 진심으로 도왔다. 그는 단지 고용인을 부리는 데 그치지 않았고, 동료의 성공을 자신의 사명으로 여겼다. 그의 곁에서 일한 이들 가운데 일부는 해마다 상여금과 급여만으로도 백만 달러가 넘는 거액을 손에 넣었다. 이는 단순한 보상이 아니라, 신뢰와 존중의 상징이었다.

반면 포드 씨는 동료들이 부유해지는 일에는 별다른 관심을 두지 않았다. 그에게 중요한 것은 회사의 전권을 쥐고 자신의 방식대로 운영하는 일이었으며, 동료들의 재산 축적이나 번영에는 마음을 쓰지 않았다. 결국 다지 형제(Dodge Brothers)와 제임스 쿠즌스(James Couzens)는 각자의 지분을 매각하며 포드와 결별하게 되었다. 이는 포드 씨의 세계에서 일정 수준을 넘는 성공이 더 이상 동반자가 아니라 경쟁자로 인식되었음을 보여 주는 상징적인 장면이었다.

                                                      마스터 마인드

물론 그들이 회사를 떠날 때는 실로 막대한 자금을 손에 쥐고 나왔다. 포드 씨는 한 번 마음이 떠난 사람과는 매정하게 결별하되, 그에 상응하는 대가만큼은 반드시 치르는 사람이었다.

내가 제인즈빌을 떠날 무렵, 파커 씨는 작은 기차역까지 직접 차로 데려다주었다. 열차가 도착하기 전까지 내 옆자리에 조용히 앉아 이런저런 이야기를 나누었다. 마침내 기차가 들어서고 내가 열차에 오르려 하자, 그는 내 손을 꼭 붙잡고 어깨를 감싸며 이렇게 말했다.

"당신을 이곳으로 초대한 이유는 황금률에 대한 당신의 믿음이 진정한지 내 눈으로 직접 확인하고 싶었기 때문이오. 이제 내가 확인한 사실은 단 하나요. 당신은 살아 있는 동안 결코 알지 못할 것이오. 당신의 작은 잡지를 통해 얼마나 엄청난 선한 영향력이 세상에 퍼지고 있는지."

시카고로 돌아오는 열차 안에서 그의 말은 내 영혼 깊숙이 울려 퍼졌다. 나는 파커 씨의 말이 과연 옳은지 스스로에게 물었다. 그리고 세월이 흐르는 동안, 논쟁에 휘말리거나 다시 사업적 실패를 겪을 때면 그의 말은 늘 되살아나 내 앞에 나타나곤 했다.

파커 씨는 내가 한 가지 중요한 진리에 이르도록 이끌어 준 사람이었다. 누군가의 비방에 답변하며 허비하는 시간보다, 차라리 다른 이들을 위한 봉사에 쓰는 시간이 훨씬 더 유익하다는 깨달음이었다.

세상 어느 분야에서든 군중의 머리 우로 고개를 내미는 순간, 그 머리를 향해 쏟아지는 중상모략과 비난은 숙명처럼 따라온다. 그러나 그 모든 말에 일일이 대응하는 일은 시간을 낭비할 뿐, 어떤 본질적 가치도 만들어 내지 못한다.

나는 이 진리를 반드시 배워야 했고, 실제로 배웠다. 《힐의 골든 룰》 잡지를 집필하고, 편집하고, 직접 판매하고 배포하며 그 모든 과정을 온전히 책임지던 시절을 통해서였다. 그 시련 속에서 나는 말이 아니라 행동으로 살아야 함을, 비난이 아니라 봉사로 응답해야 함을 몸소 체득했다.

《힐의 골든 룰》 잡지 초판이 세상에 나온 지 얼마 지나지 않아, 나는 신시내티(Cincinnati)에 사는 아서 내시(Arthur Nash)라는 양복 장인이 있다는 소식을 들었다. 그의 사업은 거의 파산 직전까지 내몰려 있었고, 법원의 압류 명령이 집행되기 직전이었다. 그러나 그는 그 벼랑 끝에서 사업을 기적처럼 되살려 마침내 수익이 나는 정상 궤도에 올려 놓았다.

그가 사용한 방법은 실로 단순했다. 그는 사업의 방침을 근본적으로 바꿈으로써, 직원들로부터 단순한 노동 시간을 넘어서는 진심 어린 헌신과 자발적 협력을 끌어냈다. 나는 그 소식을 접하자 곧바로 신시내티로 향했고, 그곳에서 아서 내시 씨와 함께 일주일을 보내며 파산 직전의 사업체가 어떻게 되살아났는지를 면밀히 살펴보았다.

그 변화의 이면에는 단순한 경영 기법 이상의 정신적 전환이 자리하고 있었고, 나는 그 본질을 밝히기 위해 더 깊은 탐구를 이어갔다.

그가 이뤄낸 '기적'의 본질은 단 하나였다. 그는 직원들을 단순한 고용인이 아니라 진정한 동반자로 받아들였고, 그 순간부터 그들의 마음가짐과 일에 대한 태도는 근본적으로 달라졌다. 마음이 바뀌자 행동이 달라졌고, 그 변화는 곧 놀라운 결과로 이어졌다. 직원들은 이전보다 거의 세 배에 가까운 가치를 스스로 만들어 내며, 자기 일에 혼을 담아 움직이기 시작했다.

나는 아서 내시 씨가 '마스터 마인드'의 원리를 실제 경영 현장에서 온전히 구현해 냈다는 사실을 두 눈으로 확인했다. 그는 직원들에게서 단순한 육체적 노동력만을 끌어낸 것이 아니었다. 그들의 정신적 집중력과 감정의 에너지까지 일깨웠다. 마음 깊은 곳에서 우러나온 자발성과 공동체를 향한 책임 의식이 일터 곳곳에서 살아 움직이는 원동력이 되었다. 그렇게 마음과 손, 생각과 열정이 하나로 결집되었을 때 이는 더 이상 단순한 협력이 아니었다. 인간 정신의 위대함이 구현된 창조의 힘이었고, 바로 그 힘이 끊임없이 적자에 시달리던 사업을 단번에 흑자로 돌려세우는 결정적인 차이를 만들어냈다. 이는 숫자나 제도, 규율만으로는 설명할 수 없는 변화였다. 오직 사람의 마음을 중심에 둔 리더십이 만들어 낸 결과였다.

나는 내시 씨의 이 놀라운 전환 과정을 중심으로 《힐의 골든 룰》 잡지에 한 편의 기사를 집필했다. 그리고 그 눈부신 성공의 이면에는 단순한 경영 전략이 아니라, 자신이 받고자 하는 그대로 남에게 베풀라는 황금률의 정신이 자리하고 있음을 분명히 강조했다.

나는 기사 전반에서 그를 '골든 룰 내시(Golden Rule Nash)'라 불렀고, 이 별칭은 이후 그의 생애가 끝나는 날까지 그를 따라다니게 되었다. 그것은 단순한 수식이 아니었다. 한 인간이 자신의 신념과 철학으로 일터와 사람을 변화시켰다는 증표이자, 살아 있는 정신의 이름이었다.

기사는 곧 언론의 주목을 받았고, 전국 각지의 잡지와 신문들이 앞다투어 내시 씨의 '기적'을 보도하기 시작했다. 그 열기는 순식간에 퍼져 나갔고, 마침내 그는 상상을 뛰어넘는 관심과 찬사를 받게 되었다. 그가 언론을 통해 얻게 된 무상 광고 효과는 수백만 달러에 이를 것으로 추산되었으며, 그 모든 시작은 조용히 발간된 나의 작은 잡지에서 비롯되었다.

나는 그 사실에 깊은 자부심을 느꼈다. 한 편의 글이 한 사람의 운명을 바꾸고, 하나의 철학이 수많은 사람들의 일터에 생기를 불어넣을 수 있다는 사실은 말로 다 할 수 없는 기쁨이자 보람이었다. 그러나 당시의 나는 알지 못했다. 순수한 마음에서 비롯된 그 작은 행동 하나가, 이후 거의 십 년에 걸쳐 나를 끊임없이 괴롭히는 고통의 씨앗이 될 줄은 미처 예상하지 못했다.

내 영혼의 파괴자, 네메시스의 등장

나를 끊임없이 괴롭힌 인물은 밥 힉스(Bob Hicks)라는 노인이었다. 그는 《스페셜티 세일즈맨(Specialty Salesman)》이라는 소규모 잡지를 발행하고 있었는데, 이 간행물은 집집마다 자질구레한 물건을 팔며 생계를 이어가는 상인들의 이익을 대변하는 성격의 매체였다. 힉스

                                                                마스터 마인드

씨는 스스로를 남들보다 우월한 존재로 여기고 있었지만, 어쩌면 그 태도는 깊은 열등감에서 비롯된 집착이었는지도 모른다. 그는 오직 자신만이 '골든 룰(Golden Rule)'이라는 명칭을 사용할 자격이 있다고 굳게 믿고 있었고, 내가 그 이름을 내건 잡지를 발행했다는 사실을 몹시 못마땅해했다.

내가 잡지에 아서 내시 씨에 관한 기사를 실은 직후, 힉스 씨는 서둘러 신시내티로 향했다. 그는 내시 씨와 일종의 협력 관계를 맺더니, 곧 그를 마치 자신이 처음 발굴한 인물인 양 앞세워 세상에 내보이기 시작했다. 내시 씨를 향한 관심이 높아질수록, 힉스 씨는 그 성과를 자신의 공으로 포장하며 적극적으로 활용했다.

이후로도 그는 수년에 걸쳐 같은 수법을 반복했다. 내가 잡지를 통해 어떤 인물의 철학과 업적을 소개할 때마다, 그는 어김없이 나타나 그 사람을 자신이 키워낸 존재처럼 내세웠고, 기회가 닿는 대로 내가 오랜 시간 쌓아온 신뢰와 명성을 조금씩 가로채려 했다.

그와 동시에 그는 집요한 중상과 비방을 멈추지 않았다. 그의 글 속에서 나는 발굽과 뿔, 가시 돋친 꼬리를 지닌 악마처럼 묘사되었다. 그의 잡지는 그러한 왜곡된 상상을 그대로 옮겨 놓은 듯, 독설과 악의로 가득 찬 비난의 장이 되어 있었다.

그러나 나는 파커 씨의 조언을 마음 깊이 새기며, 밥 힉스라는 인물이 이 세상에 존재하지 않는 것처럼 담담히 나의 길을 걸어갔다. 이는 내가 '황금률'을 말로만 설파하는 사람이 아니라, 그 정신을 삶 속에서 조용히 실천하고자 했다는 의지의 표현이기도 했다.

하지만 시련은 거기서 그치지 않았다. 전쟁 중 내가 체포에 관여했던 독일인 스파이와 내가 직접 채용했던 잡지사 직원이 손을 잡고 또 하나의 비열한 동맹을 맺었다. 그들은 처음부터 노골적인 적의를 숨기지 않았고, 나를 무너뜨리겠다는 분명한 목표 아래 계획적이고 조직적인 공격을 시작했다.

그 직원은 본래 제철소에서 일용직 노동자로 일하던 청년이었다. 나는 그의 가능성을 믿고, 내가 강연 일정으로 자리를 비우는 동안 비서를 도와 사무실 업무를 맡길 기회를 주었다. 그러나 그는 그 신뢰를 배반했다. 나의 부재를 틈타, 잡지 인쇄를 맡고 있던 윌리엄스 씨의 나에 대한 신뢰를 은밀히 흔들기 시작했다. 그는 우리 잡지가 성공을 거두는 이유가 내 사상이나 편집 역량 때문이 아니라, 단지 잡지 제목이 주는 인상 덕분일 뿐이라고 주장했다. 그리고 그 말을 집요하게 되풀이하며, 마치 귀에 속삭이듯 윌리엄스 씨에게 주입했다.

그의 행동은 단순한 의견 표명이 아니었다. 내 존재 자체를 지우려는 의도가 분명한 기만이었다. 나는 그제야 조용히 그러나 확실하게 벌어지고 있던 신뢰의 균열을 뒤늦게 감지하게 되었다.

그렇게 내부에서는 젊은 배신자가 조직의 중심을 서서히 좀먹고 있었고, 외부에서는 밥 힉스가 악의적인 선전물을 퍼뜨리며 나를 압박해 오고 있었다. 안팎에서 조여 오는 이중의 압력 속에서, 결국 노년의 윌리엄스 씨는 심리적으로 크게 흔들렸고 마침내 나에게 등을 돌리고 말았다.

이 모든 일이 벌어졌을 때, 나는 이미 자발적으로 잡지의 절반 지분을 그에게 넘긴 상태였다. 그 사실은 상황을 더욱 쓰라리게 만들었다. 우리의 관계는 점점 삐걱거리기 시작했고, 함께 일하는 시간은 갈수록 고통스럽고 소모적으로 변해 갔다. 그리고 오랜 갈등 끝에, 결국 돌이킬 수 없는 균열이 생겨났다.

글을 읽고 쓰는 기본적인 역량조차 충분하지 않았던 그 젊은 배신자는 끝내 윌리엄스 씨를 설득하는 데 성공했다. 아무런 사전 동의도 없이, 내가 직접 집필한 사설과 원고를 마음대로 고쳐 쓰고 편집한 것이다. 그의 행동은 단순한 월권이 아니었다. 내 신념을 훼손하고, 내가 쌓아온 사유와 방향성을 흐트러뜨리며, 오랜 시간 공들여 세운 가치들을 조용히 무너뜨리는 행위였다.

그 무렵 잡지는 창간 2년 차어 접어들었고, 이미 1년 차에 손익분기점을 넘겨 순이익을 내고 있을 만큼 안정적인 성과를 거두고 있었다. 그러나 나는 더 이상 이런 관계 속어서 일의 의미나 만족을 느낄 수 없었다. 그 과정에서 나는 카네기 씨가 왜 협력과 조화를 성공의 필수 조건으로 그토록 강조했는지를 점점 더 절실히 깨닫고 있었다.

그 일은 더 이상 애정을 담아 계속할 수 있는 작업이 아니었다. 나의 일은 어느새 흥미도, 의미도 없는 그역으로 변해 있었다. 그러던 1921년 어느 날, 나는 모자를 쓰고 외투를 걸친 채 누구에게도 작별 인사를 남기지 않고 조용히 그 자리를 떠났다. 그리고 내가 열정을 쏟아 일궈 낸 그 잡지의 남은 절반 지분마저, 마치 선물처럼 윌리엄스 씨에게 넘겨주었다.

그로부터 얼마 지나지 않아, 윌리엄스 씨는 마침내 한 가지 결론에 도달했다. 잡지와 함께 무너진 우정의 중심에 있었던 그 직원을 더 이상 곁에 둘 이유가 없으며, 잡지는 그 없이도 충분히 운영될 수 있다는 사실이었다. 그는 결국 그 청년을 내보냈다. 그즈음 나는 창간 2년 차에 접어든 잡지가 다시 적자를 기록하고 있다는 소식을 전해 들었다.

그럼에도 불구하고 윌리엄스 씨는 이후에도 무려 11년 동안 잡지를 계속 발행했다. 그러나 그 긴 세월 동안, 내가 그에게서 직접 들은 위로의 말은 단 한마디뿐이었다. 몇 해 뒤, 그는 스튜어트 오스틴 위어(Stuart Austin Wier)에게 이렇게 말했다고 한다.

"내 인생에서 나폴레온 힐이 떠난 순간, 다시는 되돌릴 수 없는 무언가가 함께 사라졌네."

짧은 말이었지만, 그 안에는 오랜 시간 눌러 담아온 회한이 고스란히 담겨 있었다. 그리고 그 의미를 나 역시 누구보다 깊이 이해할 수 있었다.

얼마 전, 나는 테네시주 내슈빌(Nashville)의 거리를 산책하다가 내 앞을 느릿하게 걷고 있는 한 인물을 보게 되었다. 몸집은 대략 130킬로그램을 훌쩍 넘겨 보였고, 어깨까지 내려오는 긴 머리카락에 굴뚝처럼 높고 좁은 모자를 쓰고 있었다. 몸에 맞지 않게 두 치수쯤 커 보이는 연미복 차림이었다. 나는 천천히 그에게 다가갔고, 그의 얼굴을 확인하는 순간 적잖이 놀랐다. 그 사람은 다름 아닌, 과거 그 사건의 중심에 있었던 바로 그 직원이었다.

그는 한때 《힐의 골든 룰》 잡지에 실렸던 내가 집필한 응용심리학

강의를 단 한 글자도 틀리지 않고 외우고 있었으며, 이제는 내슈빌에서 스스로를 전문 심리학자라 칭하며 강연 활동을 하고 있다고 했다. 나는 잠시 그의 이야기를 들은 뒤 자리를 떠나며, 혼잣말처럼 이렇게 중얼거렸다.

"세상은 참 요지경이다. 그런데 그 안에 사는 사람들은 그보다 더 기이하다."

《힐의 골든 룰》 잡지는 결국 기독교 계열의 또 다른 출판물과 통합되었다. 윌리엄스 씨와 밥 힉스 씨는 모두 세상을 떠났고, 한때 제철소에서 일하던 그 젊은 직원은 이제 정신과학 분야의 전문가로 완전히 다른 모습의 인생을 살고 있었다.

그리고 나는 지금도 스스로어게 묻곤 한다. 사람들은 왜 그토록 자신의 삶을 어렵게 만드는가. 왜 타인과 조화롭게 어울리는 길을 외면하거나, 혹은 스스로 거부함으로써 인생을 그토록 고단하게 만드는가.

최근에야 나는 그 질문에 대한 답을 찾은 듯한 느낌을 받았다. 그 해답은 내가 마침내 발견하게 된 하나의 우주적 법칙 속에 담겨 있었다. 다만 그 법칙에 대한 평가는 독자 여러분 각자의 몫으로 남겨두고자 한다. 이제 내가 하려는 일은 그 법칙을 발견하고 받아들이며 실제로 활용하기까지 내가 겪어온 수많은 실패와 시련 그리고 마음 아픈 경험들을 솔직하게 기록하는 것이다.

《힐의 골든 룰》 잡지와의 인연을 정리한 뒤, 나는 뉴욕으로 거처를 옮겼다. 그리고 내가 모아둔 약간의 자금과 친구들이 보태 준 소액의 도움을 바탕으로, 생애 두 번째 잡지인 《나폴레온 힐 매거진 (Napoleon Hill's Magazine)》을 창간했다.

그 무렵, 나는 버나 맥패든(Bernarr Macfadden) 씨로부터 뜻밖의 말을 들었다. 그는 나를 바라보며, 내가 사실상 불가능에 가까운 일을 해냈다고 말했다. 운영 자금 하나 없이 전국 유통 잡지를 창간하고, 나아가 첫해부터 수익 구조로 안착시킨 사례는 자신이 알기로 전례가 없다고 했다.

나는 그에게 《힐의 골든 룰》 잡지와 관련된 나의 경험을 숨김없이 털어놓았다. 그리고 창간 첫해에 순이익 3,150달러를 기록했다고 말하자, 맥패든 씨는 고개를 저으며 이렇게 대답했다.

"새 잡지를 창간하려면 보통 백만 달러쯤은 필요하지. 그래도 성공 확률은 겨우 반반에 불과하오. 절반은 살아남고, 절반은 그대로 사라지지."

나는 조용히 웃으며 대답했다.

"그렇다면 저는 아마 불가능한 일을 해낸 셈이겠군요."

그 순간, 이마에 굵은 땀방울이 맺히기 시작했다. 만약 내가 처음부터 운영 자본 없이 전국 유통 잡지를 창간해 첫해부터 흑자를 내는 일은 불가능하다는 사실을 알고 있었다면 어땠을까. 나는 문득 그 사실을 미리 알았더라면 얼마나 끔찍했을지를 상상하게 되었다.

그때의 나는 그 일이 불가능하다는 사실조차 알지 못한 채, 그저 해내고 말았다. 어쩌면 나는 "그건 절대 불가능하다"라는 말을 한 번도 들어본 적 없는 사람처럼, 그 불가능을 현실로 만들어 버린 셈이다. 그날 맥패든 씨와의 대화를 계기로, 나는 종종 스스로에게 이런 질문을 던지게 되었다.

위대한 성공이란 어쩌면 실현 불가능하다는 사실을 미처 몰랐던 사람들에 의해 이루어지는 기적이 아닐까? 앞으로 마주할 위험과 고난, 시련의 무게를 미리 알고 있었다면 과연 나는 그 길을 감히 선택할 수 있었을까?

나는 때때로 생각한다. 만약 내가 카네기 씨로부터 위임받은 그 20년의 과업을 처음부터 온전히 알고 있었다면, 그에 따를 수많은 위험과 고통, 외로움까지 미리 짐작하고 있었다면 과연 나는 그 길을 걸을 용기를 낼 수 있었을까. 그때 문득 오마르 하이얌(Omar Khayyám)의 《루바이야트(Rubáiyát)》의 한 구절이 떠올랐다.

움직이는 손가락은 한 번 쓰고 나면 다시는 멈추지 않는다.
어떤 기도도, 어떤 지혜도 이미 적힌 반 줄을 지울 수 없고,
어떤 눈물도 단 한 단어조차 씻어내지 못하리.

이 시는 인생의 기록은 되돌릴 수 없으며, 이미 지나간 시간은 다시 지우거나 고칠 수 없다는 냉엄한 진실을 노래한다. 바로 그 순간, 나는 과거에 매달리지 않고 앞으로의 운명을 스스로 개척하겠다는 결심을 마음속에 깊이 새기고 있었다. 내 운명은 아직 완성되지 않았다. 그리고 내 안 어딘가에서는 쉬이 잠들지 않는 불안한 생명력, 한 줄기의 의지가 나직하게 속삭이고 있었다.

"너의 미래는 아직 너의 등 뒤가 아니라, 너의 앞에 놓여 있다."

그때는 《미국인의 성공 철학(The Philosophy of American Achievement)》이 아직 글로 정리되지도, 나 자신의 삶을 통해 검증되지도 않은 상태였다. 나는 성공도 실패도 아닌, 그 중간 어디쯤에서 인생의 밀림 속을 헤매고 있는 존재임을 절감하고 있었다. 그러나 나는 결심했다. 누구의 도움도 빌리지 않고, 반드시 혼자의 힘으로 이 숲을 빠져나오겠다고. 그것은 내 안의 또 다른 자아와 벌이는 조용하지만 치열한 내면의 전쟁이었다.

인생이 거센 시련의 한복판을 지나고 있을 때면, 나는 어린 시절 할아버지에게서 배운 한 가지 교훈을 자주 떠올리곤 했다. 어느 날, 나는 한 마리 메뚜기가 생애 가장 극적인 변화를 겪는 장면을 목격했다. 메뚜기는 땅속에서 올라와 사과나무 껍질에 다리를 단단히 고정한 채, 자신의 허물에서 빠져나오기 위해 안간힘을 쓰고 있었다. 갈라진 등 사이로 작은 몸이 허물 속에서 꿈틀거리며 나오려 애쓰는 모습을 나는 한동안 지켜보고 있었다.

안쓰러운 마음이 들어 나는 도와주려 손을 내밀었다. 그때 할아버지의 목소리가 내 등 뒤에서 들려왔다.

"건드리지 마라. 네가 껍질을 벗겨 주면, 저 녀석은 날개를 펴지 못한다."

오랜 시간이 흐른 뒤에야 나는 그 말이 지닌 깊은 상징을 온전히 이해하게 되었다. 인간은 누군가의 도움이나 편안한 환경 속에서 자라는 존재가 아니다. 우리는 오직 스스로 통과한 고통과 투쟁을 통해 성장하고, 시야를 넓히며, 진정한 비상의 방법을 배운다.

그로부터 몇 해가 지난 뒤, 나는 또 하나의 인생 교훈을 할아버지에게서 배울 기회를 얻게 되었다. 그 가르침은 내 가슴 깊이 새겨져, 평생을 비추는 등불이 되었다.

어느 날, 할아버지께서 내게 이렇게 물으셨다.

"대장간에 가서 풀무질 좀 해볼래? 내가 말발굽을 만들어야 하거든."

나는 주저 없이 고개를 끄덕이며 할아버지를 따라나섰다. 어릴 적부터 내 손으로 직접 풀무를 다뤄 보고 싶다는 열망이 늘 가슴 한편에 자리하고 있었기 때문이다. 불길이 이글이글 타오르자, 할아버지는 쇠 한 조각을 불 속에 집어넣으셨다. 쇠가 새빨갛게 달아오르자 다시 꺼내 모루 위에 올려놓고, 묵직한 망치로 힘차게 내려치기 시작하셨다. 나는 속으로 생각했다.

'이상하다. 쇠를 불에 달군 뒤 다시 망치로 두드려 엉뚱한 모양으로 만드는데, 이게 어떻게 말발굽이 되는 걸까?'

그러나 그 쇠는 불 속에 여러 차례 들어갔다 나왔다. 그때마다 망치질이 반복되었고, 그러는 사이 서서히 말발굽의 형태를 갖추기 시작했다. 나는 그날 처음으로 깨달았다. 불과 망치질 없이는 말발굽은 결코 만들어질 수 없다는 사실을.

이제까지의 삶을 되돌아보면, 내가 오늘에 이르기까지 얻게 된 모든 지혜 역시 그 불길과 망치질 속에서 길러진 결과였다. 뜨거운 시련과 거듭된 담금질이 없었다면, 당신이 지금 읽고 있는 이 이야기의 결말은 전혀 다른 모습이 되었을 것이다. 그 시간들이 없었다면 인생이 던지는 걸림돌을 어떻게 디딤돌로 바꿀 수 있는지 나는 끝내 알지 못했을 것이다. 그러나 나는 공식을 발견했고, 수많은 책 속에 풀어내며 살아왔다.

그 무렵 맥패든 씨는 내게 새 잡지를 창간하려면 최소 백만 달러의 자금이 필요하며, 그렇게 준비해도 성공 확률은 겨우 반반에 불과하다고 말한 적이 있다. 그 한마디는 또다시 내 앞에 시련의 문을 열어젖혔다. 그것은 나의 능력과 믿음 그리고 인내심을 다시 시험대 위에 올려놓는 도전이었다.

지금에 와서도 나는 종종 생각한다. 만약 그가 내게 했던 그 말을 차라리 듣지 않았더라면 얼마나 좋았을까 하고 말이다.

철창살을 뚫고 스며드는 한 줄기 빛

내가 새로 창간한 잡지의 첫 호가 막 서점에 배포되었을 무렵, 나는 생전 처음 보는 기이한 편지 한 통을 받았다. 발신인은 오하이오 주 콜럼버스(Columbus, Ohio)에 위치한 오하이오 주립 교도소에서 위조죄로 20년형을 선고받고 복역 중인 한 청년 수감자였다. 그는 자신의 범죄와 유죄 판결에 이르기까지의 과정을 상세히 설명하며, 자신이 미국의 명문대학교를 졸업한 고학력자임을 밝혔다.

그는 복역 중 스스로 하나의 독창적인 교육 프로그램을 고안해,

약 1,500명에 이르는 동료 수감자들에게 자신이 '재소자 자율 학습
(Intra-wall Home Study Instruction)'이라 부르는 교육을 제공하고 있다고
했다. 그리고 내게 교도소를 직접 방문해 이 시스템을 살펴봐 달라
고 요청했다. 나는 곧바로 그 제안을 받아들였다.

실제로 교도소를 찾은 나는 그가 펼치고 있던 실질적이고도 유의
미한 교육 활동에 깊은 인상을 받았다. 그는 폐쇄된 공간 안에서도
인간 정신의 가능성을 일깨우는 일을 묵묵히 수행하고 있었다. 나
는 그가 더 나은 환경에서 이 사명을 이어갈 수 있도록 반드시 석방
되어야 한다는 결심을 굳혔다.

그로부터 약 한 달 동안 나는 집요하게 움직였다. 오하이오 주립
교도소장 P. E. 토머스(P. E. Thomas)의 적극적인 협조를 이끌어 냈
고, 마침내 훗날 연방 상원의원(U.S. Senator)이 된 빅터 도너히(Victor
Donahey) 당시 오하이오 주지사를 설득하는 데에도 성공했다. 나는
도너히 주지사에게 이렇게 강조했다. 이 젊은 수감자가 자유의 몸
이 되어 자신의 사명을 계속할 수 있다면, 그 활동은 단지 한 개인
의 회복에 그치지 않고 교도소 공동체 전체에 실질적인 도움이 될
것이라고.

동시에 나는 정식으로 등록된 교육기관을 새로 설립했다. 이 기관
은 그 청년이 고안한 자율 학습 시스템을 보다 체계적으로 발전시키
는 한편, 장차 그 모델을 전국의 모든 주립 및 연방 교도소로 확산시
키겠다는 목표를 담은 배움의 터전이었다.

도너히 주지사는 이 구상을 면밀히 검토한 끝에 조건부 사면을 승

인했다. 그렇게 그는 나의 보호 아래 석방되었다. 그가 감옥 밖으로 나오는 날, 나는 기자들과 뉴스릴(Newsreel) 촬영진을 현장에 초청해 그의 석방 배경과 그 숭고한 목적이 널리 알려지도록 했다.

그의 이야기는 이튿날부터 약 한 달간 미국 전역의 주요 신문에 연이어 실렸다. 일부 신문은 이 사건을 1면 머리기사로 다루었고, 전면 칼럼과 굵은 배너 제목으로 그 감동을 전했다. 그가 교도소 정문을 지나 자유를 향해 첫발을 내디뎠을 때, 나는 그의 손을 잡고 이렇게 말했다.

"비록 당신의 삶에 감옥이라는 흔적이 남아 있을지라도, 오늘 당신 앞에 놓인 이 기회는 대학을 졸업하던 날보다도 훨씬 깊고 단단한 출발점이 될 수 있습니다. 부디 이 기회를 헛되이 흘려보내지 말고, 온 마음으로 붙잡아 주십시오."

그 말은 형식적인 위로가 아니라, 진심에서 우러난 당부였다. 이제 세상은 그의 앞에 넓게 펼쳐진 들판과 같았고, 그는 그 안에서 무엇이든 선택하고 거둘 수 있는 자유를 손에 쥐고 있었다. 그를 지켜본 사람들 대부분은 자발적으로 도움의 손길을 내밀었다. 이는 한 사람이 우연이든 의식적인 선택이든, 세상과 조화를 이루는 방식으로 타인과 관계 맺기 시작할 때 세상이 어떻게 응답하는지를 보여 주는 인상적인 장면이었다.

그러나 진실은 따로 있었다. 그의 자유는 결코 타인의 손에 의해 주어진 우연이 아니었다. 그는 자신이 처한 현실을 비관하거나 절망하는 대신, 한 걸음 더 나아가 상황을 긍정적이고 창조적인 방식으

 마스터 마인드

로 해석해 냈다. 그리고 그러한 쾌도로 교도소 직원들과 다른 수감자들에게 진심으로 다가갔다. 바로 그 과정 속에서 그는 먼저 자기 내면에 갇혀 있던 문을 열었고, 마침내는 실제 감옥의 문까지 스스로 열어젖히게 되었다.

정작 그의 석방 과정에서 내가 맡았던 역할은 지극히 미미했다. 그리고 그 사실을 누구보다 잘 알고 있었던 사람은 바로 나 자신이었다. 도너히 주지사가 내 손에 사면장을 건네며 조용히 덧붙인 한마디는, 그 진실을 분명히 드러내고 있었다.

"이건 내가 한 일이 아닙니다. 그 젊은이가 스스로 자격을 증명했기에 가능한 일이었지요."

다음 날, 나는 그를 데리고 펜실베이니아주 스크랜턴(Scranton, Pennsylvania)으로 향했다. 그곳에서 우리는 국제방송통신대학교(International Correspondence Schools) 총장 랄프 윅스(Ralph Weeks)를 만났다. 그는 우리의 이야기를 차분히 들은 뒤, 새롭게 출범한 교도소 교육기관에 3만 5,000달러 상당의 교재를 기증하고, 매월 400달러의 운영비를 후원하겠다고 기꺼이 약속했다. 우리가 스크랜턴에 도착한 지 불과 몇 시간 만에 벌어진 일이었다.

이후 우리는 다시 오하이오주 콜럼버스로 돌아왔다. 나는 곧바로 '성공의 법칙'을 실제 행동으로 옮기기 시작했다. 그것은 내가 카네기 씨를 비롯해 여러 위대한 성공 인물들로부터 직접 배워 온 성공 철학의 정수였다. 그 결과, 불과 2주 만에 우리는 당장의 교육 운영비를 안정적으로 확보했을 뿐 아니라, 이 제도를 장차 전국의 교도소로 확산시킬 수 있을 만큼 탄탄한 자금 조달의 틀까지 마련할 수 있었다.

그 방법은 놀라울 만큼 단순했다. 나는 먼저 교도소에 수감된 전 인원의 성격과 인성을 분석하는 작업부터 시작했다. 이때 활용한 도구는 앞 장에서 언급했던, 내가 '성공 철학'을 정립해 가는 과정에서 직접 개발한 설문지였다.

분석이 끝난 뒤, 우리 교육팀의 강사들은 로터리 클럽, 상공회의소, 교회 등 다양한 모임에 참석해 강연을 열었다. 그 자리에서 우리는 수감자들이 지닌 가능성과 내면의 가치를 진솔하게 전했다.

구체적으로는 수백 명의 수감자들이 직접 작성한 설문지와 기록을 청중이 열람할 수 있도록 하고, 그중 후원하고 싶은 인물을 스스로 선택하도록 권유했다. 후원자들은 자신이 선택한 수감자 한 사람당 50달러의 교육 후원금을 기부함으로써, 그들의 배움과 변화의 여정에 동참하는 든든한 조력자가 되어 주었다.

나는 오하이오주의 작은 마을 셸비(Shelby)에서 이 계획을 처음 실행에 옮겼다. 그곳 상공회의소 회원들은 열여섯 명의 수감자를 후원하기 위해 총 800달러의 교육 기금을 기꺼이 내놓았다. 얼마 뒤 전해진 소식에 따르면, 그중 여덟 명은 이미 가석방 자격을 얻었고, 나머지 이들 역시 진심 어린 변화의 의지를 품은 채 자유를 향해 묵묵히 나아가고 있다고 했다.

이 프로그램이 불러온 심리적 효과는 실로 놀라웠다. 교육에 참여한 수감자들은 하나같이 자신의 마음가짐과 사고방식을 근본부터

마스터 마인드

바꾸기 시작했다. 그들은 타인의 도움에 기대는 대신 스스로의 힘으로 감옥을 벗어나겠다는 결연한 각오를 다졌고, 삶을 대하는 태도 또한 눈에 띄게 달라졌다.

그러나 정치인들과 얽혀 추진되는 대부분의 계획이 그러하듯, 불우한 이들을 진심으로 돕고자 했던 이 사업 역시 끝내 좌초되고 말았다. 이유는 분명했다. 당시의 나는 '인간관계에 있어 신중함은 아무리 강조해도 지나치지 않다'는 교훈을 아직 온전히 체득하지 못하고 있었기 때문이다.

나는 이 사업을 법적으로 정비하는 과정에서 비영리 교육기관의 형태를 취했고, 세 명으로 구성된 운영 이사회를 설치했다. 구성원은 교도소의 종교 담당 목사와 그의 절친이자 정치적 동반자 한 사람 그리고 나 자신이었다.

기관은 막 본격적인 운영에 들어서려던 참이었지만, 머지않아 가장 저열한 형태의 정치적 이권 사업으로 변질될 조짐이 분명히 드러났다. 나는 조용히 국제방송통신대학고 총장 랄프 윅스에게 편지를 보내, 지금까지 벌어진 모든 상황을 소상히 알렸다.

그 뒤 나는 자리를 정리하고 뉴욕으로 돌아왔다. 윅스 총장은 내가 전한 내막을 의심 없이 신뢰했고, 그동안 매달 지원하던 운영비를 즉시 중단하는 한편 두 정치인과의 모든 관계를 정리했다. 그렇게 학교의 명의와 구조는 고스란히 그들의 손에 넘어갔고, 정작 아무것도 모른 채 이용당했던 그 젊은이만이 끝내 홀로 남겨졌다.

그리고 머지않아, 내가 그토록 애써 이끌던 그 젊은이는 다시 법의

심판대에 서게 되었다. 그는 결국 또다시 감옥으로 돌아가고 말았다. 그 소식을 들었을 때, 나는 한동안 아무 말도 할 수 없었다. 이 결말은 단지 한 사람의 실패가 아니었다. 동반자를 판단하는 데 있어 내가 품었던 안일한 믿음이, 결국 한 사람의 인생을 다시 파멸로 몰아넣은 셈이었기 때문이다. 나는 그 책임을 깊이 통감했다.

그날 이후 나는 한 가지 진실을 뼈아프게 깨달았다. 아무리 고귀한 이상이라 해도, 함께할 사람을 잘못 선택하면 그 이상은 가장 추악한 방식으로 타락할 수 있다는 사실이다. 나는 다시는 같은 실수를 반복하지 않겠노라 다짐했다. 이는 내 인생에서 가장 혹독하면서도 값진 교훈 가운데 하나였다.

그러나 나의 시련은 거기서 끝나지 않았다. 오히려 그때부터가 진짜 시작이었다. 재소자 교육 사업의 실패에 책임이 있던 자들은 내가 랄프 윅스 총장에게 상황의 전모를 알림으로써 자신들의 주요 수입원이 끊겼다는 사실을 뒤늦게 깨달았다. 분노와 이기심이 결합했을 때 인간이 얼마나 잔혹해질 수 있는지를 보여 주듯, 그들은 가장 비열하고도 상투적인 수법으로 나를 공격하기 시작했다.

그들은 스스로 내 적대자를 자처하던, 내 인생 최악의 네메시스 밥 힉스와 손을 잡았다. 그리고 그의 잡지를 통해 지금껏 내가 들어 본 그 어떤 중상모략보다도 악랄하고 터무니없는 거짓 비방을 쏟아냈다. 공격은 거기서 멈추지 않았다. 내가 뉴욕을 비운 사이, 힉스는 자신의 수하 중 한 사람을 내 철학 강의에 수강생으로 위장 침투시켰다. 그의 지시는 단순했다. 교묘히 학생들의 마음을 흐트러뜨려,

나에 대한 반감을 키우길 바랐다.

그는 거기서 한 발 더 나아갔다. 자신의 음흉한 계략을 완성하기 위해, 인쇄소에 담보로 잡혀 있던 내 잡지의 채권까지 손에 넣었다. 그리고 그 채권을 지렛대 삼아, 자신이 퍼뜨린 비방 기사가 세상에 널리 확산되도록 끝까지 치밀하게 주도했다. 그 여파로 나의 사업 파트너들은 불신과 혼란 속에서 크게 동요하기 시작했고, 나는 끝내 내 재산을 지켜낼 마지막 수단마저 잃고 말았다.

그들은 이미 나를 철저히 무너뜨리고도 만족하지 않았다. 이번에는 미국 우정국(Post Office Department)을 상대로 집요하게 민원을 제기했다. 결국 우정국은 내 잡지의 실패 경위를 전면적으로 조사하기에 이르렀다. 이 사건의 결말은 뉴욕 우체국 수석 감사관인 배틀(Battle) 국장의 한마디로 요약된다.

"힐 씨와 그가 행한 모든 일에 대해 철저한 조사를 마친 결과, 우리가 발견한 점은 범죄의 근거가 아니라 그를 적대시하는 사람들이 끊임없이 가하려 했던 박해의 의도뿐이었습니다."

나는 완전한 무혐의 판정을 받았고, 그렇게 사건은 종결되었다. 그러나 이미 내가 입은 손해는 더 이상 되돌릴 수 없는 지경에 이르러 있었다. 세월이 나를 단련시키지 않았더라면, 어쩌면 나는 누군가의 연민에 기대어 내 실패를 정당화하려 했을지도 모른다. 그러나 진실은 단 하나였다. 사람을 보는 내 눈이 흐렸고, 신중하지 못했던 내 선택이 스스로 시련의 문을 열어젖힌 결과였다.

만일 카네기 씨나 포드 씨와 같은 인물이 내가 처했던 동일한 상황에 놓여 있었다면, 그들은 지극히 평범하고 단순한 예방 조치 하나만으로도 이 모든 고난을 사전에 차단했을 것이다. 단 한 순간의 신중함만 내게 있었더라면, 내 재산은 물론이고 나를 믿고 잡지에 기꺼이 투자해 준 친구들의 자금까지도 온전히 지켜낼 수 있지 않았을까.

나는 나 자신을 옹호하지 않는다. 어떤 변명도 하지 않겠다. 나는 분명히 실패했고, 그 실패는 내가 마땅히 감수해야 할 결과였다. 그러나 그 실패가 내게 아무것도 남기지 않았던 것은 아니다. 이후 나는 타인과 관계를 맺는 방식을 근본부터 다시 세우게 되었다. 그것이 바로 그 혼란 속에서 내가 치러야 했던 대가이자, 동시에 얻어 낸 교훈이었다.

재소자들을 돕고자 시작했던 나의 첫 번째이자 마지막 시도는 끝내 실패로 막을 내렸다. 그러나 나는 그 경험을 통해, 모든 역경 속에는 반드시 그에 상응하는 성공의 씨앗이 숨어 있다는 우주의 섭리를 직접 깨닫게 되었다. 그리고 그 씨앗은 지금 이 순간에도 수많은 이들의 삶 속에서, 꺾이지 않는 의지와 다시 일어설 수 있다는 희망의 형태로 자라고 있다.

우리가 시도했던 재소자 교육 프로그램은 랄프 웍스 총장에게 새로운 영감을 주었다. 그의 학교는 그 아이디어를 바탕으로, 교도소 수감자들을 위한 새로운 학습 과정을 개설하게 되었다. 그는 우리를 만나기 전까지는, 교도소에 수감된 이들에게 비대면 교육 과정을 제공한다는 발상 자체를 해본 적이 없다고 말했다.

나는 지금도 언젠가 이 일을 진심으로 떠맡을 자격과 의지를 지닌 사람이 나타나기를 바라고 있다. 그래서 언젠가 누군가가 내가 미처 완성하지 못한 뜻을 이어받아 전국의 모든 재소자들, 나아가 아직 인생의 봄을 살아가고 있는 소년과 소녀들에게까지 그 계획을 널리 전해 주기를 간절히 바란다.

잡지는 실패로 돌아갔고, 그와 함께 내게 남아 있던 거의 모든 성과도 무너져 내렸다. 재산은 손쓸 틈도 없이 사라졌고, 명성 또한 돌이킬 수 없을 만큼 훼손되었다. 나는 다시 한 번, 수년 전 처음 출발하던 자리로 되돌아온 듯한 처지에 놓였다. 모든 것이 제자리걸음처럼 보였고, 내가 바라보던 목표와의 거리는 여전히 멀고 막막하게 느껴졌다.

그러나 이 모든 상황은 어디까지나 겉으로 드러난 모습에 불과했다. 실상 나는 그 어느 때보다도, 내가 그토록 염원하던 목표에 가까이 다가가 있었다. 다만 그곳에 이르기 위해서는, 가장 깊은 밤을 지나야만 새벽이 온다는 진리를 온몸으로 견뎌 내야 했다.

그제야 나는 위대한 인물들이 내게 들려주었던 충고의 참된 의미를 또렷이 이해하기 시작했다. 그리고 지금 이 자리에서 분명히 말할 수 있다. 만일 내가 모든 실패 속에는 성공의 가능성이 함께 내포되어 있고, 모든 악 속에는 반드시 그에 상응하는 선이 깃들어 있다는 진리를 깨닫지 못했다면, 나는 결코 이 여정을 끝까지 이어갈 용기를 내지 못했을 것이다.

나는 이 생각을 거듭 강조하고자 한다. 왜냐하면 나는 수많은 사람들이 성공을 눈앞에 두고도, 단 한두 걸음 앞에서 멈춰 서는 모습을 너무도 많이 보아 왔기 때문이다. 그러나 만일 그들이 모든 실패 속에는 반드시 어떤 형태로든 그에 상응하는 성공의 씨앗이 함께 들어 있다는 우주의 섭리를 알고 있었다면, 분명 계속해서 앞으로 나아갈 동기를 얻었을 것이다.

나는 지금도 새뮤얼 인설이라는 인물을 떠올릴 때마다 이 원칙을 되새긴다. 그는 한때 공공사업과 철도 산업을 주도한 거인이었고, 앞서 언급했듯 월슨 대통령을 도와 전쟁 채권 판매에 앞장섰던 인물이기도 하다. 훗날 그는 투자자 사기 혐의로 기소되었으나, 끝내 무죄 판결을 받았다.

그의 몰락은 운명의 무게가 의식과 육신을 동시에 짓누를 때, 그 압력을 견뎌낼 준비가 되어 있지 않았던 데서 비롯되었다. 대공황이라는 시대적 격랑 앞에서 그는 맞설 태세를 갖추지 못한 채, 결국 그 흐름에 휩쓸릴 수밖에 없었다.

어떤 의미에서 인설 씨와 나는 본질적으로 매우 비슷한 실수를 범했다. 나는 재소자 교육 사업에 지나치게 깊이 관여한 나머지, 정작 내 잡지에 쏟아야 할 시간과 에너지를 소모하며 스스로 실패의 길을 열어 주었다. 인설 씨 역시 대공황이 닥치기 훨씬 이전부터, 아첨으로 접근한 이기적인 사기꾼들의 말에 귀를 기울이며 자신의 시간과 재산을 지나치게 쉽게 내어 주고 말았다. 그는 아무런 대비도 없이, 조용히 다가오는 실패의 위험 속으로 스스로 걸어 들어간 셈이었다.

　　　　　　　　　　　　　　　　　　　마스터 마인드

그를 언급한 김에, 이 자리에서 내가 결코 잊을 수 없는 그의 은혜 하나를 기록해 두고자 한다. 내 잡지가 완전히 무너졌다는 냉혹한 현실을 더는 부정할 수 없게 되었을 때, 나는 다시 오하이오를 떠올렸다. 나는 소중한 대상을 잃었을 때, 그것을 되찾기 위해서는 반드시 처음 잃었던 자리로 돌아가야 한다고 믿고 있었다.

그때 내게는 단 한 푼의 여윳돈도 남아 있지 않았다. 나는 시카고로 가서 인설 씨를 찾아갔다. 나의 곤궁한 형편과 그에 이르게 된 모든 사정을 숨김없이 털어놓고, 1,000달러만 빌려 달라고 요청했다. 그는 단 한 순간의 망설임도 없이 내 손에 돈을 쥐여 주며 이렇게 말했다.

"혹시 이 돈을 끝내 갚지 못하게 되더라도, 나는 돈이 충분히 뜻깊은 일에 쓰였다고 여길 수 있을 것이네. 이 돈이 당신에게 필요한 이유보다 당신이 이 돈을 어떻게 쓸 사람인지를 나는 더 믿고 있기 때문이지."

사실 나는 그 이전에도 이미 인설 씨에게 도움을 구한 적이 있었다. 1915년 말, 시카고에서 나와 친분이 두터웠던 경영 철학 강연자 A. F. 셸든(A. F. Sheldon)이 일리노이주의 부동산을 잃게 될 위기에 처했을 때였다. 나는 셸든을 대신해 인설 씨에게 도움을 요청했고, 그는 주저 없이 5,000달러를 내어 주며 이렇게 말했다.

"당신은 지금 수천 달러가 필요하고, 나는 수백만 달러가 필요한 처지에 있소. 그럼에도 나는 이 돈을 당신에게 기꺼이 빌려주겠소. 레이크 카운티 전체를 통틀어, 지금의 당신만큼 선한 일을 하고 있는 사람을 나는 알지 못하기 때문이오.”

인설 씨는 천성적으로 진정성 어린 관대함을 지닌 사람이었다. 그리고 어쩌면 바로 그 성품이 그의 몰락을 불러온 주요 원인 가운데 하나였을지도 모른다. 나는 포드 씨나 카네기 씨가 관대함에 휘둘리는 모습을 본 적도, 상상해 본 적도 없다. 두 사람이 막대한 부를 일군 뒤에도 끝까지 지켜낼 수 있었던 핵심 이유가 바로 여기에 있지 않을까 생각한다.

인설 씨에게 1,000달러를 빌리기 위해 시카고에 머무는 동안, 나는 인쇄소에 보관해 두었던 개인 소장품을 정리해 가져오려 했다. 그중에는 우드로 윌슨 대통령의 친필 서명과 함께 ‘내가 가장 신뢰하는, 침묵 속에 헌신하는 이에게’라고 적힌 초상화도 포함되어 있었다. 이 밖에도 윌슨 대통령에게서 받은 다수의 메모와 편지가 있었다. 그 편지들 가운데 일부는 그가 프린스턴 대학교 총장이던 시절에, 또 일부는 뉴저지 주지사로 재직하던 때에, 나머지는 백악관에 머무르던 시절에 보내온 것들이었다.

그의 메모 상당수는 문양 하나 없는 평범한 종이에 연필로 급히 적혀 있었고, 끝자락에는 단지 ‘W. W.’라는 머리글자만이 남아 있었다. 그중에서도 내가 특히 소중히 여겼던 메모는 내가 ‘4분 연설(Four-Minute Speech)’을 제안한 직후 대통령에게서 받은 답장이었다. 그는 그 메모에서 이렇게 적었다.

“그대의 제안은 매우 실용적이므로 지체 없이 실행에 옮기겠네. 국민들에게 짧고 힘 있는 연설로 자유채권(Liberty Loan Bonds) 구입을 권유한다면, 우리는 시간과 자금을 아끼면서도 큰 성과를 거둘 수 있을 것이네.”

이 아이디어는 곧 실행으로 옮겨졌고, '4분 연설'은 전국적 캠페인으로 확산되어 대규모의 국민 참여를 이끌어 냈다. 내 소장 목록에는 이 밖에도 벨 박사와 게이츠 박사의 자필 서명이 담긴 사진들, 두 사람과 주고받은 귀중한 서신들 그리고 은행가 프랭크 A. 밴더립에게서 받은 수많은 편지가 포함되어 있었다. 그가 내게 보낸 편지들 가운데에는, 설령 억만금을 준다 해도 바꿀 수 없을 만큼 평생 간직하고 싶은 내용도 있었다. 나는 지금도 단언할 수 있다. 단 세 장으로 이루어진 밴더립 씨의 편지는 그 누구도 흉내 낼 수 없을 만큼 깊은 통찰과 영감을 응축해 담고 있었다.

또한 내 소장품 가운데에는, 한때 라살 방송통신대학에서 광고부장직을 두고 협상을 진행하던 시기에 대학 측에 제출했던 여러 통의 추천서도 포함되어 있었다. 그중 단연 눈에 띄는 한 통은 윌리엄 하워드 태프트(William Howard Taft) 대통령이 직접 작성한 추천서였다. 내가 아는 한, 어느 대통령도 특정 개인을 위해 그 정도의 정성과 분량을 들여 추천서를 써준 전례는 거의 없었다. 바로 그 추천서 덕분에 나는 이례적으로 젊은 나이에 대학의 광고 및 영업 책임자로 발탁될 수 있었다.

이 외에도 나는 당시 미국 워싱턴에 파견된 주미 필리핀 대표이자 훗날 필리핀의 대통령이 된 마누엘 L. 케손으로부터 받은 여러 통의 편지와 그의 친필 서명이 담긴 사진을 소장하고 있었다.

또 '성공 철학'을 연구하던 시기에 각계의 저명 인사들로부터 받은 수천 건에 달하는 비공개 설문지도 정성껏 보관해 두고 있었다. 그 설문지들 가운데에는 식물학자 루터 버뱅크(Luther Burbank), 발명가 토머스 에디슨, 해운업자 로버트 달러(Captain Robert Dollar), 유통업자 존 워너메이커 등이 직접 작성한 답변지도 포함되어 있었다. 특히 워너메이커 씨는 자신이 매일 매장에서 광고용으로 쓰던 짧은 칼럼들을 친필 서명과 함께 보내 주었고, 때로는 개인적인 소견과 논평까지 덧붙여 주곤 했다.

나는 이 모든 소중한 물품을 되찾기 위해 보관해 두었던 인쇄소로 차를 몰았다. 하나하나 직접 챙겨 돌아올 생각이었다. 그러나 도착한 순간, 나는 참담한 현실 앞에서 발길을 멈출 수밖에 없었다. 그곳은 이미 화재로 전소된 뒤였고, 내가 그토록 아끼던 소장품은 모두 잿더미로 변해 있었다. 나는 무너져 내리는 마음을 붙들지 못한 채 길가에 주저앉아, 나무판자로 봉쇄된 채 을씨년스럽게 서 있는 그을린 건물을 한동안 멍하니 바라보고 있을 수밖에 없었다.

두 번째 잡지인 《나폴레온 힐 매거진》의 실패는 마지막까지 남아 있던 얼마 안 되는 자금마저 앗아갔고, 내 마음 깊은 곳에 지울 수 없는 상처를 남겼다. 재소자 교육 사업을 무너뜨린 오하이오의 정치인들로 인해, 나는 사람에 대한 신뢰마저 뿌리째 흔들리고 말았다.

그러나 돌이켜 보면, 유형의 물질적 상실이나 무형의 정신적 상실조차도 한순간 모든 것을 삼켜 흔적조차 남기지 않는 상황 앞에서는 아무런 의미가 없었다. 그것은 단순한 재산의 손실이 아니라, 내

   마스터 마인드

삶의 가장 큰 은인들을 떠올리게 하던 기억과 그 흔적들 자체가 한순간 불길 속으로 사라져 버린 절대적인 상실이었다. 그들이 내게 건넸던 인정과 격려는 한때 내 인생에서 유일한 자산이자 존재의 버팀목이었기에, 그 기억을 간직하던 유산을 잃은 상실감은 재산을 잃는 것과는 비교할 수 없는 고통으로 다가왔다.

그러나 나는 언제나 그래 왔듯 다시 정신을 다잡았다. 바로 그 자리에서 스스로에게 굳게 다짐했다. 앞으로는 어떤 물질적 대상에도 결코 그토록 큰 의미를 부여하지 않겠다고 말이다. 이 결심은 머리로 이해한 교훈이 아니라, 가슴에 새긴 약속이었다. 그리고 이 경험은 훗날 더 거센 풍파가 닥쳐왔을 때에도 나를 붙잡아 주는 내면의 닻이 되었다.

대공황이 닥쳤을 때 나는 약 7만 3,000평 규모의 토지를 잃었고, 은행 부도로 인해 가진 모든 재산을 한순간에 상실하기도 했다. 그러나 그때의 나는 더 이상 슬픔이나 허망함에 휘둘리지 않았다. 이미 한 차례, 잃을 수 있는 모든 것을 잃는 경험을 통과한 뒤였기 때문이다.

지금도 나는 시카고 화재로 잃었던 소장품과 비슷한 몇몇 문서를 보관하고 있다. 하지만 그 물건들은 더 이상 특별한 의미를 지닌 보물이 아니다. 그저 다른 물건들과 다르지 않게 흩어 둔 채 살아가고 있다.

왜냐하면 이제 나는 분명히 알고 있기 때문이다. 내가 사람들로부터 진정으로 받은 것은 편지 속 문장이나 종이에 남은 기록이 아니라, 그들이 내게 건넨 마음의 온기와 삶의 경험을 함께 나누려 했던 우정과 연대의 정신이었다는 사실을 말이다.

나는 그렇게 짐을 꾸려 오하이오행 열차에 올랐다. 잃어버린 소장품에 대한 상실감으로 마음은 여전히 무거웠다. 그러나 그때는 미처 알지 못했다. 내가 돌아가는 그곳에서 또 한 번의 암연한 시련이 나를 기다리고 있으리라는 사실을.

오하이오에서 나를 기다리고 있던 시련은 실로 가혹했다. 내가 평생을 바쳐 쌓아 올린 모든 기반이 송두리째 흔들리는 사건이었고, 동시에 오랜 친구이자 사업 파트너였던 〈캔턴 데일리 뉴스(Canton Daily News)〉의 발행인 돈 멜렛(Don Mellett)을 잃는 비극으로 이어졌다. 그러나 이른바 '캔턴의 비극'을 맞이하기에 앞서, 나는 먼저 콜럼버스와 클리블랜드(Cleveland)에 잠시 들르게 되었다.

Master Mind

절망 끝에서 깨우친
돈의 철학

Part 4

　　　1923년 늦가을, 운명은 내 인생의 방향을 또 한 번 급격히 틀어 놓았다. 나는 가진 것 하나 없이, 오하이오주 콜럼버스에서 홀로 외로이 고립되어 있었다. 그러나 진짜 문제는 그보다 훨씬 심각했는데, 비참하고 절박한 상황을 빠져나올 아무런 계획이 없었다는 사실이었다.

　나는 그때 태어나 처음으로 돈이 없어서 실제로 발이 묶이는 경험을 하게 되었다. 살아오며 자금이 넉넉하지 않았던 때는 수도 없이 많았다. 그러나 내 일상적인 필요를 해결할 정도는 언제 어떻게든 마련해 낼 수 있었다. 하지만 이번만큼은 아니었다. 이번에는 모든 수단이 끊기고, 모든 길이 막혀 있었다. 이 경험은 나를 깊은 충격 속에 몰아넣었다. 마음도, 생각도, 한순간에 모든 세상이 정지해 버린 듯했다.

　나는 마치 사방이 막힌 미로에 갇힌 듯 무엇을 어떻게 해야 할지 전혀 감을 잡지 못했다. 머릿속에는 수십 가지 해결책이 스쳐 지나갔지만, 그 어느 하나도 현실에서 실현 가능하다는 확신이 들지 않았다. 나는 나침반 하나 없이 광막한 사막 한 가운데 홀로 낙오된 사람처럼 방향 감각을 잃은 채 헤매고 있었다. 벗어나려 애쓸수록 결국 또다시 제자리로 돌아오고 말았다.

거의 두 달 동안 나는 마치 보이지 않는 벽에 가로막힌 듯, 결정이라는 단 하나의 행위조차 감히 내리지 못하는 깊은 무력감에 사로잡혀 있었다. 인간의 내면을 잠식하는 가장 은밀하고도 고통스러운 병, '결정 장애'였다. 나는 내가 발견한 자기 계발의 원리가 무엇인지에 대해서는 누구보다 잘 알고 있었다. 그러나 문제는 어떻게 적용해야 할지를 전혀 알지 못했다는 데 있었다. 나도 모르는 사이에 언젠가 카네기 씨가 내게 말해 주었던 바로 그 '존재의 벼랑 끝'에 서 있었다. 그는 분명히 말했다. 인간은 때로 극도의 압박과 한계에 내몰린 바로 그 지점에서 자신도 알지 못했던 또 하나의 존재, 곧 '또 다른 자아'를 비로소 발견하게 된다고 말이다.

당시에 나는 그 고통에 사로잡혀서 한동안 그 원인을 차분히 들여다보고 해답을 구해야 한다는 생각조차 떠올리지 못했다. 정신은 흐려졌고, 마음은 닫혀 있었다. 그렇게 무력감 속에 머물러 있던 어느 날 오후, 나는 불현듯 하나의 결단을 내렸다. 그리고 바로 그 결단을 통해 마침내 내 앞을 가로막고 있던 암흑 속에서 한 줄기 빛이 새어 나오고 있는 탈출구를 발견하게 되었다. 정확히 이유를 설명하기 어렵지만 그때 나는 어쩐지 탁 트인 시골로 나가서 신선한 공기를 마시고 싶다는 강한 충동을 느꼈다. 무작정 어디론가 걸으며, 생각을 정리하고 싶었다.

나는 무작정 걷기 시작했다. 시간이 얼마나 흘렀는지도 몰랐다. 다만 걷고 또 걷던 그 어느 순간 갑자기 발걸음이 멈춰 섰다. 마치 보이지 않는 힘이 나를 붙잡은 듯, 나는 그 자리에 얼어붙은 채 한동안 움직일 수 없었다. 사방은 점점 어둠에 잠기기 시작했고, 나는 어느새 내 몸을 감싸고 있는 공기 전체가 미세하게 떨리고 있음을 느꼈다. 마치 발전기 가까이에서 고밀도의 에너지가 응축될 때 들려오는 윙윙거리는 소리처럼, 형체 없는 어떤 힘의 파동이 나를 중심으로 퍼져 나가며 온몸을 감싸는 듯한 감각이었다.

잠시 후, 흩날리던 신경은 고요히 가라앉았고 경직되었던 근육은 서서히 이완되었다. 그와 함께 나의 내면에는 설명할 수 없는 깊은 평온이 깃들기 시작했다. 주변의 공기가 천천히 맑아지더니, 그 순간이었다. 나는 분명히 어떤 계시를 받았다. 말로는 도저히 설명할 수 없는 형태로, 오직 '생각'이라는 탈을 쓴 채 내면 깊은 곳에서 울려 퍼지는 소리 없는 음성으로 다가왔다. 그 명령은 너무도 또렷했고 내면 깊숙한 곳에서 바로 지금 이 순간을 향해 울려 퍼졌기에, 현실과 의식 사이에 어떤 간극도 존재할 수 없었다. 단 한 치의 의심도 허락하지 않는 완전하고도 명료한 부름이었다.

"지금이야말로 카네기 씨의 제안으로 시작했던 '성공 철학'을 완성할 때이니라. 지금 당장 집으로 돌아가 그동안 모아온 자료를 원고로 옮기기 시작하라."

그리하여 마침내 내 안에 잠들어 있던 '또 다른 자아'가 눈을 떴

    마스터 마인드

다. 나는 곧장 집으로 돌아와 타자기 앞에 앉았다. 그리고 즉시, 내가 성공과 실패의 원인에 관해 발견한 모든 깨달음을 글로 옮기기 시작했다. 첫 장의 원고지를 타자기에 끼우는 순간이었다. 불과 몇 시간 전, 들판에서 나를 사로잡았던 바로 그 신비로운 감각이 다시 한번 온몸을 감쌌다. 그와 동시에 하나의 생각이 전광석화처럼 내 머릿속을 스쳐 지나갔다.

"네 인생의 사명은 인류 최초의 '성공 철학'을 완성하는 데 있다.

너는 그 사명을 피하려 몸부림쳤으나, 모든 시도는 결국 실패로 돌아갔다.

너는 행복을 갈망한다.

그러나 이 진리를 가슴 깊이 새겨라.

행복은 네가 다른 이의 고통을 덜어 주고 그들의 삶에 기쁨을 보탤 때, 그 길 위에서만 비로소 만날 수 있다.

너는 완고한 제자였다.

그 완고함은 실망이라는 시련을 통해서만 다스려질 수 있었다.

머지않아 전 세계는 거대한 격변을 맞이하게 될 것이다.

그때 수많은 사람 마음속에서는 네가 완성해야 할 철학을 간절히 필요로 하는 갈증이 일어나게 될 것이다.

그리고 네가 타인의 길을 밝히는 봉사의 등불이 되는 바로 그 순간, 그 빛 속에서 네가 그토록 갈망하던 행복을 발견하게 될 것이다.

이제 일어나라.

그리고 시작한 그 원고를 완성하여 세상에 내놓기까지, 단 한 순간도 멈추지 말라."

나는 마침내 삶이 인도해 온 궁극의 지점에 도달했다는 자각에 사로잡혔다. 그 순간 가슴 깊이 행복감이 차올랐다. 그러나 그 신비로운 황홀경이라 불러야 할 체험은 오래가지 않았다. 나는 곧 글쓰기를 시작했다. 잠시 뒤, 이성이 조용히 속삭였다.

"지금 네가 감히 세상을 향해 철학을 쓰겠다고? 그야말로 어리석음의 극치가 아닌가?"

지금 막 파산한 사람이 감히 성공 철학을 운운하며 집필하겠다고 나서는 발상은 너무도 가당치 않아 보였다. 그 우스꽝스러움에 나는 스스로를 향해 크게 웃음을 터뜨렸다. 기쁨의 웃음이 아니라, 자조에 가까웠다.

나는 의자에 앉은 채 몸을 뒤척이며 머리를 쓸어 올렸다. 그리고 아직 글을 본격적으로 시작하기도 전에 타자기에 꽂은 종이를 빼내 버리고 싶은 마음을 정당화할 수 있는 변명거리를 찾으려 애썼다. 어떤 변명도, 멈추고자 했던 충동도, 글을 쓰라 재촉하는 내면의 목소리 앞에서는 힘을 잃었다. 나는 결국 나에게 주어진 과제를 받아들였고, 고요하지만 단단한 걸음으로 앞으로 나아갔다.

이제 뒤돌아보면, 그때 내가 겪었던 작은 시련들이야말로 내 인생에서 가장 소중한 자산이었음을 알 수 있다. 겉으로는 불운처럼 보였지만, 사실은 천우신조와 같은 행운이었다. 그 시련이 있었기에 멈추지 않고 길을 이어갈 수 있었고, 그 길 끝에서 마침내 더 큰 의미를 찾고 더 큰 쓰임을 얻을 수 있었다. 어쩌면 이전의 계획이나 목적이 쉽게 성취되었다면, 나는 결코 그만큼 세상에 쓰임을 더하는 존재로 성장하지 못했을지도 모른다.

미국을 움직이는 거대한 게임, 비즈니스

나는 빌린 돈으로 생활비를 충당해 가며 석 달 가까이 원고 작업에 몰두했다. 그리고 마침내 1924년 초, 그 원고의 마지막 장에 마침표를 찍을 수 있었다. 그러나 탈고의 순간이 지나자 곧장 마음 깊은 곳에서 또다시 엄청난 유혹이 밀려왔다 그것은 다름 아닌, 미국이라는 나라 전체를 관통하던 가장 치열하고도 거대한 게임, 비즈니스 세계로 되돌아가고자 하는 열망이었다. 나는 그 유혹을 끝내 떨쳐 내지 못하고 결국 경영대학을 인수하기로 결심했다. 그리고 곧바로 이를 현실화하기 위한 계획을 세우기 시작했다.

내가 구상한 규모의 학교를 인수하려면 대략 10만 달러의 자금이 필요했다. 그러나 지금 내가 가진 전 재산이라 해봐야 인설 씨에게서 빌린 천 달러 중 남은 얼마의 돈이 전부였다. 이 난제를 풀기 위해 나는 다시 헨리 포드식 자금 조달 원칙을 기억해 냈다. 그의 원칙은 이 사업을 통해 장차 이익을 얻게 될 사람들에게서 자금을 조달하는 방식이다.

내가 이 자리에서 내 계획의 세부 내용을 굳이 밝히려는 이유는 분명하다. 오랜 시간 동안 나는 수많은 사람들을 지켜보며 하나의 아픈 진실을 마주했다. 누구보다 뛰어난 발상을 지닌 이들이 자본을 마련하지 못해 끝내 꿈을 접는 모습을 너무도 많이 보아 왔다.

이미 무엇을 할지는 정해졌으므로, 다음 단계는 어디에서 실행할지를 결정해야 했다. 나는 목적지로 오하이오주 클리블랜드를 선택했다. 도시의 규모는 물론 수많은 학교와 문화 시설이 밀집해 있다는 점이 결정적 이유였다.

조사를 거듭한 끝에, 나는 인수 대상을 메트로폴리탄 비즈니스 칼리지(Metropolitan Business College)로 정했다. 그 학교는 당시 A. 애드마이어(Mrs. A. Admire) 부인의 소유였고, 클리블랜드 서쪽 지역의 신축 건물 안에 자리하고 있었다. 그녀는 건물과 학교를 합쳐 12만 5,000달러라는 가격을 제시했다. 이는 건물에 실제로 투자한 금액과 같았으며, 설비 비용은 별도로 계산되지 않은 가격이었다. 나는 제시한 조건이 충분히 합리적이라 판단했고, 그녀와의 첫 번째 협상을 마치자마자 곧바로 학교 인수 절차에 들어갔다.

아마 당신은 의문을 품을 수도 있다. 심리적 붕괴와 재정적 몰락을 겪은 지 불과 얼마 지나지 않은 내가 사기나 기만이 아닌 방식으로, 단 한 푼도 지불하지 않고 차용증 하나 쓰지 않은 채, 무려 12만 5,000달러에 달하는 학교와 건물을 어떻게 인수할 수 있었는지 말이다.

혹시 내가 이 거래의 과정을 지나치게 극적으로 서술하고 있다고 생각된다면, 이는 단 하나의 본질적인 사실을 강조하기 위함이다. 바로 그 본질을 간과하거나 깊이 깨닫지 못하기 때문에, 인생의 수많은 실패가 거기서 비롯된다. 나는 확신한다. 세상의 모든 문제에는 반드시 해답이 존재한다.

나는 메트로폴리탄 비즈니스 칼리지를 원했다. 반드시 손에 넣겠다고 결심했고, 정당하고도 명확한 방식으로 취득할 방법을 스스로 고안해 냈다. 그 과정에서 나는 A. 애드마이어 부인을 속이지 않았으며, 무리한 방법을 동원해 자신의 성공 가능성을 위태롭게 하지도 않았다.

나는 다시금 카네기 씨와 포드 씨의 철학을 상기했다. 그리고 성공 원칙 가운데 가장 핵심적이며 적절한 두 가지를 선택해 적용함으로써, 나의 열망을 현실 속 실체로 바꾸어 냈다. 그 일은 마치 허기진 이가 제 손으로 따뜻한 식사를 마련해 먹는 일처럼, 너무도 명백하고 당연한 수순이었다.

나는 학교를 인수하기 위해 단순하면서도 탄탄한 계획을 수립했다. 먼저 소유주를 직접 찾아가 그녀가 학교를 매각할 의사가 있다는 사실을 확인했고, 가격을 정해 달라고 요청했다. 그녀가 제시한 조건을 받아들인 뒤, 다음과 같은 방식으로 제안을 구성했다.

첫째, 나는 3년 옵션 계약을 체결해 12만 5,000달러에 학교를 인수하기로 했다. 이 계약에 따라 향후 3년 동안 학교를 자유롭게 운영할 수 있는 권리를 부여 받았으며, 그 기간 중 언제든지 현금을 지불함으로써 학교를 정식으로 매입할 수 있는 선택권 또한 갖게 되었다. 만약 매입을 원하지 않을 경우, 계약 종료 시점에 학교를 소유주에게 원상대로 반환하면 되는 구조였다.

둘째, 학교의 수입과 지출 관리를 위해 전문 재무 담당자를 두기로 했다. 학교 운영을 통해 순이익이 발생하면 이익은 소유주, 재무 담당자 그리고 나, 세 사람에게 삼등분해 매달 지급하기로 했다. 단, 분배에 앞서 건물과 설비 사용에 대한 명목상의 임대료는 소유주에게 우선 지급되도록 계약서에 명시했다.

셋째, 학교의 신뢰를 높이고 지역 사회와의 관계를 공고히 하기 위한 공익 프로그램도 함께 추진했다. 메트로폴리탄 비즈니스 칼리지로부터 반경 약 80킬로미터 이내에 있는 고등학교 졸업반 학생들을 대상으로, 나의 '성공 철학'을 주제로 한 무료 정기 강연을 제공하기로 했다. 이 강연은 매주 개설되었으며, 이는 학교의 이름으로 지역 사회에 전하는 선의의 제안이자 건설적인 영향력의 출발점이었다.

나는 가장 먼저 강연 프로그램부터 실행에 옮겼다. 나는 매주 평일마다 하루 세 차례 강연을 진행했다. 이렇게 나는 일주일에 열다섯 번의 강의를 소화했기에, 덕분에 아주 많은 학교를 방문하여 강연할 기회를 얻을 수 있었다.

그때는 1924년 이른 봄이었다. 그리고 불과 몇 달 뒤, 가을이 되자 학교는 놀라운 변화를 맞이했다. 모든 강의실이 몰려드는 수강생들로 가득 찼고, 늘어난 수요를 감당하기 위해 강의실 집기를 추가로 들여와야 할 상황이었다. 그해 동안 거둔 등록금 수익은 학교 설립 이래 최고 기록을 훌쩍 넘어섰다.

내가 재무 담당자로 임명한 인물은 월터 G. 스콧(Walter G. Scott)이었다. 그는 내가 신뢰할 수 있는 나의 오랜 친구일 뿐 아니라, 숫자와 회계에 있어서는 내가 만나본 사람 중 단연 가장 뛰어난 역량을 지닌 인물이었다. 그리고 그 역시 나처럼 사업 실패 이후 삶의 전환점을 스스로 찾아야 하는 과제를 짊어지고 있던 사람이기도 했다. 결국 나는 내 철학을 단 한 번 실천에 옮김으로써 스콧과 나, 두 사람 모두에게 다시 한번 도약할 기회를 만들어 낸 셈이었다. 그리고 그 과정을 통해 학교의 소유주에게도 잊고 있던 열정과 새로운 가능성에 대한 영감을 함께 선사할 수 있었다.

학교의 발전에는 〈클리블랜드 플레인 딜러(Cleveland Plain Dealer)〉 신문사 발행인의 특별한 도움도 한 몫을 했다. 그의 배려로 신문사 소속 유능한 편집인 한 명을 학교 운영에 합류시킬 수 있었고, 그를 통해 실무 중심의 저널리즘 과정이 새롭게 신설되었다. 우리는 여기에 그치지 않고 영업 기법, 광고 그리고 대중 연설 과정을 추가하여 커리큘럼을 한층 더 실용적이고 생동감 있게 확장해 나갔다.

정치와 암흑의 경계에서

모든 일이 순조롭게 풀려 가던 어느 날, 민주당의 대통령 후보로 존 W. 데이비스(John W. Davis)가 지명되면서, 내 삶의 흐름에도 새로운 전환점이 찾아왔다. 데이비스는 수년간 나와 깊은 인연을 맺어

온 친구였으며, 과거 내가 라살 방송통신대학교에서 광고부장으로 채용될 수 있도록 결정적인 도움을 준 인물이기도 했다. 그런 그가 대선 후보로 나서자, 나는 그의 선거 운동에 힘을 보태면 언젠가 내게도 큰 도움이 될 수 있겠다고 생각했다.

그와 나는 비공식적으로 한 가지 약속을 나눴다. 만약 그가 대통령에 당선된다면, 나를 그의 수석 비서로 임명하기로 합의한다는 내용이었다. 그 자리는 내가 수년간 심혈을 기울여 온 '성공 철학'을 완성할 수 있도록 여러 방면에서 기회를 보장해 주는 위치였다. 나는 곧바로 그의 선거 운동에 본격적으로 뛰어들었다. 1924년 11월, 그가 낙선할 때까지 나의 모든 시간과 에너지를 오롯이 그의 정치 활동에 쏟아부었다.

내가 선거 운동에 매진하는 동안, 재무 담당자였던 월터 스콧은 내가 맡았던 고등학교 강연 일정을 대신 소화해 주었다. 나는 여기에 강연자 두 명을 추가로 고용하여 학교 운영을 이어갔다. 바로 '마스터 마인드' 원칙을 실제로 적용한 방식이었다. 그 결과 나 혼자 강의를 전담했을 때보다 세 배나 많은 고등학교의 학생들에게 우리의 성공 철학을 설파할 수 있었다.

내가 민주당 대선 후보를 지지하던 그 시기, 어느 날 밤 오하이오 주 캔턴에서 지역 사업가들을 대상으로 강연할 기회가 있었다. 그 자리에는 훗날 나의 사업 파트너이자 친구가 될 〈캔턴 데일리 뉴스(Canton Daily News)〉의 발행인 돈 R. 멜렛(Don R. Mellet)도 참석해 있었다. 우연으로 시작된 그날 우리의 인연이 훗날 나를 죽음의 문턱까지 데려가게 될 운명의 서막인 줄은 미처 알지 못했다.

선거 운동을 마친 내게 멜렛은 다시 캔턴으로 돌아와 그의 신문 후원 아래 '성공 철학'을 주제로 강연을 열어 달라고 제안했다. 〈캔턴 데일리 뉴스〉는 오하이오 주지사를 두 차례 지냈고, 1920년 민주당 대선 후보였던 제임스 M. 콕스(James M. Cox)가 소유하고 있는 언론사였다.

1926년 이른 봄, 멜렛과의 우정은 점차 사업적 제휴 관계로 발전하기 시작했다. 멜렛은 내가 수년간 다듬어 온 '성공 철학'을 주제로, 신문 전면에 그림과 함께 실릴 특별 칼럼 기획을 준비하고 있었다. 그는 더 나아가 이 칼럼을 전국 주요 신문에 연재하기 위한 프로젝트까지 구상하고 있었다. 나는 이번 기회를 통해 지금껏 운영해 온 비즈니스 칼리지보다 훨씬 더 넓은 무대에서 나의 철학을 전파할 수 있으리라는 확신을 갖게 되었다.

그리하여 나는 비즈니스 칼리지의 지분을 재무 담당 월터 스콧에게 모두 넘겼다. 이 결정으로 학교 소유주의 반감을 사게 됐지만, 나는 주저하지 않고 캔턴으로 이주를 선택했다. 캔턴에 도착하자마자 곧바로 새로운 작업에 착수했다. 우리는 〈캔턴 데일리 뉴스〉를 시작으로 오하이오 지역의 모든 신문에 나의 성공 철학 사상을 시각적으로 풀어낸 칼럼을 게재하기 시작했다.

이와 함께 우리는 칼럼을 게재하는 신문사에 특별한 '부가 서비스'를 제공하는 계획도 마련했다. 내 칼럼을 게재한 신문사들은 자사 광고주들에게 6회 차로 구성된 세일즈 교육 프로그램을 무료로 제공할 수 있는 권한을 갖게 되었다. 이 프로그램은 캔턴과 그 인근 몇 몇 도시에서 시범적으로 운영되었고, 그 반응은 우리의 모든 예상을 뛰어넘어 압도적인 성공을 거두었다.

신문사 입장에서 보면, 내 사설과 시사 논평 서비스를 받아들이는 데 특별히 고려할 만한 사항은 없었다. 그 칼럼을 게재하는 신문은 자사 광고주들에게 6회 구성의 무료 세일즈 교육 과정을 제공할 수 있었기 때문이다. 이런 부가 서비스는 신문사 입장에서 분명한 이익이었고, 우리의 제안은 그만큼 쉽게 받아들여졌다.

게다가 당시 미국 최고의 칼럼니스트로 명성을 떨치던 아서 브리즈번이 나를 경쟁 상대로 인식하고 있다는 소식을 들은 순간, 내 안에서 무한한 자긍심과 함께 뜨거운 의욕이 솟구쳤다. 내 영향력이 그만큼 커졌다는 사실에 가슴이 벅차오르며, 이제 스스로 제법 만족스러운 사설을 쓰고 있다고 느꼈다.

하지만 멜렛은 그 정도에서 만족하고 내가 안주하게 두지 않았다. 내가 원고를 넘길 때마다 그는 그 누구보다 꼼꼼히 읽었다. 그러고는 단호한 어조로 외쳤다.

"이건 괜찮아. 하지만 자넨 이보다 훨씬 더 잘할 수 있어!"

그는 마치 전설적인 권투 트레이너 잭 키언즈(Jack Kearns)가 전설적인 권수 선수 잭 뎀프시(Jack Dempsey)를 링에 세우기 위해 혹독하게 단련시켰던 것처럼, 나를 최고의 실력자로 키우기 위해 끊임없이 담금질하고 있었다. 겉으로는 따뜻했지만, 그 속엔 강철 같은 단련이 숨어 있었다. 나는 그 훈련을 온몸으로 견디며 스스로를 단련시켰다.

칼럼 서비스가 어느 정도 궤도에 오른 뒤, 멜렛은 또 다른 도전을 시작했다. 바로 내 '성공 철학'을 연속 기획물로 출간해 줄 출판사를 찾는 일이었다. 이는 결코 쉬운 과제가 아니었다. 최소 5만 달러 이상의 출판 비용과 홍보 비용을 감당할 수 있는 출판사를 찾아야 했기 때문이다.

우리는 그 문제를 해결하기 위해, 여러 차례 마스터 마인드 회의를 열었다. 그리고 마침내 카네기 씨의 마스터 마인드 원칙과 포드 씨의 자금 조달 철학을 결합한, 단순하면서도 강력한 해결책을 고안해 냈다. 이제 곧 실행에 옮기기만 하면 될 터였다.

그러나 우리의 해결책을 실행에 옮기려 할 무렵, 멜렛은 우연히 금주법(Prohibition)이 낳은 참혹한 부작용을 목격하게 되었다. 이 사실에 그는 크게 분노하였고, 마침내 지역 사회를 병들게 한 부패한 경찰과 조직 폭력배들을 고발하는 투쟁에 주저 없이 뛰어들었다. 그의 분노에 불을 지핀 계기는 이러했다.

캔턴 시내 남녀 학생들을 대상으로 한 건강 검진에서 다수의 학생이 성병에 걸렸다는 충격적인 사실이 밝혀지며 공립학교의 수영장이 폐쇄되는 사건이 발생했다. 이 소식은 멜렛에게 깊은 충격을 안겨 주었고, 이에 그는 청소년들에게 마약과 술을 공급하는 범죄 조직의 실체까지 파악하려 했다.

멜렛의 요청에 따라, 나는 마침내 연방정부를 설득해 캔턴으로 마약 단속 요원들을 불러들였다. 그들의 사명은 어린 학생들까지 타락

시킨 끔찍한 마약 거래를 뿌리째 뽑는 일이었다. 이어서 나는 빅 도나히(Vic Donahey) 주지사를 설득해 주정부 조사관들까지 파견하도록 했고, 그 순간부터 은밀히 감춰져 있던 도시의 어둠이 드러나기 시작했다. 경찰과 범죄 조직들이 한 몸처럼 결탁해 온 추악한 유착의 실상이 서서히 세상 앞에 모습을 드러냈다.

캔턴의 타락한 실상을 처음 발견한 지 한 달도 채 되지 않아, 멜렛과 나는 열 일을 제쳐두고 거의 모든 시간을 이 조사에만 쏟아붓고 있었다. 나는 별도의 사설 탐정들을 고용해 나의 사무실을 거점 삼아 그들의 활동을 직접 감독했다. 그들은 연방이나 주정부 소속과 무관한 독립적 신분으로서 은밀히 움직일 수 있었다.

그러나 시간이 흐를수록 상황은 점점 더 위태로워졌다. 마침내 멜렛은 사설 하나를 집필해서 세상에 내놓았다. 지역의 밀주업자, 범죄 조직 그리고 경찰까지 포함된 열 명의 실명을 하나하나 지목하며, 이들을 반드시 법정에 세워야 한다는 강력한 주장을 담은 글이었다.

나는 그 사설이 〈캔턴 데일리 뉴스〉에 실릴 때까지 내용을 전혀 알지 못했다. 기사를 접하자마자 곧장 멜렛을 찾아가 그의 안전이 심각하게 위협받는 상태에 처했음을 경고했다. 우리는 이미 지역 범죄 조직원들이 보호를 대가로 법 집행자들에게 수천 달러를 상납했다는 사실을 파악한 상태였다. 그리고 나는 그 검은 돈을 받아 챙기고 있는 자들 가운데 누군가는 자신들의 길을 가로막는다면 분명 주저 없이 죽일 수도 있다고 확신하고 있었다.

　　　　　　　　　　　　　　　　　　　　　마스터 마인드

나는 멜렛과 세 시간 넘게 불꽃 튀는 논쟁을 벌였다. 목숨을 건 위험을 경고하며 거듭 호소한 끝에야, 그는 마침내 내 제안을 받아들였고, 목사들을 초청해 강단 위에서 이 끔찍한 현실을 폭로하고 시민들에게 도덕적 붕괴의 실상을 알리겠다고 약속했다.

그러나 우리의 싸움은 처음부터 불리했다. '달걀로 바위 치기'의 싸움이었다. 지역의 다른 신문들은 철저히 침묵했고, 시민들은 놀라우리만치 무관심했다. 지금 이 순간에도 그들의 아이들마저 범죄의 직접적인 희생자가 되고 있음에도 말이다.

내 초청에 응한 개신교 목사들과 유대인 랍비가 내 사무실로 모였다. 나는 입을 열어 간명하게 말을 이었다.

"여러분이 사람들을 하늘나라로 인도하는 그 사명을 잠시 내려놓고, 캔턴의 아이들을 살아 있는 지옥에서 구해 낼 책임을 함께 짊어져야 하는 상황이지 않겠습니까?"

그 말을 마친 뒤, 나는 목사들의 이름을 한 사람씩 불렀다. 그리고 눈을 똑바로 마주하며 이 절박한 싸움에 공개적으로 나설 뜻이 있는지 물었다. 그러나 그들은 석상처럼 입을 꾹 다문 채 굳어 있었다. 숨결조차 느껴지지 않는 침묵 속에서, 단 한 사람도 입을 열려 하지 않았다. 모두가 각기 다른 구실을 내세우며 발을 빼려 했고, 그 비겁한 두려움 앞에 나는 끝내 분노를 억누르지 못했다. 차가운 경멸을 쏟아내며 회의를 단칼에 끊어 버렸다.

"다른 동료들을 대신해 말할 수는 없지만, 제 사정만은 말씀드리겠습니다. 제가 이 일에 협력할 수 없는 이유는 분명합니다. 매주 일요일, 제 강단 바로 앞자리에 앉아 있는 우리 교회의 장로 중 한 사람이… 바로 그 갱단들과 수익을 나누어 갖고 있기 때문입니다.”

여기에 바로 그 상황의 핵심이 담겨 있었다. 탐욕과 부패가 만연한 캔턴에서는 종교의 힘조차도 그 악의 영향력을 억누를 만큼 충분치 못했다.

회의가 끝난 뒤, 나는 한 생명보험 설계사에게 전화를 걸어 멜렛의 추가 보험 가입을 의뢰했다. 그는 강하게 거부했으나, 나는 끝내 그를 설득해 건강 검진을 받게 했다. 며칠 뒤 보험증서가 도착하자 그는 곧바로 반납하려 했지만, 나는 간곡히 부탁해 적어도 일주일만은 보유하도록 했다. 그 사설의 파장이 어떤 결과를 불러올지 지켜볼 시간이 우리에게 필요했기 때문이다.

그 와중에도 우리는 다시 '성공 철학'을 출간해 줄 출판사를 찾는 문제로 돌아왔다. 여러 가능성을 하나하나 지워나간 끝에, 마침내 단 하나의 길만 남았다. 우리의 결론은 명확했다. 이 철학의 출발점에는 카네기 씨가 있었다. 그는 수년에 걸쳐 철학의 구체화 과정에도 협력해 주었다. 그렇다면 그 정신적 유산을 이어가고 있는 'US 스틸(United States Steel Corporation)'이라면 이 뜻을 이해하고 지지해 줄지도 모른다. 게다가 나는 이미 당시 이사회 의장이었던 엘버트 H. 게리(Elbert H. Gary) 판사와 우호적인 관계를 맺고 있었으니, 협력의 가능성은 충분히 열려 있었다.

멜렛은 즉시 게리 판사와의 협상에 들어갔다. 그의 반응은 놀랄 만큼 고무적이었다. 우리는 그의 요청에 따라 원고를 뉴욕으로 보내

검토를 맡겼다. 며칠 후, 원고를 꼼꼼히 읽은 게리 판사는 멜렛에게 직접 전화를 걸어 이렇게 말했다.

그는 전화기 너머로 힘 있는 목소리를 전해왔다.

"작가가 뉴욕으로 와서 내 견해에 맞게 원고를 조금만 다듬어 준다면 곧바로 초판을 출간하겠습니다. 그리고 US 스틸의 모든 관리자와 감독자급 직원들에게 그 철학의 완본을 증정하겠습니다."

그리고 잠시 숨을 고른 뒤, 더욱 장엄한 어조로 덧붙였다.

"여기서 멈추지 않고 이 책이 미국의 거대 산업 기업들에까지 교재로 채택될 수 있도록, 내가 직접 길을 열어 주겠습니다."

천상의 환희에서 죽음의 어둠으로

나는 마침내 생애 최고의 정점에 올라가 있었다. 내 행운의 별이 지평선 위로 눈부시게 솟아올라 더 이상 운명의 바람에 꺼져 버리지는 않으리라 믿었다. 자금 문제는 이미 끝났으나, 새로운 성장은 이제 겨우 시작에 불과했다. 게리 판사의 막강한 영향력은 내 저서 판매를 수십만 부로 끌어올리기에 충분했으며, 그 외의 판로를 통해 판매 부수가 폭발적으로 늘어나리라는 게 의심의 여지가 없었다.

1926년 7월 하순, 멜렛과 나는 뉴욕에서 게리 판사를 만나기로 약속되어 있었다. 그러나 운명의 스레바퀴는 돌연 거꾸로 굴러갔다. 뉴욕으로 떠나기 불과 일주일 전인 16일 밤, 멜렛은 자신의 차고에 자동차를 넣는 순간 매복해 있던 조직원들과 경찰의 총탄을 맞고 그 자리에서 생을 마감했다.

더 기이한 점은 바로 그날 밤 나 역시 암살의 위협을 받고 있었다는 사실이다. 나는 친구들과 도시 밖에 있었고, 뜻밖의 타이어 고장으로 인적 드문 외진 곳에서 발이 묶였다. 그러나 바로 그 사소한 지연이 내 목숨을 지켜주는 기적이 되었다.

다음 날 아침 캔턴에 도착하자마자 멜렛의 피살 소식을 들었다. 불과 15분 뒤, 전화벨이 울렸고 나는 상대방의 목소리를 알아들었다. 나를 협박하기 위해 전화를 건 셸렌버거(Shellenberger)였다.

"한 시간 안에 이 도시를 떠나 다시는 돌아오지 마라. 만약 머뭇거린다면 네 시신은 관에 실려 나가게 될 것이다."

캔턴은 도시 전체가 극도의 공포로 들끓었다. 나는 남아 있다면 필시 제거될 대상임을 알았다. 이미 갱단에서는 내가 멜렛의 폭로 자료를 수집하고 있음을 눈치채고 있었다. 그래서 나는 짐을 챙길 틈도 없이 자동차에 올라 가능한 한 빨리 도망쳤다.

캔턴에서 도망쳐 온 나는 웨스트버지니아 친척 집에 숨어 지냈다. 범인들이 종신형을 받고 철창에 갇히기까지 여섯 달을 그렇게 버텼다. 그러나 숨어 있는 동안 나는 암살의 공포에 짓눌려 있었다. 순간순간 엄습해 오는 두려움을 이기지 못하고 24시간 내내 경호원을 곁에 두고 나를 밀착 경호하게 했다. 그때 내가 미처 알지 못한 더 위협적인 적은 따로 있었다. 바로 내면으로 은밀히 파고들며 영혼의 에너지를 갉아먹고, 나 자신과 타인에 대한 믿음을 파괴하는 힘이었다.

인식하지 못하는 사이, 우주의 섭리 중 하나인 부정적 법칙의 작용을 온몸으로 받아들이고 있었다. 우주의 섭리는 언제나 두 얼굴을 지니고 있다. 하나는 인간의 정신을 고양시키고 창조로 이끄는 창조적 힘이며, 다른 하나는 의심과 공포를 불러와 파괴로 이끄는 부정적 힘이다. 나는 스스로를 지키지 못한 채 그 어두운 힘에 나를 내어 주고 있었고, 그 힘은 보이지 않는 중력처럼 내 정신을 끌어내리며 느리지만 확실하게 나의 신념과 에너지를 무너뜨리고 있었다.

그러던 사이, 멜렛의 죽음으로 중단된 협상을 다시 이어갈 용기를 되찾기도 전에 게리 판사마저 병으로 세상을 떠나고 말았다. 그 경험은 카네기 씨가 예전에 언급했던 인간을 강제로 각성시키는 절체절명의 순간으로 나를 몰아넣었다. 나는 생애 처음으로 끊임없는 공포의 고통을 알았다. 이전의 실패들은 의심과 우유부단으로 잠시 나를 흔들었지만, 이번에 깊이 뿌리내린 두려움은 내 영혼을 휘감아 옭아맸다. 어둠에서 결코 벗어날 수 없을 것만 같았다.

숨어 지내는 동안 나는 좀처럼 밤에 밖을 나서지 않았다. 혹여 나간다 해도 자동권총을 손에 꼭 쥔 채였다. 낯선 자동차가 집 앞에 멈추기라도 하면, 곧장 지하실로 내려가 창문 너머로 그 안의 사람들을 살폈다.

그러나 지금 돌이켜 보면, 그 절망의 시간은 단순히 공포로만 채워진 시간은 아니었다. 내면의 균열과 재구성, 침묵 속에서 일어난 느린 각성과도 같은 시간이었다. 최악의 상황에 떨어지면 인간은 피할 수 없이 내면의 나약함과 마주하게 되고, 바로 그 과정을 통해 이전과는 다른 새로운 자아를 발견하게 된다. 나는 무너지고 있었지만, 동시에 그 무너짐 속에서 다시 일어설 힘을 길러가고 있었다.

몇 달이 흐르자, 나의 신경은 무감각해지고 용기는 사라졌다. 오랜 세월 나를 버티게 했던 성공을 향한 야망조차 사라졌다. 나는 한 걸음씩 무기력의 늪에 빠져들며, 다시는 헤어 나오지 못할 것 같은 공포에 사로잡혔다. 마치 어두운 심연에 발을 들여놓고, 몸부림칠수록 더욱 깊이 가라앉는 절망과도 같았다.

만약 광기의 씨앗이 내 안에 있었다면, 분명 살아도 살아 있는 게 아닌 그 여섯 달 간의 시간 속에서 싹이 터 나의 일부가 되고 말았으리라. 우유부단한 망설임과 해이한 몽상, 의심과 공포가 밤낮으로 내 정신을 잠식했다.

내가 맞닥뜨린 절체절명의 위기는 양방향에서 나를 끝없이 짓눌렀다. 하나는 끝없는 불안과 망설임이었고, 다른 하나는 숨어 지내야 하는 처지에서 오는 무료함과 무력감이었다. 하루하루는 걱정으로 가득 차 흘러갔고, 내 이성은 점점 마비되어 갔다. 스스로 이 상태에서 벗어나야 함을 알았지만, 출구는 보이지 않았다. 그동안 수많은 위기에서 나를 구해 주던, 결핍에서 솟아나던 추진력은 온데간데없이 사라졌고, 나는 힘없이 내던져진 존재가 되어 있었다.

그 무렵, 나를 뼛속까지 부숴 버리는 듯한 통렬한 깨달음이 찾아왔다. 나는 인생의 가장 소중한 시간을 마치 무지개를 좇듯 허망한 탐구에 쏟아부었다는 사실이었다. 성공의 원인을 찾아 이리저리 헤맸지만, 정작 지금의 나는 과거에 실패자라 단정하던 수많은 이들보다 더 무력한 존재로 전락해 있었다.

그 깨달음은 참으로 치욕스러웠다. 나는 전국의 학교와 대학 그리고 기업 단체를 돌며 성공의 원리를 설파해 왔다. 그러나 지금의 나는 그 원리를 내 삶에 적용조차 하지 못했다. 다시는 세상을 향해 당당히 설 수 없으리라는 깊은 절망이 엄습해 왔다.

거울을 들여다볼 때마다 그 안에는 자기혐오가 드리워져 있는 얼굴만이 있었다. 나는 종종 거울 속 사내를 향해 차마 기록조차 할 수 없는 험한 말들을 쏟아 냈다. 결국 나는 남에게 실패의 처방을 떠들면서 스스로는 실천하지 못하는 돌팔이에 불과했다.

멜렛을 살해한 범인들이 종신형을 받고 감옥에 갇히고, 나는 은신처에서 나와 다시 일을 이어갈 수 있는 상황이 되었다. 그러나 그러지 못했다. 이제 나는 범죄자들의 위협보다 더 두려운 상황에 맞섰기 때문이었다.

그 경험은 내 안의 모든 의지를 송두리째 꺾어 버렸다. 나는 질식할 듯한 악몽 속에 갇혀 영원히 깨어날 수 없을 것만 같았다. 살아는 있었지만, 더 이상 목표를 향해 한 걸음 내딛기는커녕 일어설 힘조차 없었다. 나는 점점 모든 일에 무심해졌고, 은신처를 내어 준 이들에게조차 신경질적이고 적대적인 태도를 보이기 시작했다.

나는 생애 최대의 위기 앞에 서 있었다. 유사한 경험을 겪지 않은 사람이라면 그 절망을 결코 알 수 없을 것이다. 이런 경험은 글로는 온전히 전할 수 없다. 오직 몸소 겪어본 사람만이 비로소 이해되는 감정이다.

절망으로부터의 탈출

1927년 가을, 캔턴에서 멜렛을 잃은 지 일 년이란 시간이 훌쩍 흐른 뒤였다. 어느 날, 내 인생은 돌연 변곡점을 맞았다. 그날 밤 나는 집을 나와 마을 언덕 위에 자리한 학교 건물로 향했다. 마침내 자신과의 싸움을 끝내기로 결심했기 때문이다. 나는 언덕을 올라 건물 주위를 수없이 돌며 흐려진 머리를 억지로라도 맑게 하려 애썼다. 그리고 되뇌었다.

'분명 길이 있다. 오늘 밤 반드시 찾아낸 뒤에야 집으로 돌아가리라.'

그 말을 아마 천 번은 넘게 반복했을 것이다. 나는 진심으로 믿었고, 진심으로 말하고 있었다. 스스로에게 진저리가 났으나, 내가 지은 감옥에서 벗어나게 해줄 희망의 씨앗만은 여전히 가슴에 품고 있었다.

이십 년 전 카네기 씨가 내 마음에 심어 주었던 희망의 씨앗이었다. 그는 내게 확고한 신념의 힘이 무엇인지를 일깨워 주었고, 그 신념은 오랜 세월 내 무의식 깊숙이 자리 잡아 어떤 두려움도, 어떤 일시적 실패도, 어떤 좌절도 끝내 나를 꺾지 못하게 하는 절대적 힘으로 내 안에 뿌리내렸다. 멜렛이 암살당한 뒤 내가 숨어든 암울한 환경 속에서도, 카네기가 심어준 그 불굴의 열망은 꺼지지 않고 살아남아 끝내 나를 끌어올리고 있었다.

확고한 신념이 지닌 신비한 힘 가운데 하나는, 인간의 마음이 뜻을 이루기 위해 스스로 길을 찾아 나선다는 데 있다. 때로는 뜻밖의 방식으로, 때로는 기발한 영감으로 신념은 우리를 이끌어 간다. 내가 스스로 걸어 들어간 절망의 지옥에서 빠져나온 과정을 찬찬히 들여다보면, 그 원리가 어떻게 내 삶 속에서 살아 움직였는지 또렷이 드러난다.

건물 주위를 걷던 어느 순간, 불현듯 떠오른 생각이 내 마음을 깊숙이 파고들었다. 피가 온몸을 타고 흐르며, 마치 장엄한 선율 속에 잠긴 듯 잔잔한 전율이 일었다. 그 순간, 마치 섬광처럼 다가온 깨달음이 내 영혼을 파고들었다.

"지금이야말로 네 운명이 시험대에 선 순간이다. 너는 궁핍과 치욕을 겪고 있다. 그러나 이는 너를 꺾기 위함이 아니다. 네가 마침내 '또 다른 자아'를 발견하도록 이끄는 섭리의 과정이다."

그 순간 나는 오래간만에 카네기 씨의 말을 떠올렸다. 그는 내게 성공과 실패의 원인을 찾아 헤매는 지난한 여정의 끝에서 언젠가 반드시 또 다른 자아와 마주하게 된다고 하면서 그 만남은 언제나 절체절명의 위기 속에서 찾아온다고 했다. 인간이 익숙한 습관을 바꾸고, 사유의 힘으로 난관을 넘어서는 순간, 비로소 그 자아가 모습을 드러내는 법이었다.

나는 계속 학교 건물을 돌며 걸었으나, 이제는 마치 허공 위를 걷는 듯 가벼웠다. 무의식 속에서, 내가 스스로 만든 감옥에서 해방될 순간이 임박했음을 느끼고 있었다. 내 생애 가장 행복한 순간임이 틀림없었다. 나는 거대한 위기가 단지 '또 다른 자아'를 발견할 기회일 뿐 아니라, 그동안 내가 남들에게 가르쳐 온 성공 철학이 실제로 타당한지 시험할 기회라는 사실을 깨달았다.

곧 알게 되리라. 정말로 통한다면 내 철학은 진리이고, 만약 통하지 않는다면 나는 지금까지 써 온 원고를 모두 불태우고 다시는 감히 성공을 논하지 않으리라 다짐했다.

그때 마침 달이 산마루 너머로 떠올랐다. 그렇게 밝고 장엄한 달빛은 일찍이 본 적이 없었다. 나는 하늘을 올려다 보다 또 하나의 생각을 번개처럼 받았다.

"너는 그동안 다른 이들에게 공포를 극복하고, 삶의 위기 속에서 용기와 결단으로 나아가는 법을 말해 왔다. 이제 너는 권위를 가지고 말할 수 있다. 왜냐하면 너는 지금 스스로의 어려움을 이겨 내고자 용기와 확고한 목적을 붙들었기 때문이다."

그 순간 내 마음은 완전히 바뀌어, 전에는 경험한 적 없는 고양감으로 치솟았다. 흐릿했던 정신은 맑아졌고, 마비되었던 이성은 다시 힘차게 작동하기 시작했다. 아주 잠깐이었으나, 나는 오히려 그 지난한 고통의 세월을 통과할 수 있었음에 감사했다. 왜냐하면 그 시간이 결국 내가 오랜 세월 연구하고 다듬어 낸 성공 철학이 진정으로 옳은지를 시험할 기회로 이어졌기 때문이다.

이런 생각이 들자, 나는 걸음을 멈추고 발을 모아 무엇을 향하는지조차 알 수 없는 대상을 향해 경건히 경례를 바치며 잠시 꼿꼿이 서 있었다. 누군가 보았다면 우스꽝스러운 행동이었겠지만, 바로 그 순간 내면의 어둠을 가르며 다가온 계시의 목소리가 조용하게 울려 퍼졌다. 마치 지휘관이 내리는 구령처럼 짧고도 단호했으나, 동시에 영혼이 건네는 속삭임처럼 잔잔했다.

"내일 아침 일찍 필라델피아로 가라. 그곳에서 네 철학을 세상에 펼칠 수 있는 손길을 만나게 되리라."

그 계시는 더 이상의 설명도, 어떤 수정도 없었다. 나는 그 계시를 받자마자 곧장 집으로 돌아와 침대에 들었고, 일 년 넘게 잊고 지내던 평온 속에서 깊은 잠에 이를 수 있었다.

이튿날 아침 눈을 뜨자마자 짐을 꾸려 필라델피아로 떠날 준비를 시작했다. 그러나 이성을 되찾은 머릿속에서는 끊임없이 속삭였다.

"어리석은 여정일 뿐이다. 필라델피아에는 아는 사람도 없는데, 어떻게 여덟 권에 달하는 책을 출판할 자금을 구한단 말인가?"

또 다른 자아

그 순간, 자문에 대한 대답이 내 마음속으로부터 또렷이 들려왔다. 마치 누군가가 내 안에서 분명하게 말하고 있는 느낌이었다.

"이제 질문을 던지는 대신 명령을 따르고 있다. 이번 여정은 네 안의 '또 다른 자아'가 인도할 것이다."

그러나 필라델피아행을 준비하기에는 나는 말도 안 되는 상황에 놓여 있었다. 돈이 없었다. 이 생각이 떠오르자마자 '또 다른 자아'가 단호히 걱정을 끊어내며 확고한 목소리로 나를 이끌었다.

"처남에게 50달러를 빌려라. 그는 반드시 빌려줄 것이다."

그 말은 단호하고 흔들림 없었다. 나는 주저하지 않고 그대로 따랐다. 처남은 기꺼이 돈을 내주며 이렇게 말했다.

"물론이지, 50달러를 줄 수 있네. 하지만 오래 머무를 생각이라면 차라리 100달러를 가져가는 게 좋지 않겠나?"

나는 감사의 뜻을 전하며 50달러면 충분하다고 했다. 사실 충분하지 않음을 알았으나, '또 다른 자아'가 정한 액수였기에 그 이상을 받을 수는 없었다. 무엇보다 다행이었던 점은 내가 왜 필라델피아에 가는지 처남이 묻지 않았다는 사실이었다. 만약 전날 밤 내 마음속에서 일어난 일을 그가 알았다면, 터무니없는 여행 대신 차라리 정신병원에 가야 한다고 여겼을지도 모른다.

나는 밤새 차를 몰아 이튿날 아침 일찍 필라델피아에 도착했다. 가장 먼저 떠오른 생각은 하숙집을 찾아 방을 얻는 일이었다. 그러나 '또 다른 자아'가 도시에서 가장 고급스러운 호텔에 투숙하라고 나를 이끌었다. 남은 돈이 고작 40여 달러뿐인 상황에서, 나는 프런트로 걸어가 일반 객실을 달라고 말하려 했다. 그런데 그 순간, 내 입에서는 뜻밖에도 스위트룸을 달라는 말이 흘러나왔다. 그 비용은 남은 여비를 이틀 만에 모조리 탕진해 버릴 액수였다.

호텔 직원은 내 짐을 들고 주차권을 건네주며, 마치 내가 귀족이라도 되는 듯 정중히 고개를 숙이며 엘리베이터로 안내했다. 1년이 넘는 지난 시간 동안 나는 누구에게도 그런 존중을 받아본 적이 없었다. 그동안 함께 지내온 친척들은 나를 존중하기는커녕 부담스러운 짐짝처럼 여긴다고 느꼈다. 아니, 나는 실제로도 짐 같은 존재였을 것이다. 그때의 심리 상태라면 누구에게라도 짐이 될 수밖에 없었기 때문이다.

방에 들어서자 나는 직원에게 시가를 부탁했다. 잠시 후 그는 두 개에 25센트짜리 시가를 가져왔다. 몇 개만 꺼내려 했으나, 더 좋은 시가를 달라고 다시 돌려보냈다. 이번에는 개당 35센트나 하는 고급 시가였다. 나는 두 개만 집으려다 결국 한 줌을 통째로 쥐었다. 평생 한 번도 이런 값비싼 시가를 피워본 적이 없었고, 이렇게 호화로운 스위트룸에 묵어본 적도 없었다. 그러나 점차 선명해지고 있었다. 나의 '또 다른 자아'는 뼛속 깊이 각인된 열등의식을 송두리째 뽑아내려 하고 있었다.

나는 직원에게 1달러를 건네주고, 시가에 불을 붙인 채 푹신한 안락의자에 몸을 기댔다. 그리고 일주일 뒤의 호텔 비용을 계산해 보려던 순간, '또 다른 자아'는 곧바로 확고한 목소리로 일렀다.

"한계라는 생각은 모두 버려라. 지금 당장은 네가 원하는 모든 돈을 가지고 있듯이 행동하라."

그 경험은 내게 낯설고도 기이했다. 나는 한 번도 허세를 부린 적이 없었고, 내가 아는 내 모습 이외의 다른 모습으로 자신을 꾸며 본 적도 없었다.

거의 30분 동안 '또 다른 자아'는 끊임없이 내게 지시했다. 이후 나는 필라델피아에 머무는 내내 단 한 치의 어긋남도 없이 그 이끌림을 따랐다. 그 지시들은 내 마음속에 강렬히 떠오르는 생각의 형식으로 다가왔는데, 평범한 생각과는 쉽게 구별될 만큼 힘이 실려 있었다. 또 다른 자아의 지시는 이렇게 시작되었다.

"이제 네 '또 다른 자아'가 완전히 너를 지배하고 있다. 너는 한 몸에 두 존재가 함께 머물고 있음을 알아야 한다. 사실 모든 사람의 몸속에는 이와 같은 두 존재가 깃들어 있다.

그중 하나는 두려움의 충동에 이끌려 움직이고 그에 반응한다. 다른 하나는 신념의 충동에 따라 움직이고 그에 응답한다. 지난 1년 넘게 너는 두려움의 노예로 살아왔다. 그러나 어젯밤, 신념이 다시 권좌를 되찾았다. 이제 너를 주관하는 존재는 신념이다. 편의상 이 신념의 존재를 너의 '또 다른 자아'라 불러도 좋다. 신념은 어떤 한계도 알지 못하고, 어떤 두려움도 품지 않으며, 불가능이라는 말을 결코 인정하지 않는다.

네가 지금 고급 호텔에서 사치스러운 환경을 선택하게 된 이유는 두려움의 존재가 다시 돌아오지 못하도록 막기 위함이다. 두려움은 완전히 사라지지 않았다. 다만 왕좌에서 밀려났을 뿐, 여전히 네 곁을 맴돌며 다시 자리를 차지할 기회를 호시탐탐 노리고 있다. 두려움이 다시 힘을 얻는 길은 오직 네 생각을 통해서만이다. 이 점을 명심하고, 어떤 형태로든 너를 제한하려는 모든 생각이 들어오지 못하도록 마음의 문을 굳게 닫아야 한다.

그리고 당장 필요한 경비에 대해 걱정하지 마라. 그 돈은 반드시 네가 필요로 하는 바로 그 순간에 맞추어 나타날 것이다.

이제 본격적으로 일을 시작하자. 무엇보다도 먼저 알아야 할 사실은, 신념은 기적을 행하지 않으며 우주의 섭리를 거스르지도 않는다는 점이다. 그러나 일단 신념이 주도권을 잡으면, 네 계획을 가장 논리적이고 가장 타당한 자연의 순리를 따라 실현되도록 강력한 생각의 충동으로 너를 이끌 것이다.

무엇보다도 네 '또 다른 자아'가 결코 너를 대신해 일을 해주지 않는다는 사실을 분명히 마음에 새겨야 한다. 다만 너의 소망을 성취하도록 지혜롭게 이끌 뿐이다. '또 다른 자아'는 네 계획을 현실로 바꾸는 데 도움을 줄 것이다. 그리고 언제나 가장 크고, 가장 뚜렷한 소망에서부터 출발한다.

지금 이 순간 너를 이곳으로 이끈 가장 큰 소망은 네가 연구해 온 성공과 실패의 원인을 정리하여 출간하고 세상에 널리 알리는 일이다. 네 계산으로는 약 2만 5,000달러가 필요하다. 너의 인맥 가운데 그 자금을 기꺼이 내어 줄 사람이 있다.

이제 곧바로 마음속에 네가 아는 모든 사람의 이름을 떠올려라. 그중 누군가가 논리적으로 가장 적합한 인물인지를, 네가 한눈에 알아볼 수 있다. 그때 그 사람에게 다가가라. 그러면 네가 바라는 도움을 얻을 수 있다. 그러나 그에게 다가갈 때는 반드시 평범한 비즈니스 용어를 사용해야 하며, 네 '또 다른 자아'에 대해서는 단 한마디도 언급해서는 안 된다. 만약 이 지침을 어긴다면 너는 일시적 좌절을 피할 수 없을 것이다.

네 '또 다른 자아'는 네가 신뢰하고 따른다면 줄곧 너를 지배하며 이끌 것이다. 의심과 두려움, 근심 그리고 모든 한계의 생각을 완전히 마음에서 몰아내라. 오늘은 이것으로 충분하다. 이제 너는 예전처럼 네 자유 의지로 움직이게 될 것이다. 육체적으로는 평상시와 다름없으므로, 누구도 네 안에서 변화가 일어났음을 알아차리지 못할 것이다."

나는 방 안을 둘러보다가 눈을 깜빡였다. 꿈꾸는 게 아닌지 확인하려 거울 앞으로 다가가 얼굴을 들여다보았다. 의심에 잠겨 있던 표정은 사라지고 그 자리에 확신과 용기 그리고 신념이 자리 잡고 있었다. 어젯밤 웨스트버지니아의 학교 건물을 서성일 때 나를 지배하던 존재와는 전혀 다른 힘이 지금 내 안을 주관하고 있다는 사실을 더 이상 의심하지 않았다.

허무한 임무에 뛰어들었다는 감정은 이미 사라지고 없었다. 나는 차례차례 마음속으로 아는 이들의 이름을 떠올리기 시작했다. 그들은 내가 필요로 하는 자금을 댈 만한 능력을 지닌 사람들이었다. 이제 아는 이들의 목록은 다 살펴보았고 더는 없다고 이성이 속삭였으나, '또 다른 자아'는 단호히 일렀다.

"계속 찾아라."

그러나 나는 끝내 밧줄 끝을 잡고 매달려 있는 사람처럼 힘이 다해 있었다. 아는 이의 이름은 더 이상 떠오르지 않았고, 체력마저 바닥 나 있었다. 나는 이틀 내내 밤낮을 가리지 않고 온 마음을 오롯이 쏟아부으며 집중했다. 잠시 눈을 붙여 쉰 몇 시간 외에는 단 한 순간의 숨 고를 틈조차 없었다.

나는 의자에 몸을 기댄 채 눈을 감고 잠시 졸기로 했다. 바로 그때, 방 안에서 폭발이라도 일어난 듯 가슴을 흔드는 충격과 함께 한 사람의 이름이 번뜩이며 떠올랐다. A. L. 펠턴(A. L. Pelton)이었다. 그의 이름이 떠오름과 동시에, 책을 세상에 내놓아 반드시 출간에 성공하리라는 뚜렷한 계획이 내 안에서 모습을 드러냈다.

내 기억 속의 펠턴 씨는 오직 《힐의 골든 룰》 잡지에 광고를 싣던 인물로만 남아 있었다. 나는 곧바로 타자기를 꺼내어, 그가 사는 코네티컷(Connecticut)으로 편지를 썼다. 편지에 내 계획을 하나하나 담아냈다. 그는 전보로 짧은 답을 보내왔다. 다음 날 직접 필라델피아로 와서 나를 만나겠다는 내용이었다.

약속한 날, 그는 조용히 나타났다. 내 철학 원고를 건네받은 그는 몇 장을 넘기다 말고, 문득 손을 멈춘 채 시선을 벽에 고정했다. 잠시 말없이 사색에 잠기더니 마침내, 조용한 침묵을 가르며 낮고 단호한 한마디를 내놓았다.

"당신의 책을 내가 출판하겠소."

그 말이 떨어지자마자, 그 자리에서 계약서가 작성되고 서명까지 마쳐 원고는 그의 손으로 넘어갔다. 나는 그가 왜 모든 원고를 끝까지 읽기도 전에 출판을 결심했는지 묻지 않았다. 지금까지도 그 이유를 알지 못한다. 그러나 단 하나 분명한 사실은 그가 자금을 대고 책을 인쇄했으며, 수만 권을 판매하기까지 가장 직접 힘을 보태 주었다는 점이다.

펠턴 씨가 다녀간 다음 날, 나의 '또 다른 자아'는 즉각적인 재정 문제를 풀 수 있는 하나의 해결책을 제시해 주었다. 그 순간 내 마음 속에 자동차 판매의 방식이 이제 근본부터 달라져야 한다는 생각이 또렷이 떠올랐다.

당시의 자동차 영업사원들은 정작 새 차를 판매하는 일에는 소극적이었고, 고객의 중고차를 받아 재거래하는 일에만 집중하고 있었다. 나는 그때, 자동차를 실질적으로 판매할 줄 아는 완전히 새로운 유형의 영업사원이 필요하다는 사실을 인식하게 되었다. 그리고 이어서 내린 결론은 대학을 막 졸업한 청년들이야말로, 낡은 상술에 물들지 않았기에 새로운 판매 방식을 배우고 익히기에 가장 적합한 인재라는 점이었다.

그 구상은 현실의 흐름을 꿰뚫는 논리와 시의성을 지니고 있었다. 나는 곧바로 제너럴 모터스(General Motors) 사의 영업 담당 책임자에게 전화를 걸어 그 내용을 설명했다. 그는 나의 제안에 관심을 보였고, 나를 웨스트 필라델피아 지점의 뷰익자동차회사(Buick Automobile Company)로 연결해 주었다. 그곳은 얼 파월(Earl Powell)이 운영하고 있던 곳으로 나는 직접 그를 찾아가 교육 계획을 상세히 설명했다. 그리고 그는 일말의 주저함 없이 나를 고용했다.

그리하여 나는 갓 대학을 졸업한 열다섯 명의 청년을 선발해 교육하게 되었다. 세일즈 교육에 대한 나의 구상은 그들의 손을 빌려 현실이 되었다. 그 일로 받은 보수는 앞으로 다가올 석 달 동안의 모든 생활비를 넉넉히 충당하고도 남을 만큼의 액수였다. 그 사이 책의 판매 수익도 서서히 들어오기 시작했고, 내 자금의 흐름 역시 마침내 제자리를 찾아 안정적으로 흘러가기 시작했다.

나의 '또 다른 자아'는 끝내 나를 저버리지 않았다. 내가 간절히 돈이 필요한 순간이 오면 마치 오래전부터 그렇게 정해져 있던 운명처럼, 정확히 약속된 순간에 한 치의 오차 없이 내 손에 들어왔다. 그제야 나는 필라델피아를 향해 내디뎠던 그 발걸음이 결코 허황된 망상이 아니었음을 온전히 확신할 수 있었다. 차디찬 이성은 내 도전을 어리석고 무모한 결정이라고 단정 지었지만, 현실은 말없이 그 판단을 뒤엎고 있었다.

'또 다른 자아'는 어떠한 전례에도 얽매이지 않으며, 스스로에게 한계를 부여하지 않는다. 신념을 놓지 않는 이의 곁에 조용히 머무르며, 마침내 그를 원하는 목적지에 이르게 한다. 때로는 일시적인 좌절이라는 이름으로 마음을 시험하지만, 결코 영원한 실패를 허락하지 않는다. 이제 나는 의심 없는 확신으로 이 진실을 가슴 깊이 믿고 있다.

나는 역경에 맞서 싸우고 있는 수많은 이들이 마침내 자기 안에 잠들어 있는 신비로운 존재, 곧 '또 다른 자아'를 발견하기를 간절히 바란다. 그리고 그 발견이 나를 이끌었듯, 그들 또한 장애를 뛰어넘는 위대한 힘의 원천과 더 가까워지기를 소망한다. 그 힘은 고난에 굴복하는 존재가 아니라 오히려 고난을 넘어서는 존재이다. 진정한 힘은 늘 '또 다른 자아' 속에 숨어 있다.

나는 또 하나의 진실을 깨달았다. 내가 '또 다른 자아'와 마주한 이후에 깊은 통찰을 통해 얻은 깨우침이다. 어떤 문제든, 그것이 정당한 문제라면 아무리 난해해 보여도 반드시 해답은 존재한다. 단순한 믿음이 아니다. 온몸으로 겪은 끝에 얻은 확고한 확신이다.

나는 형언할 수 없는 힘을 완전히 이해한다고는 말하지 않겠다. 그 힘은 한때 나를 빈곤과 결핍 속으로 몰아넣었고, 두려움으로 마음을 가득 채웠다. 그러나 그와 동시에 새로운 신념으로 나를 다시 태어나게 했다. 그 결과, 나는 마침내 첫 번째 목표였던 '성공 철학서'의 출판이라는 열매를 손에 쥘 수 있었다.

나는 원래 '기적'을 잘 믿지 않았다. 그리고 지금은 그 어느 때보다도 더 믿지 않는다. 내가 겪은 경험 중 억지로 꿰어 맞춘다 해도 기적이라 부를 만한 일은 단 하나도 없었다. 내 삶에서 일어난 변화는 단순히 운이나 기적 때문이 아니었다. 나는 그저 패배와 실패의 반복되는 흐름을 스스로 끊어 냈을 뿐이다. 이 말이 무슨 뜻인지 헷갈릴 수도 있겠지만, 이 글의 뒷부분에서 우주의 섭리에 대한 설명을 읽게 되면, 분명히 이해가 갈 것이다.

나는 성공과 실패의 원인을 탐구하는 오랜 세월 동안 수많은 진리를 발견해 왔다. 그 경험은 나에게도, 그리고 나와 뜻을 함께한 이들에게도 지혜와 방향을 제시해 주는 이정표가 되었다. 그러나 그 무엇보다 내 마음을 깊이 사로잡은 깨달음이 있었다. 내가 살펴본 위대한 성공을 이룩한 사람들의 인생사 속에는 하나의 공통된 진실이 흐르고 있었다. 그들은 모두 예외 없이 혹독한 시련과 일시적인 좌절을 겪은 후에야 비로소 성공이라는 정상에 도달했다는 사실이다. 그리스도부터 에디슨에 이르기까지, 인류 역사에 가장 깊은 족적을 남긴 이들은 누구보다도 먼저 패배를 겪고, 그 패배에 끝까지 맞섰던 자들이었다.

이 사실은 우리로 하여금 한 가지 분명한 결론에 이르게 한다. 무한 지성은 진정한 지도자가 될 자들의 내면을 단련하기 위하여 반드시 수많은 장애물을 앞에 놓는다. 그리고 그들에게 위대한 리더십의 특권과 의미 있는 봉사의 기회를 허락하기 전에, 예외 없이 혹독한 시련이라는 이름의 시험을 먼저 내린다.

나는 성공 철학을 완성하겠노라 마음을 굳혔던 운명의 그날을 다시는 마주하고 싶지 않다. 또한 웨스트버지니아의 그 학교 건물을 홀로 거닐며 두려움과 사투를 벌였던 그 끔찍한 밤의 내적 혈투 또한 다시는 경험하고 싶지 않다. 그럼에도 이 세상 모든 부가 내 앞에 주어진다 해도 나는 그 시간을 통해 얻은 지혜와 바꾸자는 제안은 절대 받아들이지 않을 것이다.

전쟁과 경제공황은 수많은 이들에게 고통을 안겨 주었다. 그러나 우리는 그 고통 속에서도 삶의 중요한 자각과 전환의 기회가 함께 주어졌음을 잊지 말아야 한다. 그중에서도 가장 큰 깨달음은 억지로 일을 해야 하는 상황보다 훨씬 더 큰 두려움은 억지로 일을 하지 못하게 되는 상황이라는 사실이다. 본질적으로 경제공황은 저주라기보다 삶의 방향을 되돌아보게 만든 계기가 되었다. 대공황으로 인해 상처 입은 이들의 마음에 일으킨 변화를 들여다본다면 그 의미는 더욱 분명해진다.

이와 같은 진리는 인간의 습관을 송두리째 바꾸고 삶의 문제를 풀기 위해 자신 안에 잠들어 있는, 더 깊고도 근원적인 힘을 향해 나아가게 만드는 경험에도 그대로 적용된다. 웨스트버지니아에서 은

둔하던 시간은 내 생애 가장 혹독한 형벌이었다. 그러나 그 시간은 고통을 넘어 내 삶을 전환한 값진 계기가 되었다. 나는 그 경험을 통해 내 존재의 본질과 마주했고, 그로부터 얻은 자각은 내가 치른 고통의 대가보다 훨씬 더 귀중한 가치를 지니고 있었다. 고통과 깨달음, 이 둘은 떼려야 뗄 수 없는 운명의 실처럼 얽혀 있다. 이러한 불가분의 관계는 사람이 행한 모든 일이 반드시 그에 상응하는 결과로 돌아온다고 설파한 랄프 왈도 에머슨의 '보상의 법칙'과도 맥을 같이한다.

앞으로 다가올 경험들이 어떤 실망이나 일시적 좌절을 안겨 줄지 나는 알지 못한다. 그러나 한 가지는 확실히 안다. 앞으로의 그 어떤 경험도 과거의 것만큼 깊이 나를 상처 입히지는 못할 것이다. 이제 나는 마침내 '또 다른 자아'와 대화할 수 있는 사이가 되었기 때문이다.

'또 다른 자아'가 내 삶을 이끌기 시작한 이래, 이전에 두려움의 존재가 왕좌에 앉아 있던 시절에는 결코 얻을 수 없었던 소중한 지식을 얻게 되었다. 이를테면 극복할 수 없을 듯한 어려움에 직면한 사람이라 할지라도, 잠시 자신의 문제를 잊고 더 큰 문제를 지닌 이들을 돕는다면 자신 또한 그 어려움을 이겨낼 수 있다는 사실이다.

나는 우리가 고통받는 이들을 위해 노력을 기울면 반드시 충분한 보답을 얻게 된다고 확신한다. 그 보답은 때로 도움을 받은 그 사람에게서 직접 돌아오지는 않을지라도, 반드시 다른 어떤 경로를 통해 되돌아온다.

내가 이 장을 쓰게 된 동기는 오직 하나였다. 내가 '또 다른 자아'를 발견한 그 순간, 내게 주어진 이 위대한 자산을 준비된 이들과 나누고자 함이었다. 그들이 받아들일 수 있는 만큼, 그들에게 전하고 싶었다. 다행히도 이 자산은 단순히 물질적이거나 금전적인 가치로는 결코 환산될 수 없다. 그런 외적 상징들이 나타내는 모든 가치를 초월하는, 차원을 달리하는 본질 그 자체이다.

물질적이고 금전적인 부는 결국 은행 잔고라는 가장 유동적인 형태로 귀결된다. 그러나 은행 잔고는 본질적으로 그 은행의 신뢰도 이상으로는 안전할 수가 없다. 너가 말하는 또 다른 형태의 부는 단지 돈이나 은행 잔고처럼 수치로 셈할 수 있는 가치가 아니다. 평온한 마음, 깊이 있는 만족감, 지속되는 행복과 같은 내면의 풍요에서 비롯되며, 동시에 현실 속에서 실질적인 물질적 가치로도 나타난다. 이런 부는 단순히 은행에 예치할 수 있는 잔고를 넘어서는 삶의 본질적 풍요로움을 의미한다. 그 가치는 숫자가 아니라, 살아가는 방식과 삶 속에서 드러난다.

신념의 힘

이 위대한 자산은 누구든 함께 누릴 수 있다. 이를 누리기 위해 당장 지불해야만 하는 대가도, 미래에 떠안아야 할 의무도 없다. 다만 한 가지는 해야만 한다. 바로 당신과 당신 안에 존재하는 '또 다른 자아' 사이를 가로막고 있는 장애물을 스스로 걷어 내는 일이다. 그 첫걸음은 신념의 힘을 올바로 이해하는 데서 시작된다.

신념은 하나의 마음 상태이며, 당신 안의 '또 다른 자아'를 발견하기 위한 절대적인 전제 조건이다. 신념의 반대편에는 두려움이 있다. 두려움 또한 하나의 마음 상태이며 때로는 현실로 인해 생기고, 때로는 근거 없는 상상에서 비롯되기도 한다.

이제 신념과 두려움이라는 두 가지 마음 상태의 본질을 찬찬히 들여다보자. 그래야만 우리는 왜 하나를 받아들이고, 다른 하나는 왜 단호히 거절해야 하는지를 알 수 있다. 그래야 비로소 우리는 내면 깊은 곳의 '또 다른 자아'와 진정한 대화를 나눌 수 있는 경지에 도달하게 된다.

* 신념은 인간을 가장 숭고한 지혜와 맞닿을 수 있는 자리로 이끌어 준다.
* 두려움은 우리를 가장 고귀한 지혜로부터 멀어지게 하고, 마침내 어떤 깊은 울림과도 마음을 나눌 수 없게 만든다.
* 신념은 무너진 시대 위에 정의를 세우는 지도자를 낳고, 두려움은 그 정의를 훼손하는 파괴자를 낳는다.
* 신념은 위대한 지도자를 키우고, 두려움은 움츠러든 추종자를 만들어 낸다.
* 신념은 사람을 정직하고 고결하게 만들고, 두려움은 사람을 비열하고 음흉하게 만든다.

                                                                                    마스터 마인드

* 신념은 타인의 장점 속에서 빛을 찾고, 숨겨진 아름다움을 발견하게 한다. 그러나 두려움은 오직 결함만을 확대하고, 허물만을 집요하게 들여다보게 만든다.

* 신념은 눈빛에 빛으로 깃들고, 두려움은 발걸음에 그림자로 드러난다.

* 신념은 건설적이며 창조적인 모든 가능성을 끌어당기고, 두려움은 파괴적이고 부정적인 현실만을 불러들인다.

* 옳음은 신념을 통해 쌓이고, 그름은 두려움을 통해 움직인다.

* 신념은 가능성을 현실로 이끌고, 두려움은 불안을 형태로 만든다.

* 신념은 세우는 힘이며, 두려움은 무너뜨리는 힘이다.

* 신념은 창조의 숨결이고, 두려움은 그 숨을 끊는 어둠이다.

* 신념이 머무는 곳에 두려움은 설 자리가 없고, 두려움이 깃든 마음에 신념은 입을 닫는다.

* 두려움은 시대를 마비시키고, 신념은 그 시대를 다시 움직이게 만든다.

* 두려움은 가능성을 끊고, 신념은 가능성을 현실로 이끈다.

* 두려움은 말없이 빠르게 전염되며, 신념은 조용한 침묵 속에서도 질서를 만든다.

* 두려움은 마음의 문을 닫고, 맑은 힘은 오직 열린 내면에만 깃든다.

* 신념은 경계를 무너뜨리고, 존재의 지평을 끝없이 넓힌다.

* 희망이 시작이라면, 신념은 희망을 현실로 이끄는 불의 형상이다.

＊　신념은 곧은 길을 걷고, 두려움은 비탈진 음지로 숨어든다.

＊　신념은 본래의 흐름이고, 두려움은 그 흐름을 막는 이물질이다.

과학자들이 일반인보다 두려움에 덜 휘둘린다는 사실은 그 자체로 매우 중요한 함의를 갖는다. 이는 결코 우연이 아니다. 과학과 우주의 섭리에 깊이 통달한 이들은 그만큼 세상의 원리를 꿰뚫어 보기에, 근거 없는 두려움에 휘둘리지 않는다. 반면, 과학과 자연의 법칙에 대해 거의 알지 못하는 사람일수록 두려움에 휩싸인 채 살아간다. 두려움은 무지와 불확실성의 그늘에서 자라기 때문이다.

모든 비즈니스에는 규모를 막론하고 성공을 위해 지도자가 필요하다. 그리고 그 지도자에게 요구되는 덕목은 단순한 통솔력이 아니라, 신념을 불어넣고 타인의 마음에 믿음을 심어 비전을 현실로 이끄는 설득력과 진정성이다. 나폴레옹이 전장에 있다는 사실만으로도 만 명의 병사와 맞먹는 힘을 발휘할 수 있었던 이유는 그가 군인들의 가슴 깊숙이 승리에 대한 확신을 심어 주는 존재였기 때문이다.

만약 당신이 더 이상 스스로에 대한 신념을 잃었다면, 당신의 인생 기록 위에 '끝'이라는 한 글자를 써 넣어야 할지도 모른다. 그 순간부터 당신이 누구인지, 무엇을 시작했는지는 중요하지 않게 된다.

신념이 없는 곳에서는 어떤 길도 끝까지 이어지지 않는다. 당신이 자신의 '또 다른 자아'를 향한 여정을 시작할 때, 반드시 신념을 마음의 횃불로 삼아야 한다. 그러면 그 여정은 생각보다 오래 걸리지 않을 것이다. 불확실 속에서도 나아갈 길은 그 믿음이 스스로 밝혀 줄 것이다.

웨스트버지니아를 떠나 필라델피아로 향하며 '성공 철학서'를 출판하기 위한 자금을 마련하고자 했을 때, 누가 그 자금을 지원해 줄지에 대한 단서는 전혀 없었다. 그러나 내 마음속에는 단 하나의 분명한 사실이 자리하고 있었다. 어떤 의심도 스며들지 못한, 누군가 반드시 자금을 제공한다는 확고한 신념이었다. 그리고 실제로 그렇게 되었다.

필라델피아로 향하기 전, 나는 자금을 어떻게 마련할지에 대한 모든 계산을 머릿속에서 지워 냈다. 오직 '반드시 얻어 내겠다'는 목적 하나에만 집중했다. 이 사실은 기도를 삶의 일부로 여기는 이들에게 특별한 울림을 준다.

나의 '또 다른 자아'는 내게 이렇게 가르쳐 주었다. 확고한 신념을 세우기에 앞서 '무엇을 이루고자 하는가'에만 집중하고, '그것을 어떻게 이룰 것인가'에 대한 계획은 우주에 맡기라고 말이다.

나는 아무런 계획 없이도 물질적 성취를 이룰 수 있다고 주장하려는 것이 아니다. 그러나 분명히 말할 수 있는 한 가지는, 인간의 생각이나 열망을 물리적 실체로 전환하는 힘은 기도하는 행위 자체가 아니라 그 기도의 너머에 존재하는 무한 지성(Infinite Intelligence), 곧 계획의 본질과 구조를 아는 더 큰 의식에서 비롯된다는 점이다.

달리 표현하자면, 우리가 기도할 때 그 목적을 이루는 최적의 길은 우리의 의지가 아닌 우주의 깊은 섭리에 의해 결정된다고 믿는 편이 더 현명할 수 있다. 기도를 통해 내가 얻은 가장 깊은 깨달음은 이렇다. 기도가 응답될 때, 그 응답은 언제나 하나의 '계획'이라는 형태로 다가온다. 그 계획은 초자연적인 기적이 아닌 자연스럽고 물질적인 수단과 경로를 통해, 그 기도의 목적을 실현하기에 가장 적합한 방식으로 펼쳐진다.

그러나 그 계획이 현실이 되기 위해서는 반드시 행동이 뒤따라야 한다. 기도는 문을 열지만, 그 문을 우리의 발걸음으로 통과해야 한다. 기도만으로는 충분하지 않다. 기도는 방향을 제시하고, 행동은 그 방향을 따라 나아간다.

나는 기적을 통해 내게 이로운 방향으로 흐름을 바꾸는 기도의 방식을 알지 못한다. 또한 자연의 섭리를 거스르거나 멈추게 하는 기도의 형태도 알지 못한다. 지금까지의 모든 탐구와 경험을 통해 내가 발견한 단 하나는, 기도가 응답되는 순간은 언제나 우주의 질서 안에서 이루어진다는 사실이다.

그리고 나는 알게 되었다. 두려움이 스며든 마음으로는 아무리 간절한 기도를 드린다 할지라도 결코 원하는 결실을 맺을 수 없음을. 기도는 믿음 위에 피어나며, 믿음 없는 기도는 그 뿌리를 잃은 꽃과 같다.

내가 '또 다른 자아'를 더 깊이 알게 된 이후, 기도의 방식은 이전과는 전혀 달라졌다. 과거에는 어려움에 부딪힐 때만 기도했으나, 이제는 어려움이 닥치기 전에 미리 기도한다.

이제 나는 더 많은 재물이나 더 큰 축복을 구하지 않는다. 다만 이미 내게 주어진 자산에 걸맞은 사람이 되어 현명하게 쓰기를 기도한다. 나는 이 길이 예전의 방식보다 훨씬 더 나음을 깨달았다. 무한지성은 내가 감사의 마음을 드러내고 나의 노력으로 맺은 결실에 고마움을 표하는 마음을 기꺼이 받아 주시리라 믿는다.

처음으로 이미 가진 것에 대한 감사의 기도를 드렸을 때, 내가 얼마나 큰 자산을 소유하고 있는지 그러면서도 그 자산을 얼마나 당연하게 여겨 왔는지를 깨닫고 실로 놀라지 않을 수 없었다.

내가 갖고 있음에도 깨닫지 못했던 자산은 아래와 같다.

나는 병으로 손상된 적 없는 건강한 몸을 가지고 있음을 발견했다.

나는 균형 잡힌 마음을 소유하고 있음을 발견했다.

나는 정신과 육체, 모든 면에서 원하는 만큼의 자유를 누리고 있음을 발견했다.

나는 수많은 사람에게 유익한 도움을 줄 수 있는 창조적 상상력을 가지고 있음을 발견했다.

나는 인류 문명이 발전시킨 국가 중 가장 우수한 나라의 시민임을 발견했다.

나는 덜 행복한 사람들을 돕고자 하는 꺼지지 않는 열망을 지니고 있음을 발견했다.

나는 인류가 추구하는 최고의 목표인 행복을, 경제 공황의 한가운데에서도 얼마든지 누릴 수 있음을 발견했다.

지금 이 순간, 전 세계는 거대한 변화를 겪고 있으며 수많은 사람들이 걱정과 의심, 우유부단과 두려움 속에서 공포에 사로잡혀 있다. 내게는 지금이야말로 의심의 갈림길에 선 이들이 '또 다른 자아'를 만나기 위해 노력해야 할 때라고 생각한다.

'또 다른 자아'를 찾기 위한 길을 가고자 한다면, 먼저 자연의 언어에 귀 기울이면 지혜로운 시작이 된다. 별은 인간의 불안이나 전쟁의 소용돌이에도 흔들림 없이 밤하늘에 제자리를 지키며 빛나고, 태양은 여전히 대지에 온기와 광명을 내려 풍요로운 수확을 가능케 한다. 물은 언제나 낮은 곳을 향해 흐르며, 하늘을 나는 새들과 숲속의 짐승들은 날마다 먹이를 얻는다. 고요한 밤이 지나면 반드시 아침이 오고, 느릿한 겨울 뒤에는 활기찬 여름이 어김없이 찾아온다.

계절은 대공황 이전과 다름없이 순환하며, 자연은 그 질서를 잃지 않는다. 오직 인간의 마음만이 멈추었으며, 그 근원은 두려움에 있다. 그러나 단순한 자연의 흐름을 바라보기만 해도 두려움을 믿음으로 전환하려는 이들에게는 분명한 출발점이 된다.

나는 예언자가 아니지만, 한 가지는 확신한다. 믿음의 성질을 바꾸는 순간, 삶의 물질적·재정적 현실 또한 서서히 그 빛깔을 달리하기 시작한다. 변화는 마음에서 비롯되며, 자연은 그 진리를 조용히 증명하고 있다.

'믿음(Belief)'이라는 단어를 '바람(Wish)'이라는 단어와 혼동해서는 안 된다. 이 둘은 결코 같지 않다. 누구나 더 나은 재정적 조건을 원할 수 있고, 물질적 풍요를 꿈꿀 수 있으며 또한 정신적 성장을 바랄 수 있다. 그러나 바람은 바람에 그칠 뿐이다. 즉, 바람은 누구나 품을 수 있지만, 이를 현실로 옮겨가기 위해서는 한 단계 더 높은 힘이 필요하다. 바로 믿음이다. 이 말은 단순히 원하는 정도만으로는 아무 일도 일어나지 않는다는 뜻이다. 신념이라는 요소가 개입되어야 비로소 바람은 믿음이 되고, 믿음은 구체적인 결과로 실현된다.

합리적 한계 안에서 자신의 '또 다른 자아'를 발견하고, 신뢰하는 사람에게 불가능은 존재하지 않는다. 인간이 진실이라고 굳게 믿는다면, 기묘하게도 결국 현실 속에서 진실이 되는 경향이 있다. 이 믿음은 비록 단순한 이론에 지나지 않는다 해도, 왜 어떤 기도는 응답되고 또 대부분의 기도는 응답되지 않는가에 대한 해답을 내게 건네준다.

기도란 흘러나오는 생각이며, 때로는 소리로 터져 나오고, 때로는 고요한 침묵 속에서 빛을 드러낸다. 나의 경험에 따르면 침묵의 기도 역시 입술로 토해 낸 기도와 다르지 않은 강력한 힘을 지니고 있다. 그리고 그 기도의 성패는 언제나 기도하는 사람의 마음 상태에 달려 있다.

나는 이러한 관찰을 통해 깊이 확신하게 되었다. 기도에 응답하는 힘은 따로 존재하지 않는다. 도토리를 거목으로 키워내고, 알 속의 새를 깨우며, 미세한 두 세포를 자라나기 하여 인간이라는 불가사의한 존재를 형성하는 바로 그 힘과 다르지 않다.

마침내 '또 다른 자아'의 도움과 《성공의 법칙》 시리즈의 의미 있는 판매 덕분에 나는 모든 근심을 뒤로하고 다시금 운명의 별이 힘차게 솟아오르는 희망을 보았다. 돈은 너무도 빠르고 손쉽게 흘러들어와 더 이상 돈으로 못 할 일은 없어 보였다. 나는 오랫동안 꿈꾸어 온 대로, 캐츠킬(Catskill) 산맥에 축구장 약 340개 정도 규모의 아름다운 대지를 마련하려 했다. 그곳에는 15만 달러가 넘는 대저택과 주변 시설들이 있었다. 또한 그토록 오랫동안 갈망해 오던 롤스로이스 자동차를 조만간 몰게 될 터였다. 분명 나는 인생이란 강에서 성공의 물결을 타고 거침없이 흘러가고 있었다.

하지만 그 길모퉁이 너머에서 운명의 여신이 나를 내려칠 무거운 채찍을 들고 기다리고 있음을 알았더라면, 나는 그 순간 더 낮은 자세로 삶을 마주했을 것이다. 지금 돌아보면 풍요가 불러온 나의 경솔함은 이미 우주의 섭리를 거스르고 있었다. 나는 알고 있다. 번영의 순간에 이성을 잃는 것이 인간이 흔히 저지르는 치명적인 실수라는 사실을.

나는 여전히 포드 씨에게서 배워야 할 위대한 교훈 하나를 남겨두고 있었다. 바로 성공의 순간에 반드시 지녀야 할 겸손과 자기 절제의 교훈이었다. 이제는 안다. 대부분의 사람은 실패와 가난이 안겨 주는 낙담을 견뎌 내는 데에는 강하지만, 성공과 부가 가져다주는 힘을 다스리는 데에는 훨씬 더 서투르다는 사실을 말이다.

나는 꼬박 1년 동안 넘쳐흐르는 풍요의 구름 속에 떠 있는 삶을 허락받았다. 그러나 곧 이전의 모든 실패와 역경이 사소하게 보일 만큼 거대한 사건이 닥쳐왔다. 나의 영혼을 그 어느 때보다 혹독하게

 마스터 마인드

시험하는 운명이었으며, 동시에 물질적 자유와 정신적 자유 위에 세워진, 내가 그전에는 결코 알지 못했던 영원한 평화의 우주 섭리를 깨닫게 하는 시간이기도 했다.

주식 시장은 붕괴했고, 대공황이 시작되었다.

풍요와
빈곤

Part 5

풍요와
빈곤

대공황의 그림자가 드리우기 직전, 행운은 잠시나마 내게 조용히 미소를 건넸다. 저서들의 성공은 나를 새로운 지평으로 이끌었고, 〈뉴욕 이브닝 그래픽(New York Evening Graphic)〉에 연재한 칼럼은 뜻밖의 반향을 일으켰다. 하루 평균 60만 명에 이르는 독자들과 사유를 나누게 되었고, 그중 수천 명은 삶의 고뇌와 갈림길에서 조언을 구하는 편지를 보내왔다. 편지의 양이 폭증하자, 신문사는 다섯 명의 비서를 배정해 나를 돕게 했다.

마침내 여덟 해 전 아이오와의 동문회에서 내가 보여 줬던 쇼맨십이 실질적인 결실을 이어지기 시작한 순간이었다. 신문 발행인은 구독자 수의 급증에 고무되었고, 칼럼을 시작한 첫 석 달 동안 일일 발행 부수는 30만 부 이상 증가하였다. 사업부는 독자 유입의 원인을 면밀히 분석했다. 시간이 흐른 뒤 알게 된 사실이지만 내 칼럼은 다른 모든 콘텐츠를 합친 숫자보다 다섯 배나 많은 독자를 끌어모았다고 한다. 이는 당대 최고의 칼럼니스트였던 월터 윈첼(Walter

Winchell)의 글과 나란히 실렸음에도 이룬 성과였다.

내가 〈뉴욕 이브닝 그래픽〉 같은 종류의 신문에 기고한 결정을 두고, 많은 지인이 적잖이 나를 질책했다. 그들은 내가 위대한 지성들과 협력하고 또 그들의 너그러운 호의로 정립하게 된 건전한 철학을 저급한 매체의 지면을 통해 세상에 내놓음으로써 나 스스로 그 가치를 훼손하고 있다고 주장하였다. 심지어 온화한 인품으로 널리 알려진 찰스 M. 슈왑 씨조차 내게 깊이 되새겨야 할 숙제를 건넸다.

"카네기 씨라면 당신이 선택한 그 신문에 자신이 중추적 역할을 하며 정립한 철학을 발표한 일을 자랑스럽게 여기지는 않을 것이오."

그 말은 내가 〈뉴욕 이브닝 그래픽〉과 맺고 있던 관계에 대해 처음으로 진지하게 성찰하게 만든 일침이었다. 그가 누구보다 카네기 씨와 가까웠던 인물이었기에, 그의 말은 곧 카네기 씨의 생각을 대변한다고도 볼 수 있었다. 내가 어쩌면 잘못된 선택을 했을지도 모른다는 생각에 이르렀다.

그러나 다른 시각도 분명 존재하였다. 〈뉴욕 이브닝 그래픽〉의 발행인 맥패든 씨는 내 재능을 먼저 알아본 인물이었으며, 그는 내게 아낌없는 지면과 제한 없는 표현의 자유를 허락해 주었다. 나는 그에게 감사의 마음과 동시에 일종의 의무감을 느꼈고, 바로 그 마음이 외부의 모든 비판을 기꺼이 감내할 수 있는 용기로 이어졌다.

더욱이 매일 나의 칼럼을 읽는 수천 명의 남녀 독자들을 통해 그동안 연구해 온 성공의 원리를 다양한 일상적 문제에 적용해 보는 전례 없는 기회를 얻을 수 있었다. 나는 이전의 어떤 신문도 시도하지 않았던 방식으로, 독자들의 삶에 실질적인 도움을 주고 있었다. 개인과 소상공인의 문제 해결을 도왔고, 발명가들에게는 그들의 아이디어를 어떻게 보호할지에 대한 실질적인 조언을 제공하였다. 또 가정이 파탄 나기 직전의 부부들에게는 화해의 길을, 절망에 빠진 청년들에게는 다시 일어설 수 있는 희망의 방향을 제시하였다.

이처럼 추문을 중심으로 다루며 흑색 매체로 인식되는 대중 신문에 철학적 성찰을 담은 칼럼을 연재함으로써 발생할 수 있는 이미지 손실은 수많은 독자의 삶에 실질적인 변화를 일으킨 나의 구체적 기여 앞에서 충분히 상쇄되고도 남았다.

이번 경우에도 그리고 내가 인생의 갈림길에서 선택을 내려야 했던 모든 순간마다, 나의 신념은 나 자신을 해치지 않으면서도 타인에게 해를 끼치지 않는 길을 열어 주는 기회를 내게 안겨 주었다.

그 무렵 맥패든 씨와 〈뉴욕 이브닝 그래픽〉의 사업부장 마틴 웨이라우흐(Martin Weyrauch) 그리고 편집 고문단의 수장 풀턴 아우슬러(Fulton Oursler)는 내가 편집장으로서 지휘하는 아래 새로운 잡지를 창간하자는 구상을 세우고 있었다. 새로운 간행물의 출간을 위한 무대가 서서히 마련되고 있을 때, 맥패든 조직 내에서 재기 넘치는 한 재무 담당자가 그다지 현명하지 못한 아이디어를 내놓았다. 잡지를 독립적인 사업 구조로 운영하여, 수익을 스스로 창출하도록 하자는 제안이었다. 그 부담은 고스란히 내게 돌아오게 되어 있었다.

웨이라우흐 씨가 내게 전달한 서면 제안서에는 다음과 같은 내용이 담겨 있었다.

1. 맥패든 사단이 내 저서의 출판과 판매를 맡고, 통상적인 인세를 지급한다.

2. 그 인세는 먼저 잡지의 운영비로 충당되고, 나는 연간 6,000달러의 급여를 받는다.

3. 잡지가 수익을 내기 전까지는 인세를 받을 수 없다. 이후 잡지가 흑자로 전환되면 그때부터 인세 전액을 지급한다.

나는 그 제안서에 담긴 내용이 내 지성을 모욕하는 일이라 판단했고, 그 점을 분명하고 단호하게 밝혔다. 나의 반응은 매우 강경했으며, 그 결과 잡지 창간 프로젝트는 잠정적으로 중단되었다. 이를 계기로 나와 맥패든 사단의 일부 인사들과 갈등이 생기게 되었다. 그리고 몇 주 후, 나는 캐츠킬 산맥에 위치한 부지를 매입하여 오랜 시간 품어온 계획을 실행에 옮기기 시작했다. 바로 전국 각지에서 사람들이 찾아와 성공 철학을 배우게 될 학교를 운영하는 일이었다.

맥패든 씨가 내가 학교를 설립하려 한다는 사실을 처음 알게 된 때는 아이러니하게도 그의 신문 지면에 그 소식이 실렸을 때였다. 그가 이 일과 관련해 웨이라우흐 씨에게 어떤 말을 건넸는지는 알 수 없지만, 웨이라우흐 씨가 내게 전한 말 한마디는 내가 주저 없이 사직을 결심하게 했다. 이후 칼럼 운영은 그의 손에 맡겨졌다. 그는 링컨 애덤스(Lincoln Adams)라는 펼명을 사용하는 유능한 작가를 투입하여 칼럼을 살리려 했다. 애덤스 씨는 내가 이전에 썼던 글과 자료를 최대한 활용하여 칼럼 연재를 이어 가려 애썼다. 그러나 그 시도는 며칠 버티지 못했고, 결국 칼럼은 폐지되었다.

맥패든 씨와의 관계가 그러한 방식으로 단절되어 참으로 안타까웠다. 그러나 나는 이런 결과가 전적으로 그의 잘못만은 아니라는 점을 분명히 인식하고 있다. 그의 사업 제국은 너무나 방대해졌고, 그를 둘러싼 '마스터 마인드 그룹'의 동료 중 일부는 내가 믿고 실천해 온 성공 철학의 핵심 사상인 황금률과 상충되는 가치관을 지니고 있었다. 우리는 그 차이를 받아들여야만 했다. 시간이 흐르며 우리 사이의 균열은 서서히 회복되었고, 결국 시간은 인간 사이의 갈등을 치유하는 가장 조용하고도 강력한 힘이 되어 주었다.

나는 부지에 인부들을 투입하여 학교 설립을 위한 준비 작업에 착수하였다. 학교 운영의 실질적인 책임을 맡을 유능한 교육자를 물색하던 중, 보스턴 출신의 제임스 콜비(James Colby) 박사를 만나게 되었다. 콜비 박사는 본래 변호사로 활동하던 인물이었으나, 자신의 법률 업무를 접고, 내가 구상한 계획을 성공적으로 실현하기 위해 꼭 필요했던 '마스터 마인드' 그룹의 일원이 되고자 모든 준비를 마친 채 나와 힘을 합치기로 하였다.

그들 중에는 허스트(Mr. Hearst) 소유의 뉴욕주 알바니 신문 발행인이 있었고, 또 하나는 뉴욕주 소거티스(Saugerties)의 신문을 발행하던 아서 F. 션(Arthur F. Schoen) 씨가 있었다. 내가 부지를 매입한 에드윈 C. 캐드웰(Edwin C. Cadwell)을 비롯해, 이 외에도 많은 인사들이 깊은 관심과 지지를 보내 주었다.

내 계획이 공식적으로 발표되던 날, 나는 내가 구입한 부지에서 성대한 리셉션을 열어 카운티 주민 모두를 초대하였다. 상상 이상으로 몰려든 인파에 결국 주 경찰 측에서 교통 통제를 위해 특별 인력을 파견해야 할 정도였다. 이날 참석한 손님은 총 3,000명을 웃돌았다. 영화 촬영기사들도 현장에 나와 하루 동안 벌어진 주요 장면들을 촬영했고, 뉴욕시로부터 수백 명의 손님을 태운 특별 전세선 두 척이 도착하였다.

그날의 풍경은 마치 온 세상이 마침내 한 젊은 산골 청년, '힐(Hill)'이라는 이름의 사나이가 이룩한 봉사의 가치를 알아보게 된 것처럼 보였다. 그날 행사에 참석한 신문 칼럼니스트 아서 브리즈번은 아서 션과 나와 대화를 나누던 중, 무심한 듯 이런 말을 건넸다.

"오늘 내가 여기서 본 이야기를 칼럼에 써서 실을 수 있다면, 당신이 학교를 열었을 때는 이곳에 몰려들 인파를 다 수용할 공간이 없을지도 모릅니다."

그는 대수롭지 않게 던진 한마디였지만, 내게는 강렬한 영감을 주었다. 나는 브리즈번 씨가 진실을 말하고 있음을 직감적으로 알았다. 다음 날 나는 그에게 전화를 걸어 그의 자택에서 만나기로 약속을 잡았다. 집에 도착하자마자 나는 그에게 간단히 말했다.

"제안하고 싶은 사업이 하나 있습니다. 여기 요점을 짧게 정리해 왔습니다."

나는 요약한 종이를 그에게 건넸고, 거기에는 다음과 같은 제안이 적혀 있었다.

"당신이 '투데이 칼럼(Today column)'에서 내가 정립한 철학과 이를 세상에 전하고자 설립하려는 학교에 대해 플로리다의 아름다움을 언급하셨던 때처럼 지속적이고 정기적으로 언급해 주신다면, 나는 이 철학의 절반 지분을 당신께 드리겠습니다. 그리고 이 철학이 4년 안에 당신에게 백만 달러의 수익을 보장하지 못할 경우, 나는 내 인생 전부를 바쳐 쌓아온 이 작업을 당신께 온전히 드리겠습니다."

내가 플로리다를 언급한 이유는 명확했다. 과거 그가 칼럼에서 플로리다의 찬란한 장점들을 언급한 결과, 그 지역은 단기간에 엄청난 부동산 붐이 일었고, 이후 거품이 꺼지며 가격이 폭락한 일이 있었기 때문이다. 그만큼 그의 글은 대중의 행동에 강력한 영향을 미쳤다.

나는 이 제안을 서면으로 전달하였다. 왜냐하면 아서 션이 동행하고 있었고, 그 앞에서 브리즈번 씨를 따로 불러 제안을 설명한다면 예의에 어긋난다고 생각했기 때문이다. 또한 그에게 제안의 전모를 알리고 싶지 않았던 이유도 있었다.

우리는 식당에 앉아 있었고, 나는 브리즈번 씨에게 제안서를 건넸다. 그는 서류를 아주 천천히 읽은 뒤, 종이를 접고 말없이 창밖을 바라보았다. 침묵은 삼 분 가까이 이어졌다. 그러고는 자리에서 일어나 식탁을 천천히 여러 차례 돌았고, 마침내 네 마디로 대답을 외치듯 뱉어 냈다.

"나는 할 수 없소!"

그는 다시 식탁을 서너 바퀴 돌고 나서야 자리에 앉았다. 그러고는 차분한 목소리로, 내가 요청한 협력에 응할 수 없는 이유를 조목조목 설명하기 시작했다.

"나는 당신이 이 사업을 해낼 수 있으리라 믿습니다. 그리고 백만 달러라면 내게도 무척 유용하겠지요."

그는 이미 2,000만 달러에 가까운 재산을 보유한 자산가였다.

"하지만 문제는 내가 맺은 계약 때문이오. 그 계약은 출판사의 동의 없이는 어떤 외부 활동에도 참여할 수 없게 되어 있소. 사실 그뿐이라면 어떻게든 해결할 수도 있겠지요. 그러나 당신이 언급한 플로리다 부동산 광풍 이후로 상황은 달라졌소. 당시 내가 칼럼에서 플로리다의 장점을 강조한 뒤, 플토리다를 편애했다는 이유로 캘리포니아 사람들의 격렬한 항의를 받았소. 지금 당신에게 필요한 수준의 홍보를 제공한다면 또다시 거센 비난이 쏟아질 게 분명하오. 나는 당신이 내가 아는 누구보다도 더 많은 선을 베풀고 있다고 믿고 있소. 또 내가 드릴 수 있는 모든 협력을 받을 자격이 충분히 있다고도 생각하지만… 나는 도저히 그럴 수 없소."

그가 설명한 상황의 핵심은 명확했다. 나는 브리즈번 씨를 통해 그가 가진 미국 전역의 칼럼 독자 수백만 명에게 나의 철학을 전할 수 있는 일생일대의 기회를 알아보고 붙잡으려 했다. 내가 〈뉴욕 이브닝 그래픽〉의 지면을 통해 도왔던 방식과 유사했지만, 그보다 훨씬 더 거대한 규모였다. 그러나 내 힘으로는 어찌할 수 없는 상황이 그 기회를 순식간에 앗아 갔다. 하지만 그 결과로 내 일생의 성과에 대한 최종적 책임과 통제권은 오롯이 내 손안에 남게 되었다.

나는 깊은 실망감을 안고 집으로 돌아왔다. 그러나 션 씨와 함께

집에 도착했을 때, 그는 나를 위로하기 위해 한 가지 제안을 건넸다. 그 말은 당시에는 우리 둘 다 그 의미를 다 헤아릴 수 없었지만, 시간이 지나며 그가 건넨 위로는 더 큰 의미를 지니게 되었다.

"어쩌면 시간이 지나면 브리즈번과의 동맹 없이도 더 나은 결과를 얻게 될지도 모르오."

훗날 그의 말이 옳았음이 증명되었다. 비록 그 순간에는 받아들이기 어려운 말이었지만 말이다.

브리즈번과 맥패든 씨와의 관계를 더 언급하기에 앞서, 나는 두 사례가 내 철학에 대한 통제권을 거의 잃을 뻔한 경험이었다는 점을 먼저 밝히고자 한다. 사실 나는 과거에도 여러 차례, 철학의 일부분에 대한 통제권을 넘기려 했다. 그러나 그 통제권을 내 손에서 놓으려는 순간마다, 어김없이 뜻밖의 전환을 맞이하곤 했다. 이번 두 경우처럼, 내 의도는 갑작스럽게 바뀌곤 하였다.

훗날 내가 성공 철학의 '마스터키'를 발견하게 해준 우주의 섭리를 분석하는 부분에서, 왜 나의 모든 시도가 그렇게도 '기적처럼' 좌절되었는지를 상세히 설명하겠다. 지금 단 하나만은 분명히 말할 수 있다. 이는 결코 초자연적 힘 때문이 아니었다는 점이다.

브리즈번 씨가 과거 플로리다 토지 광풍을 일으켰을 때처럼 자신의 칼럼을 통해 적극적인 홍보를 해주기를 거절했음에도 불구하고, 나는 흔들림 없이 앞으로 나아갔다. 이미 수많은 난관을 극복해 온 경험이 있었고, 어떤 장애물이라도 돌아서 갈 수 있다는 확신이 내 안에 자리하고 있었기 때문이다. 더구나 《성공의 법칙》 시리즈는 이미 출간되어 있었고, 내 성공 철학 사상은 이미 전국 곳곳에서 영향력 있는 인사들의 뜨거운 지지를 받고 있었다.

금전적인 면에서도 크게 걱정할 일이 없었다. 한 달에 6,000에서 7,000달러의 순수익을 올리고 있었기에 돈 문제는 염려할 바가 아니었다. 내가 말하는 시점은 1929년 초였는데, 당시에는 가장 지혜로운 이조차도 곧 들이닥칠 대공황의 그림자를 예측하지 못했다. 설령 내가 미리 알았더라도 대수롭지 않게 여겼으리라. 왜냐하면 나는 이미 열일곱 가지 성공의 원칙을 정립했고, 이를 결합하면 어떠한 난관도 극복할 수 있다는 확고한 믿음을 지니고 있었기 때문이다.

열일곱 가지 성공의 원칙

* 목적의 명확성

* 마스터 마인드 연합

* 실천적 신념

* 한 걸음 더 나아가기

* 호감 가는 인격

* 개인적 주도성

* 긍정적 사고방식

* 열정

* 자기 절제

* 정확한 사고

* 집중력의 통제

* 팀워크

* 역경과 실패

* 창의적 비전

* 건강

* 시간과 돈의 예산화

* 습관

　1929년의 봄과 여름 내내 모든 일은 더없이 순조로웠고, 나는 새 학교 설립을 위한 계획에 전념하고 있었다. 그러나 그 평온은 예고 없이 무너졌다. 어느 날 갑자기 주식 시장이 붕괴했고, 수백만 명이 공포의 소용돌이에 휘말렸다. 나는 거래 차익을 통해 무언가를 얻으려 애쓰던 사람들이 순식간에 아무것도 얻지 못한 채 모든 것을 잃는 모습을 지켜보며, 씁쓸한 웃음을 지었다. 물론 그 혼란은 내게 직접적인 영향을 미치지 않았다. 나는 주식 시장에 전혀 관여하고 있지 않았고, 때문에 그 사태에 크게 충격받을 일도 없었다. 나는 그 상황이 곧 지나가리라 믿었고, 세상은 몇 달 안에 다시 제자리를 찾게 될 것이라 확신하고 있었다.

　금융 공황이 막 시작된 시기, 나는 몰몬 교회(Mormon Church)의 한 저명한 인사로부터 초청을 받았다. 유타(Utah)로 와서 몰몬 교도들에게 강연을 해달라는 요청이었다. 그 제안은 출처가 분명했고, 동기 또한 진지하고 성숙했기에 나는 이를 거절할 이유를 찾을 수 없었다. 결국 나는 뉴욕과 내 개인적인 모든 일을 뒤로한 채, 석 달간

오로지 그 사명을 위해 나의 시간과 정성을 바쳤다. 돌이켜 보면 그 시기는 내 인생 전체에서 가장 가치 있는 깨달음을 얻은 시기였다.

첫 강연은 유타주 솔트레이크시티(Salt Lake City)의 유타 호텔에서 이루어졌다. 나는 세 차례 강연을 진행했는데, 첫날 밤 강연장은 발 디딜 틈 없이 가득 찼다. 본래 1,500명을 수용하는 공간이었는데 복도 좌석과 입석을 포함해 약 2,000명의 청중으로 메워졌고, 인원 초과로 6,000명이 넘는 인원이 강연장 입구에서 발길을 돌려야 했다. 강연 시작 30분 전, 호텔의 문은 조기 폐쇄되었으며, 소방서가 출동해 복도에 선 사람들을 퇴장시킬 뻔한 상황까지 벌어졌다.

솔트레이크시티를 시작으로 나는 유타 전역의 주요 도시를 순회하며 강연을 이어갔고, 여정은 콜로라도, 아이다호, 캘리포니아까지 확장되었다. 어느 도시를 가든 강연장은 인파로 가득 찼고, 나는 몰몬 교도들과 깊게 교류함으로써 내 철학의 원칙들이 실제 삶에서 얼마나 실용적인지를 생생히 검증할 수 있었다.

몰몬교는 오래전부터 그러한 원칙들을 실제로 실천해 오고 있었다. 그들의 체계적인 구조는 마스터 마인드 원칙, 목적의 명확성, 주도성 그리고 '받은 것 이상을 행하는 습관'이 얼마나 강력한 힘을 발휘하는지를 보여 주는 모범적 사례였다. 특히 구성원들이 서로가 서로를 돕도록 조직된 마스터 마인드 시스템은 실로 효과적이었다. 나는 그들 사회에 빈민구호소도, 거지도 존재하지 않는다는 사실에 깊은 인상을 받았다.

더욱 놀라웠던 점은 아이들이 예배를 직접 이끌도록 하는 몰몬 교회의 예배 방식이었다. 이는 어린이들에게 자립심과 주도성을 심어 주는 탁월한 교육이면서 상당수의 아이들은 경험하지 못하는 귀중한 성장의 기회였다.

몰몬 교도들에게서 내가 얻은 가장 위대한 교훈은 "모든 역경은 그에 상응하는 가치의 씨앗을 품고 있다"는 진리를 그들이 삶으로 증명하며 살아간다는 점이다. 박해 속에서 삶의 터전을 잃고 쫓겨난 몰몬 교회의 창립자들은 적대적인 원주민과 야생 동물 그리고 미개척지의 불모의 땅이라는 삼중의 시련 속에서 인간의 한계를 뛰어넘는 고난을 견뎌 냈다. 그들은 희생을 감내하며 길을 개척했고, 그 혹독한 경험 속에서 피어난 '가치의 씨앗'은 바로 '협력의 정신'이었다.

협력의 정신은 우호적이며 누구와도 조화를 이루는 힘을 지녔고, 몰몬 공동체가 삶의 실질적인 영역에서 실패를 거의 경험하지 않게 만드는 원동력이 되었다. 그들은 고난을 통해 연대했고, 연대를 통해 번영했다. 나는 그들의 삶에서 역경이 단지 고통이 아니라 성장과 조화의 가능성을 품은 씨앗임을 배웠다.

1930년 초 뉴욕으로 돌아왔을 때, 대공황은 여전히 지속되고 있었지만, 나는 그 상황이 오래 지속되지는 않으리라 확신하였다. 그러나 그 시점에서 내 책의 판매는 눈에 띄게 감소하였고, 강연 요청도 줄어들었다. 이렇게 경제적 폭풍이 전국을 휩쓸고 있다는 명백한 징후들이 나타나고 있었다. 그럼에도 나는 많은 친구와 지인들이 공포의 소용돌이에 휘말리는 가운데서도 나 자신은 그 영향권 밖에 있다고 느꼈다. 흔들림 없이 계획을 계속 추진하였고, 그 폭풍의 물결을 타고 나아갈 수 있으리라 믿었다.

그 후 2년 동안 수많은 사람들이 마스터 마인드 원칙을 외면한채, 두려움과 의심에 사로잡혀 살아가는 모습을 직접 목격했다. 그들은 창조적 협력 대신 불안과 회의에 에너지를 쏟았고, 그 결과는 참담했다. 나는 그 시기, 대공황이라는 거대한 격변 속에서 내 철학의 잃어버린 연결고리를 발견하게 될 운명이었음을 전혀 알지 못했다.

1931년 초가 되자, 내 재정 상태는 심각한 상황에 직면했다. 결국 캐츠킬 산맥의 부동산을 포기하고 학교 설립 계획을 보류해야 했다. 내가 그동안 쌓아온 성과를 지키기 위해 어떤 선택을 할 수 있을지를 면밀히 검토한 끝에, 나는 워싱턴으로 거처를 옮겨 새로운 책을 집필하는 데 전념하기로 결심하였다.

수입이 거의 바닥난 상황에서도, 나는 어떤 시련도 다시는 내 용기를 꺾을 수 없으리라 믿었다. 반면, 내가 알고 있던 대부분의 사람들은 두려움과 무관심이 뒤섞인 이상한 무기력증에 사로잡혀 있었다. 나는 실패와 역경의 시기를 지나며 마주한 거의 모든 사람에게 공통된 하나의 징후를 보았다. 단순한 낙담이 아니었다. 삶의 방향을 잃고, 희망마저 내려놓은 상태, 바로 정신적 마비였다.

내가 워싱턴에 도착한 직후, 1932년의 그 혹독한 시절을 버텨 내는 데 있어 가장 큰 용기를 주었던 일이 하나 있었다. 당시 수십만 명의 실직한 퇴역 군인들이 워싱턴 외곽에 천막을 치고 야영지를 형성하고 있었다. 그들의 움직임은 언제든 혁명으로 이어질 수 있는 불길한 기색을 내비치고 있었다. 바로 그 무렵, 나는 대니엘 C. 로퍼 경 (Honorable Daniel C. Roper)의 비공식 오찬에 초청받았다. 그는 전 국세청장이자 관세위원회 위원장이며, 훗날 상무장관이 된 인물이었다.

그 자리에서 나는 그의 친구들과 그의 아들을 포함한 여러 사람들과 인사를 나눌 수 있었다. 나를 소개하며 로퍼 씨는 이렇게 말했다.

"이분은 자신의 분야에서 일하는 사람들 가운데, 이 세상을 더 나은 곳으로 만든 데 있어 가장 큰 기여를 한 분입니다."

그 말은 너무도 뜻밖이었다. 모임이 끝난 후 나는 조심스럽게 그에게 다가가 물었다. 내가 제대로 들은 게 맞는지, 그리고 그 말이 진심에서 비롯됐는지 확인하고 싶었다. 그는 고개를 끄덕이며 말했다.

"당신이 들은 그대로이고, 나는 한 치의 거짓도 없는 마음으로 그 말을 했습니다."

그는 어느 날 우연히 내가 쓴 여덟 권의 책을 접하게 되었고, 책을 정독하고 나서 자신이 평생 기다려 온 실용적 철학이 그 안에 완벽히 담겨 있다는 사실에 놀라움을 금치 못했다고 전했다.

그로부터 약 1년 후, 로퍼 씨는 자신이 오랫동안 구상해 온 '비지니스 철학'의 개요서를 내게 건넸다. 그 안의 핵심 원칙들은 내가 정립한 성공 철학의 원칙들과 거의 완벽하게 일치하고 있었다. 그 계획은 그가 나를 알기 훨씬 이전에 작성된 내용이었다. 나는 미국에서 가장 실무적인 지성을 지닌 사상가 중 한 사람이 내 작업에 깊은 공감을 표하고 찬사를 보냈다는 사실에 큰 용기와 확신을 얻었다.

오찬 자리에서 소개받았던 로퍼 씨의 아들은 미 육군 장교였다. 그로부터 몇 달 후, 그는 내게 편지를 브내왔다. 그는 내 철학이 담긴 여덟 권의 전집을 모두 읽었다그 하였고, 그 책들을 정부가 공식 채택하여 모든 병사가 필수로 이수해야 할 교재로 삼도록 노력해 달라고 강력히 권유하였다. 그러나 당시로서는 그 제안을 실행할 방법이 없었다. 대공황이 오래 이어지자 고위 정부 관계자들조차 심리적으로 불안정한 상태에 있었고, 그들과 의미 있는 대화를 나누는 일 자체가 사실상 불가능한 상황이었기 때문이다.

조화로운 관계와 부조화의 관계가 남긴 교훈

로퍼 씨가 내 작업에 대해 보여 준 진심 어린 관심은 인간관계 속의 '조화'가 얼마나 중대한 의미를 지니는지를 다시금 깊이 일깨워 주는 계기가 되었다. 그 경험은 카네기 씨가 마스터 마인드 원칙의 핵심 사상으로서 '조화'를 강조한 의도를 더욱 명확히 이해하게 해 주었다.

나는 이제 인간관계의 조화라는 주제가 지닌 광범위한 영향력을 기반하여, 내 삶을 뒤흔들고 급격한 변화를 맞이하게 했던 몇 가지 결정적인 사건으로 독자를 안내하고자 한다. 단순한 개인적 일화가 아니라, 역경 속에서 내 철학이 어떻게 정제되고 통합되었는지를 보여 주는 증거가 되는 사건들이다.

지금부터 나는 내 삶에서 가장 사적인 영역, 가장 가까웠던 사람들과의 관계를 조심스럽게 드러내려 한다. 이는 단지 고백의 차원이 아니라, 나의 경험을 통해 삶의 방향을 찾고자 하는 이들에게 실질적인 교훈을 제공하기 위한 결정이다. 이 이야기를 따라가다 보면, 성공과 실패의 가장 근본적인 원인이 무엇인지 분명히 드러난다. 바로 인간관계이다.

내 삶의 궤적을 따라가 보면 세계에서 가장 위대한 지성들과 행운처럼 맺은 동맹을 통해, 인류 최초의 실용적인 성공 철학을 세상에 전하게 되었다는 사실을 분명히 알 수 있다. 그러나 이 여정에서 나의 길을 가로막았던 인물들과 조화롭지 못했던 관계의 교훈을 언급하지 않는다면, 그 이야기는 결코 완성될 수 없다.

나는 오랜 시간 인생에서 얻는 가장 값진 지혜는 타인과의 관계 속에서 태어난다고 강조해 왔다. 동시에 우리가 겪는 대부분의 해로운 영향 역시 타인과의 관계에서 비롯된다.

내가 위대한 성공을 이룩한 사람들을 분석하기 시작했을 때 가장 먼저 발견한 사실은, 그들 대부분이 신중하게 선택한 사람들과의 동맹을 통해 자신의 상상력과 자립심을 고양시켰다는 점이었다. 그 결과 그들은 일반인보다 훨씬 더 우월한 판단력을 가질 수 있었고 많은 기회를 누릴 수 있었다. 특히 비즈니스와 산업계의 걸출한 리더들을 분석해 보면, 그들의 삶에서 가장 큰 영향을 끼친 인물은 다름 아닌 배우자였다.

만약 사람을 성공으로 이끄는 습관 가운데 가장 결정적인 한 가지가 있다면, 바로 타인과 관계 맺는 습관이다. 이 습관은 사업, 전문직, 직업, 사회적 관계 그리고 무엇보다도 결혼이라는 삶의 전 영역에서 가장 중요한 자리를 차지한다. 왜냐하면 우리 삶을 구성하는 환경의 대부분은 타인의 영향 아래 있으며, 우리는 바로 그 관계들 속에서 인생의 패턴을 만들어 가기 때문이다.

그렇다면 '올바른 관계'란 무엇인가? 올바른 관계란 영구적이든 일시적이든 관계의 지속성에 상관없이, 모든 당사자가 각자 삶의 목표에 보다 가까이 다가갈 수 있도록 상호 간에 도움을 주고받는 동맹을 의미한다. 이러한 관계는 단순한 친밀감을 넘어, 정신적·정서적·실질적 성장의 기반이 되는 협력적 구조를 지닌다. 다시 말해 해악이나 적대감이 전혀 존재하지 않으며, 모든 참여자가 상호 존중과 신뢰를 바탕으로 삶의 질을 향상시키는 데 기여하는 관계야말로 진정한 '올바른 관계'라 할 수 있다.

이 주제의 중요성을 인식하려면, 대부분의 사람들이 평생 단 한 번도 완전한 조화를 이루는 관계를 경험하지 못한다는 사실을 되새겨야 한다. 조화가 결여된 관계 속에서는 어떤 사람도 정신적·영적·육체적 차원에서 의미 있는 성취를 얻을 수 없다. 그리고 이 단순하지만 심오한 진실을 이해하지 못하는 일이야말로, 인류가 겪는 수많은 불행의 가장 근본적인 원인이 된다. 조화 없는 관계는 갈등과 소외를 낳고, 이는 개인의 내면뿐 아니라 사회 전체의 건강성까지 위협한다. 따라서 인간관계의 조화는 단순한 이상이 아니라, 삶의 질을 결정짓는 필수적인 요소이다. 이를 실현하지 못한 채 살아가는 현실은 우리가 반드시 직시해야 할 과제이다.

인간관계는 결국 '습관'의 문제다. 특히 결혼이라는 가장 밀접한 관계에 있어, 이 사실은 더욱 명확하게 드러난다. 결혼한 이들 중 상당수는 사소한 말다툼, 잔소리, 비난, 불충과 같은 불화의 습관으로 인해 결국 이혼에 이르거나 혹은 서로를 소진시키는 더 안타까운 불행한 결합 속에 머물게 된다.

놀라운 사실은 이러한 습관이 대부분 결혼 초기에 형성된다는 점이다. 초기의 말투, 반응, 태도는 시간이 흐르며 관계의 구조를 결정짓는 틀로 굳어지고, 그 틀은 종종 갈등과 고통의 반복을 낳는다. 나는 이 주장을 단순한 의견이나 추측으로 제시하는 것이 아니다. 이는 내 결혼 경험은 물론, 수천 쌍의 부부를 면밀히 분석한 결과에서 도출된 명확한 결론이다.

이 주제는 단순히 누군가의 의견으로 치부될 수 없는 차원의 문제다. 왜냐하면 결혼은 인간관계 중 가장 중요하고도 결정적인 관계이기 때문이다. 결혼은 두 사람의 영혼을 하나로 결합시키며, 결국 두 사람 모두를 그들 중 더 강한 정신 상태에 종속시키는 구조를 갖고 있다. 자녀의 탄생은 그러한 영적 결합을 더욱 깊고 강하게 만들며, 실질적으로는 영적 공동체로서 불가분의 동반자 관계를 형성하게 된다.

나는 수천 명의 결혼한 남녀를 면밀히 분석한 끝에, 부부 간의 조화 또는 그 결핍이 결혼의 성공과 실패를 결정짓는 가장 핵심적인 요인이라는 사실을 발견하였다. 한때 나는 "아내가 남편을 성공으로 이끌 수도 있고, 실패로 이끌 수도 있다."라는 말을 온전히 믿지 못했다. 그러나 지금은 단언할 수 있다. 성공한 남성들은 하나같이 자신의 성공을 아내 혹은 선택한 여성에게 가장 크게 빚지고 있다는 사실을 누구보다도 잘 알고 있다는 점에서, 그 말은 단지 사실이 아니 불변의 진리이다.

성공시키거나, 파멸시키거나

이 주제를 마무리하기에 앞서, 나는 왜 이 이야기를 꺼내게 되었는지를 분명히 밝히고자 한다. "한 남자의 아내는 그를 성공으로 이끌 수도, 실패로 몰아넣을 수도 있다"는 말만으로는 충분하지 않다. 그 성공과 실패가 실제로 어떻게, 어떤 과정을 통해 일어나는지를 구체적으로 밝히지 않는다면, 그 말은 결국 공허한 격언에 지나지 않는다.

이제 나는 하나의 선택 앞에 서 있다. 나의 결혼에 얽힌 개인적이고도 민감한 경험을 독자에게 솔직히 털어놓을 것인가, 아니면 이 사적이지만 중요한 맥락들을 생략함으로써 독자의 마음에 의문만 남겨둘 것인가. 나는 후자를 택하지 않기로 했다. 인생이 그 노력에 걸맞은 보상을 주도록 돕기 위해 필요하다면 모든 진실을 숨김없이 나누기로 결심했다.

작가가 자신의 결혼 생활이라는 가장 사적인 영역까지 글로 드러내는 것이 과연 적절한가에 대한 판단은 오직 작가 자신만이 내릴 수 있는 일이다. 나는 그 판단의 책임을 기꺼이 감수하며, 내 삶의 중요한 국면을 독자 앞에 솔직하게 펼치고자 한다.

나의 첫 번째와 두 번째 결혼 생활을 돌이켜 보면 그 안에서 얻을 수 있었던 모든 것을 다 얻지는 못했지만, 그 어떤 점에서도 부끄러워할 만한 일은 없었다. 그 결혼들이 나와 두 전처 모두에게 충분한 행복을 주지 못한 이유는 단 하나였다. 조화를 이룰 만한 동기가 결혼 안에 존재하지 않았기 때문이다. 실패의 원인은 그 외에는 없었다.

이제 몇 가지 중요한 사실을 살펴보며, 독자가 직접 그 실패의 원인을 판단할 수 있도록 하겠다. 첫 번째 결혼은 시작되기도 전에 이미 실패가 예정되어 있었다. 그 이유는 너무나 명백했기에, 나와 그녀 모두가 결혼 전에 알아차렸어야만 했다.

첫째로, 나는 겨우 열여섯 살이었고 그녀는 나보다 열 살이나 많았다. 이 나이 차이만으로도 극복하기 어려운 장애물이었지만, 더 근본적인 문제가 있었다.

두 번째, 그녀는 가정불화에서 벗어나기 위해 나이 차이를 무릅쓰고 나와의 결혼을 선택했다. 기존의 문제를 회피하려다 또 다른 문제를 선택한 셈이었다. 이는 남녀 모두에게 흔히 일어나는 일이지만, 그 선택이 결혼이라는 형태를 띠었을 때, 실패로 이어지는 경우가 대부분이다. 결혼은 도피처가 되어서는 안 되며, 내면의 갈등을

 마스터 마인드

해결하기 위한 수단으로 삼아서는 더욱 안 된다. 그 결합이 조화를 이룰 수 있는 내적 동기를 갖추지 못한 채 시작된다면, 그 관계는 필연적으로 균열을 향해 나아갈 수밖에 없다.

가장 중요한 실패의 원인으로 꼽을 수 있는 세 번째는 우리 사이에 인생의 공통된 목적이 없었다는 점이다. 이를 명확히 이해할 수 있도록, 나는 한 가지 일화를 들려주고자 한다. 어느 날, 나의 새어머니가 인공 치아를 떨어뜨려 깨뜨린 일이 있었다. 그 사건은 내 아버지를 시골 농부에서 성공한 전문직 종사자로 변화시키는 계기가 되었다. 그날 이후, 나는 아버지의 성공을 뛰어넘고자 하는 열망에 사로잡혔다. 나는 그 목표를 이루기 위해 전력을 다하고 있었다.

앞에서 언급한 바와 같이 첫 번째 결혼 직후, 나는 버지니아주에서 가장 존경받는 변호사 중 한 명이자 산업과 금융 분야에서도 성공을 거둔 루퍼스 A. 에이어스 장군의 눈에 띄게 되었다. 그는 나를 수석 서기로 임명했고, 불과 1년 만에 나는 그의 탄광 회사의 총지배인으로 승진했다. 이는 내가 그의 아들 업무를 대신해 성실히 수행한 덕분이었다.

총지배인 직책을 맡은 지 얼마 지나지 않은 어느 일요일 아침, 아내와 나는 산길을 따라 말을 타고 나란히 달리고 있었다. 우리는 회사에서 관리하던 잘 길들여진 두 마리의 말을 타고 있었고, 오랜 폐농장 인근에서 잠시 말들을 쉬기 하며 풀을 뜯게 했다. 아내는 자신의 말 앞에 서서, 손바닥 위에 설탕 조각을 올려 먹이며 조용히 목덜미를 쓰다듬고 있었다. 말에게 건네는 그녀의 애정 어린 시선을 바라보며, 나는 문득 그 말을 그녀에게 선물하고 싶다는 생각이 들었다. 그래서 조용히 물었다.

"이 말을 갖고 싶어요?"

이미 회사를 통해 그 말을 구입해 그녀에게 줄 결심을 하고 있었기에, 그 질문은 단순한 제안이 아니라 마음을 담은 약속이었다. 그러나 그녀의 대답은 우리의 결혼을 결정적으로 흔든 순간이었고, 동시에 나는 한 가지 진실을 깊이 깨달았다. 아내는 남편을 성공으로 이끌 수도, 실패로 몰아넣을 수도 있으며, 실제로 대부분의 경우 그렇게 실현되고 있다는 사실을 말이다. 그녀는 산의 메아리처럼 울려 퍼지는 한숨과 함께 조용히 말했다.

"내 인생에서 이렇게 훌륭한 말을 소유할 수 있을 거라고는 생각해 본 적도 없어요."

그 말은 단순한 대답이 아니었다. 그녀의 내면 깊은 곳에 자리한 결핍과 갈망 그리고 우리가 공유하지 못했던 삶의 방향을 암시하는 고백이었다. 이 대답은 우리 사이를 이어 주던 마지막 끈을 끊어 버렸다. 나는 곧바로 결혼 무효 절차를 밟았다. 물론 법적 기록에는 그녀의 말이 결혼 무효의 원인으로 남아 있지 않지만, 그것이야말로 진짜 이유였다. 나는 이후로도 결혼 실패의 진짜 원인이 이혼 기록에 남지 않는 경우가 대부분이라는 사실을 자주 목격했다. 또한 인생에서 실패자로 살아가는 사람들이 실패의 진짜 원인을 결코 발견하지 못한다는 사실도 알게 되었다. 그중 가장 중요한 두 가지는 '표류하는 습관'과 '조화를 이루지 못하는 동맹'이다.

아내가 그 말을 소유할 수 없을 거라고 말했을 때, 그녀는 내 자존심에 깊은 상처를 남겼다. 그 상처는 수년간 아물지 않았다. 나는 내가 가진 잠재력을 전혀 인정하지 않는 사람의 영향력에서 벗어나기 위해 가능한 한 빠르게 법적 절차를 밟았다. 당시 나는 이미 미국에서 가장 젊은 탄광 총지배인이었음에도 말이다.

그 시절, 나는 아직 인간관계가 심리적으로 미치는 영향에 대해 아무것도 알지 못했다. 물론 환경의 영향을 영구적으로 고정시키는 '우주의 습관력(Cosmic Habitforce)'이라는 법칙에 대해서도 전혀 알지 못했다. 그러나 내면 깊은 곳에는 어떤 본능적인 지성이 자리하고 있었고, 그 지성은 내 능력에 대한 믿음이 결여된 태도에 격렬한 분노로 반응했다.

나는 그 당시, 건강하지 못한 인간관계 속에서 표류하는 행위가 얼마나 위험한지 제대로 알지 못했다. 하지만 무언가가 내 무지를 뛰어넘어, 여전히 나를 결정할 수 있는 열린 길 위에 서 있게 해주었다. 지금에 와서야 알게 된 사실이지만, 수많은 사람이 결혼이라는 영적 기반을 갖지 못한 채 인생의 시간과 공간을 지배하지 못하고 무너져간다.

이후 그녀는 다시 결혼했고, 부디 행복하길 바랐다. 그녀는 훌륭한 버지니아 가문 출신이었고, 야망이 크지 않은 남자에게는 이상적인 배우자가 되었을 것이다. 다시 말해 이 결혼의 실패는 그녀의 잘못도, 나의 잘못도 아니었다. 단지 우리 사이에 정신적·영적 에너지를 집중시킬 수 있는 공통된 인성 목표가 없었을 뿐이다.

첫 번째 결혼의 무효는 두 가문을 갈라놓았고, 이 일에 아무런 책임도 없는 많은 사람에게 불편함을 안겼다. 나는 법적 절차를 밟기 전부터 이 불편함을 예견했다. 그러나 지금, 수년이 지난 지금 나는 그때의 일을 되돌아보며 말할 수 있다. 내가 치른 대가는 그 결정을 통해 이후에 얻은 이익에 비하면 너무나도 작았다.

여기서 말하는 이익은 단지 나 개인만의 차원이 아니다. 결혼 당사자와 아무런 관련이 없는 사람들까지도 그 결정을 통해 정신적 자유를 얻었다. 그 자유 하나만으로도, 내 행동은 충분히 정당화된다. 만약 내가 단지 더 날씬한 여성을 발견했다거나 외모가 더 마음에 드는 여성을 만나기 위해 아내를 떠났다면, 내 행동이 정당했다고 증명할 수 있는 날은 결코 오지 않았을 것이다.

이런 설명을 덧붙이는 이유는 내가 첫 번째 결혼을 무효로 했다는 사실이 단지 '구형 모델을 최신형으로 교체하고 싶은' 남성들에게 잘못 인용되어 사용되는 일이 없도록 하기 위함이다. 기억하라. 나는 단지 우리 사이에 공통된 인생 목적이 없었기 때문에 결혼을 끝냈다. 그 목적 없이는 조화로운 관계를 맺기가 불가능하기 때문이다.

이제 첫 번째 결혼과 결혼이 남긴 교훈은 이쯤에서 마무리하고, 두 번째 결혼의 기록을 들여다보겠다. 유감스럽게도 첫 번째 결혼에서 내가 빠르게 결정을 내렸던 이유는 결코 내 지혜 때문이 아니었다. 그 결정을 빠르게 내렸다고 해서 내가 '표류의 위험성'을 인식하고 있었던 것도 아니었다. 그 교훈은 훨씬 나중에, 수많은 인간관계에서 실패를 경험하고 나서야 비로소 배울 수 있었다.

두 번째 아내는 아직 생존해 있으며, 나의 세 아들의 어머니이기도 하다. 우리 사이에는 특별히 불만을 제기할 만한 일도 없었다. 그렇기에 나는 이 결혼이 성공하지 못한 주요 원인만을 간략히 설명하고자 한다.

첫 번째 실수는 결혼하기 전에는 우리 힘으로 통제할 수 없었던 요인들 때문이다. 결혼 전에는 도저히 알아차릴 수 없었던 장애물이 있었다. 아내가 결혼 직후 드러낸 지나치게 강한 모성 본능이었다. 그녀는 내가 한 지역에 정착하여 회계 담당이나 그와 비슷한 일을 하며, 작지만 안정적인 주급을 받아 오는, 흔히 말하는 '가정적인 가장'이 되기를 바랐다.

처음에는 그녀의 바람을 들어주기 위해 내 야망을 억누르려 했다. 그녀의 고향으로 이사했고, 그녀의 형제들과 함께 일하기도 했다. 거의 1년 동안 그렇게 노력했지만, 그 환경에서 더 이상 심장이 뛰질 않았다. 내 영혼의 격렬한 반발은 나를 결국 시카고로 향하게 했다. 그곳에서 나는 카네기 씨가 내 마음에 심어 준 인생의 목적을 추구하기 시작했다. 그것은 이미 내 삶의 일부가 되어 있었다.

아내는 대부분의 시간을 그녀의 가족과 함께 보냈고, 가끔 부정기적으로 내가 있는 곳을 찾아와 잠시 들르곤 했다. 결혼 초기부터 우리는 관계 속에서 표류하기 시작했고, 해가 갈수록 점점 더 멀어졌다. 격렬한 의견 충돌이 있지도 않았다. 우리를 하나로 묶어줄 명확한 핵심 동기가 없었기 때문이다.

두 번째 결혼은 25년 후에 합의 이혼으로 마무리되었지만, 법적

절차가 시작되기 훨씬 이전부터 우리는 이미 끝을 향해 가고 있었다. 그 시작은 대부분의 사람들이 눈치채지 못할 만큼 사소한 사건이었다.

결혼 직후, 나는 아내에게 예술적 재능이 있다는 사실을 알게 되었다. 그래서 그녀가 예술 공부를 계속하도록 격려하고, 강한 모성 본능과 예술 사이에 균형을 이루게 하며, 동시에 우리 사이에 공통된 인생의 관심사를 만들고자 했다. 나는 그녀와 함께 시카고 미술 학교에 가서 수업 정보를 알아보았다. 우리를 맞이한 사람은 타인을 빠르게 파악하는 능력을 지닌 빨간 머리의 젊은 여성이었다.

나는 모든 설명을 맡아 하나하나 과정을 짚어 나갔다. 각 단계의 장단점을 함께 검토한 뒤, 조심스럽게 아내에게 물었다.

"어떤 과정을 선택하고 싶어요?"

하지만 그녀는 내 눈을 마주치지 않은 채 창밖을 바라보며 담담한 목소리로 말했다.

"당신이 알아서 결정하세요. 당신이 시작한 일이잖아요."

그 순간 나는 그 젊은 여성의 얼굴에 떠오른 놀라움의 표정을 잊을 수 없다. 그녀는 눈을 크게 뜨고 말했다.

"제가 도울 수 있는 상황은 아닌 것 같아요. 열정이 한쪽으로만 흐르고 있는 느낌이에요."

우리가 해마다 점점 더 멀어지게 된 핵심 원인이 바로 여기 있었다. 나는 별을 향해 나아가는 명확한 인생 목적을 가진 사람이었고, 아내는 세 아이, 웨스트버지니아의 집, 부유한 가족을 가진 사람이었다. 내가 특별히 필요하지는 않았다. 겉으로 보기엔 건강한 관계처럼 보였지만, 이 관계는 내 영혼을 서서히 갉아먹는 상황이었다.

세월이 흐르면서 나는 성공 철학 연구에 더 많은 시간을 쏟았고, '아내의 존재가 필수는 아니다'라는 생각에 점점 더 빠져들었다. 혼자라는 자유로움이 더 많은 시간을 제공해 주리라 믿었기 때문이다. 그러나 이 생각이야말로 내 인생의 결정적인 순간에 나를 거의 파멸시킬 뻔한 중대한 실수였다.

경제 대공황이 닥쳤을 때, 나뿐만 아니라 그 악몽을 겪은 모든 이들은 내면의 회복력을 필요로 했다. 그것은 오직 남녀 간의 조화로운 동맹을 통해서만 얻을 수 있었다. 나는 혼자서도 잘 살아갈 수 있었고, 실제로 그렇게 살아왔다. 그러나 세상이 절망과 혼돈 속에 빠졌을 때 나는 알게 되었다. 그 어떤 남성도 다른 곳에서는 결코 찾을 수 없는, 조화와 목적의 일치를 기반으로 한 여성의 이해와 애정을 반드시 필요로 한다는 사실을 말이다.

1929년, 경제의 폭풍이 몰아쳤을 때 처음에는 그 여파가 나를 크게 흔들지는 않았다. 내 내면의 회복력도 온전히 살아 있었다. 그러나 그 폭풍은 끝내 내 물질적 자산을 모조리 쓸어갔다. 캐츠킬 산맥에 세운 꿈의 학교, 책의 인세, 강연, 신문과 잡지 활동 등 이제 막 '큰돈을 버는 사람'의 반열에 오르려던 모든 과정이 한순간에 무너져 내렸다.

경제적 파산 상태에서

정신을 차리고 보니, 나는 어느새 경제적으로 나락 끝에 서 있었다. 모든 수입원이 끊겼고, 내 돈이 예치된 은행들은 줄줄이 문을 닫았으며, 개인 상담가이자 성공 철학자로서 내가 쌓아온 명성마저 크게 훼손되고 말았다.

그러나 모든 상황은 내게 충격으로 다가오지 않았다. 나는 이미 수차례 비슷한 절망의 시간을 통과해 본 경험이 있었고, 그러한 시련은 나를 더 이상 놀라게 하지 못했다. 가난한 버지니아 와이즈 카운티에서 출발한 내 삶은 오로지 내 힘으로 부유한 위치까지 올라섰고, 필요한 만큼의 자금을 그때그때 조달하며 살아왔다. 그 과정에서 나는 강연과 글을 통해 수많은 사람에게 영향력을 미쳤다. 그래서 나는 빈곤에 대한 두려움으로부터 어느 정도 면역이 생겼다고 믿고 있었다.

그렇기에 나는 내면 깊은 곳에서 확신하고 있었다. 나는 다른 이들처럼 빈곤의 공포에 사로잡히지 않을 수 있다는 믿음을 갖고 있었다. 세상 사람들은 물질을 잃고 두려움에 빠졌지만, 나는 의연히 자리에 앉아 폭풍이 지나가기를 기다렸다. 그리고 폭풍이 멈추면, 다시 그 자리에서 일어나 내가 멈췄던 지점부터 발걸음을 이어가리라 다짐했다. 그리하여 나는 기다렸다.

1930년 한 해 내내, 나는 세상의 혼란 속을 표류하며 조용히 지켜보았고, 그럼에도 별다른 불안의 조짐 없이 마음을 다스릴 수 있었다. 1931년이 시작될 무렵, 나는 내 상황을 냉정히 점검했고, 세상이 다시 안정을 되찾고 있다는 희미한 조짐을 읽을 수 있었다. 그래서 나는 내 돛을 다시 정비하고, 인생이라는 대양에서 다음 항해를 시작할 준비를 마쳤다.

나는 다시 글을 쓰기 시작했다. 그러나 언제나 그랬듯 글쓰기는 사업적 시도들에 자주 중단되었고, 안타깝게도 그 시도들은 연이어 실패로 돌아갔다. 나는 또다시 의자에 앉아 표류하는 시간을 보내야 했다. 경제의 폭풍은 점점 더 거세졌지만 나는 오직 내 철학 '성공의 원칙'이야말로 어떤 혼란도 이겨낼 수 있다는 믿음 아래, 미소를 잃지 않은 채 새로운 항해를 시작했다. 나는 누구보다 강하게, 어떤 강인한 남성보다도 더 단단하게 전진할 수 있으리라 믿었다.

내가 처음으로 무기력의 교착 상태를 깨기 위해 시도한 일은 필라델피아에 본부를 둔 키스톤 자동차 클럽(Keystone Automobile Club)과 함께 새로운 회원을 모집하는 캠페인이었다. 그러나 클럽의 경영진은 도중에 공황 상태에 빠졌고, 이미 5만 달러 이상을 지출한 뒤, 끝내 계약을 철회하고 말았다. 그들은 절망한 사람들의 대열에 조용히 합류했다.

그러나 나는 흔들리지 않았다. 두려움도 없었고, 낙담도 하지 않았다. 이번에는 모두가 얼어붙은 듯한 정적을 깨기 위해 라디오 캠페인을 기획했다. 목적은 한 가지였다. 연이어 발생하고 있던 예금 인출 사태에 따른 은행의 붕괴를 막는 일이었다.

그러나 석 달 반이 지나자, 나의 후원자들마저도 계약을 철회했다.

그들 역시 세상을 뒤덮고 있던 미래에 대한 공포의 그물에 결국은 걸려들고 말았다. 그리고 나는 마이크 앞에서 물러나야 했다.

다음으로 나는 볼티모어의 생명보험 대리인 R. U. 다비(R. U. Darby)를 설득하여, 볼티모어 시민들과 미국 전체에 대한 신뢰를 회복하기 위한 공공 캠페인을 시작했다. 광고에 5,000달러 이상을 지출했지만, 캠페인은 루스벨트 대통령이 전국 은행 휴업을 선언하면서 무너졌다. 그때쯤 세상은 마치 운명을 체념한 채 멈춰 선 거대한 배처럼, 아무런 저항도 없이 공포 속에 정박해 있는 듯 보였다. 사람들의 정신, 감정, 육체까지도 두려움으로 얼어붙었고, 그 안에 새로운 희망이 스며들 여지는 전혀 보이지 않았다.

나는 개인적인 시도를 잠시 접고, 루스벨트 대통령을 위해 일하기 시작했다. 사람들이 두려움의 폭주를 잠시 멈추고, 우리가 여전히 세계에서 가장 자유롭고, 가장 부유하며, 가장 훌륭한 나라에 살고 있다는 사실을 다시금 기억할 수 있도록 돕고자 했다.

대통령을 위해 일하는 동안, 나는 《생각하라 그리고 부자가 되어라》라는 책을 집필하고 있었다. 원고의 절반 정도를 써 내려가던 어느 날, 타자기로 글을 쓰는 중 갑작스러운 영감, 혹은 더 정확히 말하자면 마치 내면에서 들려오는 '명령'에 의해 손이 멈춰졌다.

"지금 타자기에서 종이를 빼고 새 종이를 넣어라."

매우 명확하고 단호한 느낌이었다. 나는 곧바로 종이를 교체했고, 그 직후 강한 느낌이 하나 더 들었다.

"토머스 에디슨이 당신에게 무언가 메시지를 전하려 한다."

 마스터 마인드

비록 에디슨은 몇 년 전에 이미 세상을 떠났지만, 그는 내가 성공 철학을 정립하는 데 있어 가장 큰 영향을 준 인물 중 한 명이었다. 나는 새로운 종이를 타자기에 끼우고, 온 정신을 집중해 글을 써 내려가기 시작했다. 몇 시간 동안 한 줄도 멈추지 않고 타자기를 쳤고, 마침내 나는 한 편의 문장을 완성하게 되었다.

위대한 대화: 토머스 에디슨과의 정신적 인터뷰

Q 에디슨 씨, 당신은 죽은 후 어디로 가셨습니까?

A 아무 데도 가지 않았습니다. 나는 죽지 않았습니다. 단지 더 이상 필요 없는 낡은 육체를 벗어 버렸을 뿐입니다. 그 몸은 이미 쓸모를 잃었으니까요.

Q 생전에 겪었던 경험들의 기억을 함께 가져가셨습니까?

A 물론입니다. 나는 여전히 합성 고무에 대한 실험을 계속하고 있습니다. 누군가 자신의 육체를 내게 빌려준다면, 나는 그를 통해 세상에 내 연구의 결실을 나눌 것입니다.

Q 지금 당신은 어떤 형태로 존재하며, 어디에 거주하고 계십니까?

A 나는 독립적인 지성들이 모여 하나의 의식으로 작동하는 존재입니다. 거주지는 내가 선택한 곳이며, 물리적인 이동에 제약받지 않습니다. 나는 빛보다 훨씬 빠른 속도로 우주의 어느 곳이든 자유롭게 이동할 수 있습니다. 대부분의 시간은 생전에 함께 일했던 사람들 가까이에서 보내며, 그들과의 연결을 유지하려 노력합니다.

Q 당신은 그 세계에서 다른 존재들과 어떻게 소통하십니까?

A 아주 간단합니다. 우리가 소통을 원할 때, 단지 의지를 통해 소통합니다. 거리의 제약은 없습니다. 우리는 이동 속도와 동일한 속도로 어떤 거리든 소통할 수 있습니다.

Q 육체적 세계에 사는 사람들에게 생명과 사고의 힘을 부여하는 존재는 무엇입니까?

A 우리가 '생명'이라고 부르는 것은 단일한 존재가 아니라, 수많은 작은 지성들이 모여 하나의 의식을 이루는 형태입니다. 사람의 몸이 건강하게 작동하는 동안, 이 지성들은 함께 머물며 사고와 감각을 가능하게 합니다. 나이가 들수록 이 지성들의 수는 늘어나고, 더 복잡한 사고가 가능해지기도 합니다.

하지만 육체가 기능을 멈추면, 지성들은 흩어져 각자의 길을 가게 됩니다. 때로는 더 작은 집단으로 나뉘어 다른 곳으로 이동하기도 하죠.

우리가 인간의 세계에서 육체를 통해 소통할 때는, 우리 중 일부만 그 육체에 들어가 소통합니다. 얼마나 많은 지성이 들어갈 수 있는지는 그 육체가 감당할 수 있는 수준에 따라 달라집니다. 새로운 지성들이 이 세계로 들어오는 경우도 있는데, 이는 마치 꿀벌 무리가 새로운 벌을 받아들이는 상황과 비슷합니다. 서로에게 관심을 가지면, 그 지성은 기존 집단에 자연스럽게 합류하게 됩니다.

Q 우리가 육체적 삶을 살아가는 지구는 언제 창조되었습니까?

    마스터 마인드

A 지구는 창조되지 않았습니다. 약 5,000만 년 전, 회전하는 우주에서 떨어져 나온 하나의 덩어리입니다.

Q 인간과 다른 생명체들은 어떻게 지구에 도달했습니까?

A 현재 지구에 존재하는 모든 생명은 지구가 독립된 천체가 된 후 약 4,000만 년이 지나 이곳에 거주하게 된 생명 단위들의 군집에서 비롯되었습니다.

Q 식물이나 인간 이하의 동물에게 생명을 부여하는 에너지 단위들도 육체를 벗어난 후 당신의 세계로 돌아옵니까?

A 모든 생명 단위는 돌아옵니다. 생명 단위들 사이에는 아무런 차이가 없습니다. 각각은 동일한 수준의 지성을 지니고 있습니다. 개 안에 존재하는 생명 단위들은 인간 안에 있는 단위들과 동일한 지능을 지니고 있습니다. 단지 그 수의 차이가 지능의 차이를 만들어 냅니다. 인간과 풀잎 사이의 지능 차이는, 그 안에 존재하는 지성 단위의 수에 따릅니다.

인간 이하의 동물에 속한 생명 단위들은 더 작은 군집으로 움직입니다. 이들이 우리 세계로 돌아오던 종종 개별성을 잃고 흩어지며, 일부는 더 큰 집단에 합류하고, 다른 일부는 다시 육체적 세계에서 표현될 기회를 찾아 우주를 떠돌기도 합니다.

Q 우리가 사는 지구만이 육체적 생명이 존재하는 유일한 행성입니까?

A 아닙니다. 수백만 개의 세계가 존재하며, 그 중 일부는 지구보다 훨씬 크고 더 발전되어 있습니다.

Q 인간은 지구에서 자연의 모든 비밀을 밝혀냈습니까?

A 전혀 아닙니다. 지구의 인간은 아직 유치원 단계에 머물러 있습니다.

Q 인간이 아직 발견하지 못한 자연 법칙의 비밀은 무엇입니까?

A 그중 가장 위대한 비밀은 지금 당신의 지성 단위의 수가 너무 적어 이해할 수 없습니다. 그러나 당신은 빠르게 배우고 있습니다. 앞으로 5년 안에 당신은 그 비밀 중 하나를 완전히 이해할 수 있으며, 지금처럼 조화를 이루며 우리와 소통한다면 그 비밀을 받아들일 수 있습니다. (이 인터뷰로부터 5년 후, 나는 '우주의 습관력'을 깨달았다.)

Q 모든 생명 단위가 동일한 지능을 지녔다면 왜 어떤 인간은 타인을 해치는 파괴적 행동을 하나요?

A 이 질문에 대한 답은 당신이 이해하기 어려울 수 있습니다. 최선을 다해 설명해 보겠습니다. 인간의 파괴적 성향은 그가 감정적으로 지성 단위들을 다루면서 발생하는 내적 부조화 대문입니다. 지성 단위들이 인간의 육체에 들어오면 죽음이라는 변형이 일어나기 전까지는 그 안에 갇혀 있게 됩니다. 그들은 인간의 지배 아래 있으며, 인간의 명령에 복종합니다. 그들은 인간의 하인입니다. 인간이 죽음을 맞이하면 그들은 해방됩니다.

Q 언젠가 지구에서 죽음을 초월한 생명이 존재하게 될까요?

A 아닙니다. 그것은 현명하지 못한 일입니다. 육체에 생명을 부여하는 지성 단위들은 시간이 지나면 육체적 존재에 불만을 품게

                                     마스터 마인드

됩니다. 그때 우리는 그들을 구출하여 자유를 줍니다. 어떤 육체적 수단도 이를 막을 수 없습니다.

Q 왜 당신들은 육체적 세계에서 불만을 품은 지성 단위들을 해방시키려 하나요?

A 여러 이유가 있지만, 가장 흔한 이유는 우리가 그들의 불만에 영향을 받기 때문입니다.

Q 육체에 머무는 동안, 지성 단위들은 어떤 활동을 하나요?

A 이들은 여러 집단으로 나뉘며, 각 집단은 특정한 육체적 기능을 담당합니다. 일부는 육체의 장식과 외형을 담당하고, 일부는 섭취한 음식의 혼합과 분배를 담당합니다. 또 다른 집단은 심장과 주요 장기를 조절하며, 생식 기관을 관리하는 집단도 있습니다. 육체의 여섯 가지 감각은 각각 다른 지성 단위 집단에 의해 운영됩니다.

Q 나는 육체의 감각이 다섯 가지라고 알고 있었는데, 당신은 여섯 가지라고 말씀하셨습니다.

A 여섯 번째 감각은 흔히 이해되지 않습니다. 그 감각은 뇌의 특정 세포 집단을 통해 작동하며, 다섯 가지 감각으로는 전달될 수 없는 사고의 충동을 수신하는 기관입니다. 우리는 이 지성 단위 집단을 통해 육체적 세계에 사는 이들과 소통합니다.

Q 당신이 답변하는 언어는 당신의 언어입니까?

A 아닙니다. 나는 당신의 언어로 소통하고 있습니다. 나의 언어는 '보편적 사고'의 언어이며, 단어를 필요로 하지 않습니다. 당신은

내 사고를 여섯 번째 감각을 통해 수신하고, 당신의 언어와 표현으로 번역하고 있습니다. 일부 번역은 정확하지 않습니다.

Q 우리가 '전기'라 부르는 에너지의 본질은 무엇입니까?

A 전기는 에너지를 운반하는 지성 단위들의 집합체입니다. 모든 다른 단위가 그 위를 따라 이동합니다.

Q 인간이 사고하는 데 사용하는 지성 단위와 전기라 불리는 지성 단위는 동일한 존재입니까?

A 거의 동일합니다. 단지 그들이 수행하는 목적이 다를 뿐입니다.

Q 살인을 저지른 인간의 지성 단위들은 죽은 후 어떻게 됩니까?

A 이 지성 군집들은 이 세계로 돌아오면서 서로 흩어지고, 개별 단위는 낯선 군집과 새로운 연합을 찾습니다. 이는 다른 중대한 부정의를 저지른 자들에게도 동일하게 일어납니다. 죽음의 순간, 마음의 평화와 타인과의 조화만이 지성 단위들이 우호적인 군집으로 이 세계에 돌아오게 하는 유일한 영향력입니다.

Q 링컨 대통령의 육체에 머물렀던 지성 단위들은 군집으로 이 세계에 돌아왔습니까?

A 당신은 이미 알고 있어야 합니다. 당신은 매일 그 군집과 소통하고 있으니까요.

Q 당신이 지상에서 알았던 친구들의 지성 군집을 찾으려 했지만 실패한 적이 있습니까?

A 네, 많습니다.

Q 어떤 인간들은 이 세계로 돌아온 지성 단위들의 영향으로 영감

을 받습니까?

A 그렇지 않았다면, 당신은 지금 나의 군집과 소통하고 있지 않았을 테지요.

Q 당신의 설명에 따르면, 어떤 이들은 죽음을 통해 지성 군집으로 이 세계에 돌아와 정체성을 유지하며 생전의 경험을 기억하고, 다른 이들은 그 정체성을 잃는다고 이해해도 되겠습니까?

A 맞습니다. 이미 설명했습니다. 개별 지성 단위는 결코 죽지 않지만, 육체적 경험 동안 함께했던 군집으로서의 형태는 항상 유지되지 않습니다. 죽음 이후 흩어지면 군집으로서의 정체성은 사라지고, 개별 단위로서만 존재하게 됩니다.

Q 죽음 이후 이 세계로 돌아온 지성 단위들은 어떤 형태의 권위에 복종합니까?

A 그들은 항상 당신들이 '우주의 섭리'라 부르는 힘에 복종합니다. 조화와 질서 있는 관계를 초월하는 존재는 없습니다. 이는 불멸의 힘이며, 무한의 본질입니다.

Q 당신은 내 생각을 이해합니까?

A 내가 이해하는 것은 오직 그것뿐입니다. 당신은 다른 어떤 매체로도 나와 소통할 수 없습니다.

Q 내가 영어가 아닌 다른 언어로 생각을 구성해도 당신은 이해할 수 있습니까?

A 이 세계에는 사고의 언어 외에는 존재하지 않습니다. 모든 사고는 보편적으로 이해됩니다.

Q 대부분의 기도가 응답되지 않는 이유는 무엇입니까?

A 모든 기도는 응답됩니다. 단지 기도하는 이들이 바라는 물질적 결과가 항상 주어지지 않는 이유는 일부 기도가 우주의 섭리가 작용하는 흐름이 중단되기를 요구하거나, 조화롭지 못한 정신 상태에서 방출되기 때문입니다.

Q 삶의 목적은 무엇입니까? 왜 지성 단위들은 육체에 잠시 머무르려 합니까?

A 삶 자체에는 고정된 목적이 없습니다. 지성 단위들은 더 높은 지성의 단계로 성장하기 위해 육체적 세계에서 표현을 추구합니다.

Q 당신은 이 세계의 모든 지성 단위가 동일한 지능을 지녔다고 했습니다. 내가 제대로 이해했습니까?

A 정확히 이해하셨습니다. 이 세계의 지능은 모든 개별 지성 단위에 균등하게 분배되어 있습니다. 이 지능은 끊임없이 증가하고 있으며, 그것이 육체적 경험의 목적이자 유일한 이유입니다.

Q 이 질문들이 당신을 피곤하게 하거나 짜증나게 하나요?

A 이 세계에서는 피로라는 개념이 존재하지 않으며, 지식을 추구하는 이들에게 짜증을 느끼는 일은 없습니다.

Q 최근 3년간의 경제 대공황은 당신 세계의 영향으로 발생한 사건입니까, 아니면 물질적 원인입니까?

A 당신들이 '경제 대공황'이라 부르는 경험은 세계대전에 참여했던 이들이 죽음과 함께 이 세계로 돌아오면서 수백만의 지성 군집

들이 해체된 상태로 돌아온 데서 비롯되었습니다. 이들은 죽음 당시 지녔던 '두려움'의 경험을 함께 가져왔습니다. 1929년, 그들은 육체적 세계의 전반적인 정신 상태가 자신들의 귀환에 적합하다는 점을 발견했고, 두려움과 불협화음을 함께 가져왔습니다. 지금 세계가 겪고 있는 고통은 바로 그 영향입니다.

이 대공황은 세계대전이 지속된 시간만큼 계속될 것입니다. 이를 막을 수 있는 힘은 없습니다. 모든 흐름과 반동은 결국 균형을 향합니다. 지금 세계가 배우고 있는 교훈은 반드시 배워야 할 내용이며, 아직 준비되지 않은 채 강제로 이 세계로 돌아온 지성 단위들이 그 교훈을 가르치고 있습니다. 세계가 겪는 고통과 피해의 정도는 전쟁에서 겪은 수준과 비례할 것입니다. 1933년까지는 정상적인 질서로 돌아가지 않으며 그 이후, 지구의 사람들은 조화의 정신으로 자신을 재정비할 것입니다.

1933년부터 1943년까지, 세계는 과거 전체보다 더 많은 자연의 비밀을 발견하게 될 것입니다. 지금 인류가 겪는 고통은 물질적 힘보다 개인에게 주어진 영적 힘에 더 의존하도록 준비시키는 과정입니다. 당신은 유익한 봉사를 할 준비를 계속하십시오. 세상은 당신을 필요하게 될 것입니다.

Q 당신은 지금 있는 곳에서 행복하고 만족하십니까?

A 이곳의 모든 존재는 행복합니다. 그러나 누구도 만족하지는 않습니다.

Q 당신의 말씀에 따르면, 육체적 세계에서 건설적인 봉사를 한 지

성 단위들이 이 세계로 돌아왔을 때 특별한 보상을 받는 일은 없다는 뜻입니까?

A 그들에게 주어진 유일한 보상은 육체적 경험을 통해 얻는 성장과 발전입니다.

Q 당신의 세계에는 '지옥'이라는 장소는 존재하지 않습니까?

A 이 세계에는 없습니다. 내가 알고 있는 유일한 지옥은 육체적 세계에 존재하며, 다른 물질적 세계에도 유사한 형태가 있습니다. 그 지옥들은 인간이 만든 장소입니다. 오직 인간의 사고와 행위 속에 존재합니다.

Q 내가 이 세계에서 최대의 혜택을 얻고, 당신의 세계로 향할 때에도 그 혜택을 이어가기 위해서는 어떤 삶의 태도를 가져야 합니까?

A 자신과 타인과의 평화를 이루며 살아가십시오.

Q 그 답변을 수정해 줄 수 있습니까?

A 내가 할 수 있는 최선은 그 답변을 더 길게 풀어 설명해서 당신의 이해를 도울 뿐입니다. 그러나 그 본질을 개선할 수는 없습니다. 당신의 개별 지성 단위들은 지상에서 겪은 모든 경험을 품고 이쪽 세계로 건너올 것입니다. 그들은 하나의 조직된 집단으로 돌아오며, 당신이 평온한 마음으로 삶을 살아간다면 육체로부터 분리된 후에도 그 정체성을 유지할 수 있습니다. 당신의 지성을 하나의 조화로운 전체로 만들어야 합니다.

Q 나의 지성 세포들은 언제 다른 세계로 가게 되나요?

A 당신이 원한다면 답하겠지만, 그 답은 당신에게 실질적인 도움이 되지 않습니다. 당신의 미래 경험에 따라 달라지기 때문입니다. 당신의 가장 위대한 작업은 아직 시작되지 않았습니다. 지금의 과업에 집중하십시오. 미래는 당신이 현재를 충실히 살아간다면 스스로 해결될 수 있습니다. 당신을 통해 매일 표현되고 있는 지성 단위들 중에는 지상에서 가장 위대한 인물 백여 명의 지성이 포함되어 있다는 사실을 기쁘게 받아들이십시오. 그들 중 일부는 당신의 지성과 영구적으로 결합되었습니다.

Q 왜 삶이 때로는 그렇게 어렵고, 또 때로는 그렇게 즐겁고 쉬울까요?

A 당신이 겪는 어려움은 이 세계의 지성 단위들이 당신을 통해 봉사하려는 노력에 당신이 충분히 응답하지 못했기 때문에 생겨납니다.

Q 내가 '또 다른 자아'라고 부른 내 육체 속의 영향력은 무엇입니까?

A 그 영향력은 당신이 깊은 고통 속에 있을 때 영구적으로 결합된 지성 단위들의 집합체입니다. 그들은 지금도 당신과 함께 있으며, 당신의 운명을 지키는 수호자입니다. 현재도 다른 지성 단위들이 당신과 결합되기 위해 문을 두드리고 있습니다.

Q 지상에서 내가 필요로 하는 물질적, 재정적 자원을 가장 잘 얻는 방법은 무엇입니까?

A 당신 앞에 펼쳐지는 모든 매체를 통해, 가능한 한 많은 사람들에

게 가능한 한 많은 봉사를 제공하면 얻을 수 있습니다.

Q 나는 지금 세계와 나 자신에게 가장 큰 선을 베풀 수 있는 봉사에 종사하고 있습니까?

A 그렇습니다. 당신이 지금 하고 있는 일을 계속하십시오. 그 길이 어디로 당신을 이끌든, 따르십시오.

Q 경제 불황 이후 인간의 사회적, 재정적, 직업적 관계는 이전과 같을까요?

A 세계의 경제적, 사회적 기반은 지금 근본적인 변화를 겪고 있습니다. 새로운 문명 질서는 앞으로 상호 의존과 조화로운 협력의 공동체를 기반으로 형성됩니다. 이 새로운 시대는 협력의 원칙 위에 세워집니다. 종교는 하나의 보편적 활동으로 통합되며, 성직자들은 영적 지원뿐 아니라 현실적 도움도 제공할 준비를 합니다. 은행 예금은 국가에 의해 손실로부터 보호받게 되며, 손실이 발생하면 국가가 축적된 부에 대해 부과하는 세금으로 보전합니다. 공교육은 집단 수업의 관행을 버리고, 각 학생의 신체적, 정신적, 영적 필요에 따라 개별적으로 교육합니다. 영화는 오락뿐 아니라 교육의 도구가 되며, 아이들은 종교와 관련된 모든 주제에 대해 스스로 사고하고 자신의 정신을 자유롭게 발전시킬 수 있도록 허용받습니다.

교통 시스템은 획기적으로 개선되며, 항공 여객 수송이 주류가 됩니다. 라디오 원리를 활용한 통제 시스템은 대부분의 충돌 위험을 제거합니다. 감옥은 학교로 전환되며, 수감자의 노동은 보상받고, 국가가 그들의 생계비를 공제합니다. 전쟁은 금지되며, 국가 간의 갈등은 중재 법정에서 해결됩니다. 질병의 원인은 철저히 밝혀지고 통제되어, 모든 인간이 그 피해로부터 자유로워질 수 있습니다. 죽음이라는 변화는 고통이나 두려움 없이 자연스럽게 일어납니다. 새로운 에너지원이 발견되어 고갈되지 않는 자원이 등장합니다. 그중 하나는 향후 5년 이내에 발표됩니다.

Q 내가 당신을 처음 만난 장소와 소개받은 사람을 기억하십니까?

A 당신은 에드 반스에 통해 내 실험실에서 처음 만났습니다. 내가 청각 장애가 있었기 때문에 당신이 나와 소통하는 데 어려움을 겪었던 기억이 납니다. 당신은 우리 직원들 앞에서 연설을 했고, 부인은 그 내용이 매우 흥미로웠다고 말했습니다. 물론 나는 듣지 못했습니다.

Q 당신은 나를 볼 수 있습니까?

A 이 세계에서는 우리가 당신이 '생각'이라고 부를 에너지 형태를 통해 소통합니다. 우리는 오감이 필요하지 않습니다. 나는 당신을 볼 수는 없지만, 마지막으로 당신을 보았을 때의 모습을 기억합니다. 당신은 파란색 모직 코트와 흰색 플란넬 바지를 입고 있었습니다. 부인에게 당신이 에드 반스만큼 옷을 잘 입었다고 말했던 기억이 납니다.

Q 왜 어떤 아이는 천재가 되고, 같은 부모에게서 태어난 다른 아이는 평범한 지능도 갖추지 못하는 걸까요?

A 그 이유는 아주 명확합니다. 한 개인의 지능 수준은 그의 육체적

두뇌가 수용할 수 있는 지성 단위의 수와 그를 통해 표현되기를 원하는 지성 단위의 성격에 따라 결정됩니다. 지성 단위들 사이에는 전문성이 존재합니다. 예를 들어 호메로스, 셰익스피어, 에머슨 같은 문학적 천재의 육체를 점유했던 지성 단위들은 이 세계로 넘어온 후에도 지상에서 다른 이들을 통해 표현되기를 원합니다. 당신의 문학적 작업 중 일부는 엘버트 허버드가 보낸 지성 단위들의 영감으로 이루어졌습니다. 허버드는 당신을 자신의 가장 선호하는 표현 매체로 여기며, 당신이 그 지성 단위들에게 자유롭게 표현할 용기를 갖게 될 때, 지상에서 큰 도움을 줄 수 있다고 말합니다.

Q 내가 당신과의 소통을 통해 얻은 정보를 다른 사람들에게 알려도 괜찮을까요?

A 그 정보를 다른 이들의 이익을 위해 사용하는 일은 곧 당신의 의무입니다. 그렇게 해서 당신은 더 많은 사람들이 자신을 통해 표현되기를 원하는 지성 단위들에게 마음을 열도록 영향을 줄 수 있습니다. 우리가 직면한 가장 어려운 과제는, 우리가 불어넣은 사고의 충동과 그들이 스스로 창조했다고 믿는 생각 사이의 차이를 사람들이 인식하게 하는 일입니다. 대부분의 사람들은 우리의 소통 시도를 '직감'이라 부르며, 그 출처나 목적을 알아보려는 노력을 하지 않습니다.

당신이 '또 다른 자아'를 발견했던 그 밤, 당신은 허버드, 에머슨, 나폴레옹, 앤드루 카네기로부터 보내진 복합 지성 단위들의 영향을 받았습니다. 당신을 필라델피아로 이끈 명령은 나폴레옹이 내린 군사적 지시였습니다. 그는 당신을 주목하게 하고, 지시를 수용하기에 적합한 육체적 자세로 이끌었습니다.

Q '신념'이라 불리는 마음의 상태는 무엇이며, 여기에 몸을 맡기면 어떤 일이 벌어지나요?

A 신념은 감정적 갈등의 모든 형태로부터 육체적 두뇌가 자발적으로 정화되었을 때 경험하는 감정의 상태입니다. 감정 간의 갈등이 사라진 두뇌는 표현되기를 원하는 지성 단위들에게 이상적인 매체가 됩니다. 지상에서 한 개인이 고통에 빠지면, 그 안에 갇혀 있던 지성 단위들은 이 세계의 단위들과 소통하며 도움을 요청합니다. 그들은 도움을 요청할 수는 있지만, 감정적 갈등이 죽음을 초래할 만큼 극심해지지 않는 한, 스스로 탈출할 수는 없습니다.

이 지성 단위들이 조화로운 협력 집단으로 조직되면, 이 세계의 지성 단위들로부터 도움을 받을 수 있는 길이 열리며, 그 결과가 바로 '신념'이라는 마음의 상태입니다. 이 상태에서는 두 세계의 지성 단위들이 하나의 목적을 향해 협력하게 됩니다. 이러한 협력을 통해, 자연법칙과 조화를 이루는 모든 목적은 쉽게 달성될 수 있습니다.

Q 대부분의 사람은 내가 당신과 나누는 이런 소통의 가능성에 회의적입니다. 나 역시 어느 정도 회의적입니다. 이런 의심은 어떻게 극복할 수 있을까요?

A 당신이 지금 하고 있듯이 실험을 통해서만 극복할 수 있습니다. 당신은 '또 다른 자아'를 발견하기 전보다 훨씬 덜 회의적입니다. 당신은 빠르게 성장하고 있습니다. 앞으로 몇 년 안에, 당신은 육체적 자아를 넘어선 지성 단위들과 소통하고 있다는 명확한 증거를 받을 준비가 될 것입니다. 지금 당신은 이 발견을 세상에 알릴 준비를 하고 있는 중입니다.

Q 왜 나는 지금까지 이 지식을 받을 수 없었나요?

A 신의 개인적인 자만심과 이성적 고집 때문입니다.

Q 자만하거나 이기적인 사람은 당신 세계의 지성 단위들과 소통하거나 정보를 받을 수 없다는 뜻인가요?

A 그들도 받을 수는 있지만 받으려고 하지 않습니다. 그들은 자신의 자만심을 충족시키기 위해, 자신이 경험하는 모든 사고의 충동을 자신의 지성에서 비롯됐다고 여깁니다.

Q 왜 나는 당신과의 소통이 다른 사람들과의 소통보다 훨씬 쉬운가요?

A 당신이 그렇게 믿기 때문입니다. 모든 것은 당신의 마음속에 있습니다. 당신이 나의 지성 단위들을 받아들이기 때문에 더 자유롭게 소통할 수 있습니다. 당신은 나와 소통할 때 더 큰 신념을 갖고 있습니다. 신념은 소통을 쉽게 만드는 마음의 상태입니다. 신념 없이는, 이 세계와 지상 세계 사이의 지성 단위들 간에 어떤 소통도 이루어질 수 없습니다. 신념의 부족은 모든 소통의 문을 닫아버립니다.

Q 경제 불황이 문명의 발전을 지연시켰나요?

A 아니요. 오히려 문명은 진보했습니다. 불황은 세상에 도덕적 정화제 역할을 했습니다. 그것은 인간의 육체적 힘과 영적 힘 사이의 협력을 재정립하는 계기가 될 것입니다.

Q 내가 마음만 먹으면 1년에 10만 달러를 벌 수 있을까요? 그렇다면 어떻게 해야 하나요?

A 당신은 1년에 10만 달러 이상을 벌게 됩니다. 당신은 '성취의 도서관'에 속한 일곱 권의 책과 지금 집필 중인 한 권의 책을 통해 그 수익을 얻을 수 있습니다.

Q 내가 25년 가까이 연구해 온 개인의 성공 철학은 이제 완성됐을까요?

A 아니요, 아직 완성되지 않았습니다. 사실 성공 철학은 당신이 완성해 나갈 성취 철학의 기초일 뿐입니다. 당신이 불황 속에서 겪은 경험과 지금 내가 있는 세계로부터 받고 있는 지침은 당신이 이전 글에서 간과했던 영적 요소를 더하는 데 도움을 줄 것입니다.

당신은 이 결핍을 인식하기 위해 많은 개인적 고통을 겪어야 했습니다. 최근까지도 당신은 자신의 글이 오직 자신에 의해 창조된 결과물이라 믿었습니다. 부분적으로는 사실이지만, 당신은 도움을 주기 위해 보내진 지성 단위들의 인도를 받아들이지 않았습니다. 당신은 머리로만 사고했고, 여섯 번째 감각을 통해 들어오려는 메시지에는 귀를 기울이지 않았습니다. 이제 당신은 그 태도를 바꾸었고, 당신의 작업이 크게 향상된 이유이기도 합니다. 독자들은 그 향상을 빠르게 감지했고, 당신에게 그 공을 돌렸습니다.

Q 감정이 섞인 사고의 충동은 물질적 형태로 변환되는 경향이 있다는 말은 사실인가요?

A 아닙니다. 사고의 충동은 본질적으로 물질이 아닙니다. 무(無)에서 물질이 창조될 수는 없습니다. 그러나 사고는 물질에 영향을 미칠 수 있으며, 실제로 자주 그렇게 작용합니다.

예를 들어 당신은 1년 동안 10만 달러를 벌고자 하는 강한 열망을 품고 있습니다. 그 열망은 매우 명확하며, 그 실현은 완전히 자연스러운 방식으로 이루어집니다. 이 경우, 당신의 열망은 당신의 노력 즉, 당신의 책을 많은 사람들에게 출판하고 배포하는 행위를 통해 금전적 실현으로 전환됩니다.

사고는 물질로 직접 변환될 수는 없지만, 사고는 사람들로 하여금 그 사고의 성격과 목적에 부합하는 형태로 물질을 구성하게 만듭니다. 신념 속에서 탄생한 열망은 모든 것을 집어삼킬 듯한 힘을 지니며, 의식적이든 무의식적이든 그 물질적 실현을 향해 인간을 몰아갑니다.

더 나아가 신념으로 뒷받침된 열망은 이를 물질로 전환하는 데 가장 적합한 지성 단위들의 지원을 받습니다. 당신은 10만 달러 이상의 수익을 보게 될 것입니다. 왜냐하면 당신은 그 목표의 실현을 너무나 확신하고 있어, 이미 그 돈을 손에 쥐고 있는 자신을

   마스터 마인드

상상하고 있기 때문입니다. 당신이 신념을 잃지 않는 한, 우주의 어떤 힘도 그 돈을 당신에게서 빼앗을 수 없습니다.

사실 당신은 이미 그 돈을 벌게 될 작업을 마쳤습니다. 남은 작업은 단 하나, 당신의 책을 필요로 하는 사람들에게 배포하는 일입니다. 이 일은 이미 진행 중입니다. 당신은 잠자리에 들어 편히 쉬어도 됩니다. 돈은 어김없이 당신의 손에 들어올 것입니다.

Q 린드버그 아기를 납치한 사람은 누구인가요?

A 그 질문에는 답할 수 없습니다. 나는 오직 나의 지성 단위들과 소통할 수 있는 마음에만 연결될 수 있습니다. 범죄적 사고를 가진 이들은 지상에서 반사회적이고 분열된 상태이며, 이 세계에 오면 지성 단위로 분리되어 조화가 불가능해집니다. 그러므로 그들과의 소통은 불가능합니다.

Q 사무엘 인설의 몰락 원인은 무엇이었나요?

A 그는 물질적 가치에 지나치게 몰두한 나머지, 그의 경력 초기의 가장 큰 자산이었던 영적 힘과의 연결을 잃었습니다. 인간이 물질적 소유와 타인에 대한 권력에 집착하고, 타인을 위한 유익한 봉사가 지상에서의 가장 큰 특권임을 잊는다면, 스스로를 파괴하는 무기를 만드는 셈입니다. 오페라에서의 비단 모자, 연미복, 보석의 화려한 전시는 지상에서 생겨난 욕망의 물질적 표현일 뿐, 이 세계에서 비롯된 것이 아닙니다.

Q 헨리 포드는 죽기 전에 재정적 파산을 겪게 될까요?

A 아니요. 포드는 자신의 재산을 건설적인 방식으로 사용하고 있

습니다. 그는 부를 협력의 원리를 실현하는 성공적인 사례로 전환할 것입니다. 그의 재산은 바로 그 목적을 위해 축적되고 있습니다.

Q 허버트 후버 대통령의 행정부에는 어떤 문제가 있었나요?

A 후버의 실수는 세간에 알려진 정도만큼 크지 않았습니다. 그는 전 세계의 다른 지도자들과 마찬가지로, 인류에게 제공되는 부와 물질적 혜택의 재분배를 요구하는 문명의 격변 속에서 희생자가 되었습니다. 시간이 지나면 그는 정당한 평가를 받을 것입니다.

Q 루스벨트 대통령은 후버보다 더 큰 성공을 거두게 될까요?

A 그렇습니다. 루스벨트는 문명의 급격한 변화에 더 잘 적응할 수 있는 성향을 지니고 있습니다. 그는 사람을 좋아하기 때문에 대중에게 인기를 얻게 됩니다. 또한 그는 세계가 조화와 번영의 시대로 접어드는 시점에 집권하게 되어, 실제보다 더 많은 미덕을 인정받게 됩니다. 후버가 실제보다 더 많은 비난을 받은 일과 같은 이치입니다.

Q 나는 언제부터 10만 달러의 수입을 받게 될까요?

A 왜 내가 이미 제안한 조언을 따르지 않고, 자신에 대해 생각하는 일을 멈추지 않습니까?

Q 나는 나 자신을 위해서가 아니라, 그 돈으로 유익한 봉사를 하려는 사람들을 위해 물었습니다. 이 사실이 당신의 답변을 바꾸나요?

A 자신에 대한 생각은 완전히 잊으십시오. 당신이 유익한 봉사를 할 수 있도록 준비된 길과 수단은 이미 마련되어 있습니다. 당신은 마치 모든 것을 이미 손에 쥐고 있는 사람처럼 하루하루의 일을 해나가면 됩니다. 당신의 철학으로부터 혜택을 받은 5,000명 이상의 남녀가 당신에게 필요한 모든 물질적 도움을 제공할 것입니다. 그들 중 일부는 이미 협력하고 있으며, 나머지는 당신이 준비되었을 때 도움을 줄 것입니다.

Q 걱정과 불안을 야기하는 어려움을 가장 잘 극복하는 방법은 무엇인가요?

A 당신보다 더 큰 어려움을 겪고 있는 사람을 찾아 그를 도우며 자신을 잊으십시오.

Q 내가 당신과의 접촉을 확립했다는 사실을 의심하는 사람들이 있겠죠. 어떻게 증명할 수 있을까요?

A 아무것도 증명하려 하지 마십시오. 오직 당신 자신의 생각만이 진정으로 중요합니다. 당신의 내면이 이끄는 대로 용기 있게 계속 나아가십시오. 그러면 다른 사람들이 당신을 어떻게 생각하는지에 대해 걱정할 필요가 없습니다. 회의론자들에게 신경 쓰지 마십시오. 단지 그들을 닮지 않도록 하십시오.

Q 당신의 세계에도 심판의 형태가 있습니까?

A 있습니다. 이곳에 오는 모든 이들은 그들의 공로에 따라 신중하게 평가받으며, 지상에서 저지른 잘못을 바로잡을 기회를 부여받습니다.

Q 그들의 행위에 대한 증거는 누가 제공하나요?

A 이곳에 오는 모든 사람은 자신의 지상 행위에 대한 완전한 기록을 가지고 옵니다. 그 기록은 지성 단위의 군집 속에 문자 그대로 포함되어 있으며, 어떤 방식으로도 변경되거나 조작될 수 없습니다.

Q 누가 심판을 내립니까?

A 우리는 지성을 보다 넓은 의미에서 측정하는 법정을 가지고 있습니다. 그들은 매우 정확합니다.

Q 그 법정은 어떻게 작동하나요?

A 그곳의 법정은 한 치의 오차도 없이, 스스로 작동하는 판결로 움직입니다. 낭비되는 동작은 없고, 지연도 없으며, 실수도 없습니다. 지상에서 잘못을 저지른 이들에게 내려지는 모든 판결은 교정적이며, 결코 처벌을 위한 결정이 아닙니다. 그곳에서는 판결을 집행할 사람이 필요 없습니다. 판결의 집행은 오롯이 그 판결을 받은 자 스스로의 손에 의해 이루어집니다.
에머슨은 당신과의 소통을 원하고 있습니다. 편하실 때 다시 돌아오십시오. 이번 방문은 길고 깊은 여정이었습니다. 이 여정이 당신에게 지식이라는 형태로 유익한 시간이었기를 바랍니다.

나는 에디슨에게 또 다른 질문을 던졌지만, 대답은 돌아오지 않았다. 인터뷰는 그렇게 끝이 났다. 그 순간, 나는 내 인생에서 가장 기이한 체험의 끝자락에 서 있었다. 질문을 시작했을 때, 나는 멈출 수 없는 강렬한 충동에 사로잡혔다. 그 욕망은 너무도 강력하여 저항할 수 없었다. 마치 호기심에 이끌려 파리 끈끈이에 발을 들인 파리처럼, 나는 이 작업에서 벗어나고 싶지 않았다.

나는 잠재의식과 소통하고 있었다고 믿는다. 엄밀히 말하자면, 내가 던진 많은 질문과 그에 대한 답변들이 모두 잠재의식에서 비롯되었다고 단정할 수는 없다. 일부는 내면 깊은 곳에서 나왔을 수도 있지만, 또 다른 일부는 의식적인 사고나 외부의 영향에 의해 형성되었을 가능성도 있다. 그럼에도 불구하고, 그 대화들은 나 자신을 더 깊이 이해하는 데 중요한 단서를 제공했다.

인터뷰의 기록은 늦은 밤에 시작되었다. 다음 날 아침, 내 몸의 모든 근육은 마치 격렬한 운동을 한 듯한 통증에 휩싸여 있었다. 때때로 맥박이 너무 빨라져 잠시 멈추고 쉬어야 했다. 그 기이한 체험이 이어지는 동안, 시간은 믿기 어려울 만큼 빠르게 흘러갔다. 손목시계를 들여다보기 전까지 나는 시간의 흐름을 전혀 인지하지 못했다. 마치 타임슬립을 한 것처럼 시간 자체가 그 순간의 이질적인 감각에 휘말려, 조용히 그리고 은밀하게 지나가 버린 듯했다. 한 사업 동료가 인터뷰의 몇 페이지를 읽고 이렇게 말했다.

"이걸 쓰기 전에 정말 많은 생각을 하셨나 봐요."

나는 진심으로 대답했다.

"오히려 그 반대였습니다. 저는 아무런 생각도 하지 않았습니다. 페이지에 담긴 모든 질문과 답변은 의식이 닿기도 전에 마음속 깊은 곳으로 흘러 들어왔습니다. 이성적 사고를 동원할 여유도, 필요도 없었고, 그저 흐름에 몸을 맡긴 채 기록해 나갔을 뿐입니다."

그 체험의 시간이 지나간 뒤, 차분한 마음으로 질문과 답변을 되짚어 보며 나는 확신하게 되었다. 내 이성적 사고만으로는 그 질문조차 만들어 낼 수 없었을 것이며, 답변은 더더욱 불가능했을 것이다. 그 질문과 답변이 거침없이 내 마음속으로 쏟아져 들어온 그 속도는 그 모든 체험 중 가장 놀라운 부분이었다. 마치 내면 깊은 곳에서 무언가가 문을 열고, 말보다 먼저 생각이 흘러나온 듯했다.

나는 그동안의 삶 속에서 결코 선동적이거나 급진적인 활동에 가담한 적이 없다. 그렇기에 나는 보통의 사람보다 쉽게 믿지 않는 편이다. 나는 실질적인 증거로 뒷받침될 때에만 믿는다. '기적'이나 초자연적 현상에 기반한 모든 활동은 내 마음에 긍정적인 인상을 남긴 적이 없다.

나는 때때로 경솔하게도, 초자연적 현상을 믿는 척하는 사람들을 비판한 적이 있다. 이 사실을 밝히는 이유는, 나를 잘 모르는 이들이 내가 어떤 종류의 이례적인 현상에 쉽게 감동받을 사람이 아니라는 점을 이해해 주길 바라기 때문이다. 특히 무엇보다도 나는 스스로를 속일 만한 성향을 갖춘 사람이 아니다.

하지만 돌이켜 보면, 앞서 언급한 인터뷰 경험은 내가 이 문제를 바라보던 방식이 반드시 현명했다고는 할 수 없다는 생각에 이르게 했다. 그 경험은 내 사고의 틀을 흔들었고, 내가 오랫동안 당연하게 여겨 왔던 관점들에 의문을 던지게 만들었다.

나는 거의 3년에 걸쳐 수많은 영매 집단을 관찰해 왔다. 가까운

   마스터 마인드

친구들은 내가 그 모임을 마칠 때마다, 처음 들어갈 때보다 오히려 더 확신에 차서 돌아왔다는 사실을 증언해 줄 수 있다. 그들이 보여 준 모든 행위는 단순한 눈속임이거나, 어느 종류의 사기에 지나지 않는다는 확신 말이다.

나는 초자연적인 현상을 믿지 않는다. 지금도 그 믿음에는 변함이 없다. 그럼에도 내면의 진실에 귀 기울여 보면, 에디슨과의 인터뷰에서 일어난 일을 내가 알고 있는 자연법칙만으로 설명하기는 어렵다. 그 경험은 실로 기이했고, 내가 굳게 믿어 온 사고방식에 균열을 일으켰다.

세상에는 이미 미신과 무지가 넘쳐 난다. 거기에 내가 무엇인가를 보태고 싶지는 않다. 나는 평생 진실을 추구해 왔다. 진실을 찾는 일은, 아무리 진지한 마음으로 임하고 아무리 끈질기게 그 원천을 좇는다 해도 결코 쉬운 과제가 아니다. 그렇기에 나는 이제 와서 스스로를 속이거나, 타인을 기만하는 길을 택할 생각은 전혀 없다.

이 인터뷰는 어떤 편집도, 수정도, 미화도 거치지 않은 그대로의 기록이다. 의심의 여지없이, 나는 우연히 전혀 새로운 경험을 마주했고, 그 경험은 내게 놀라운 영감의 원천을 열어 주었다. 그 원천이 나의 잠재의식일 수도 있고, 혹은 내 마음 바깥 어딘가에서 왔을 수도 있다는 점은 단정할 수 없다. 그러나 한 가지는 분명하다. 이 새롭게 발견된 정신 자극의 근원은 이전에는 느껴 보지 못한 상상력의 예리함과 영적 에너지의 각성을 나게 가져다주었다는 사실이다.

나는 오랫동안 학생들에게 이른바 '이론'이라는 이름으로 포장된 여러 예언 체계, 즉 미래를 예측한다고 주장하는 점성술, 점괘 등에 대해 경고해 왔다. 어떤 인간도 알려진 사실에 기반한 연역적 추론이나 단순한 추측을 제외하고는 단 1초 앞의 미래조차 정확히 알 수 없다고 나는 믿는다. 우연과 평균의 법칙은 누구도 비켜 갈 수 없는 냉정한 현실이기 때문이다. 우주의 섭리는 우연이라는 이름으로 나타나는 모든 것을 갈아 내는 거대한 맷돌과도 같다.

더 나아가 인간은 사고와 행동에 있어 선택이라는 고유한 힘을 지니고 있다. 바로 이 선택 가능성이 미래를 정확히 예측하는 일을 원천적으로 불가능하게 만든다. 그래서 누군가가 우연히 어떤 사건을 맞추고, 그것이 실제로 일어났다고 해도 나는 흥분하거나 동요하지 않는다. 그런 일들은 대부분 우연의 법칙이나, 영리한 추측만으로도 충분히 설명될 수 있기 때문이다.

이 설명이 없었다면, 나는 앞에서 소개한 에디슨 인터뷰를 내 이름으로 세상에 내놓을 수 없었을 것이다. 이제 같은 무게감으로 말하고 싶다. 내가 묘사한 그 인터뷰 내용은 실제 인터뷰의 주인공인 토머스 에디슨에게서 왔을 수도 있다. 나는 그 점을 부정하지 않는다. 다만 그 인터뷰가 내 잠재의식을 넘어선 어떤 초자연적인 원천에서 비롯되었다고 믿지는 않는다. 나는 25년 넘게 '정신 자극'이라는 분야를 연구해 왔다. 사람들 안에 잠재된 재능을 더 지혜롭게 끌어낼 수 있도록, 신뢰할 수 있는 정신 자극의 형태들을 하나의 철학으로 정리하고자 하는 진심 어린 열망이 내 연구의 출발점이었다. 그 과정에서 이른바 '기적'이라 불리는 힘이 나를 도와줄 것이라고

                                             마스터 마인드

기대한 적은 없다.

바로 그렇기 때문에 만약 내가 기적처럼 보이는 어떤 발견에 도달했다면, 그것은 내게도 놀라운 일이다. 단순한 우연이나 착각이 아니라, 내가 존재를 믿지 않던 세계가 잠시나마 문을 열고 모습을 드러낸 순간이었을 것이다.

나는 워싱턴에서 일을 계속하며 글을 썼다. 대공황은 은행 휴업 사태를 계기로 최악의 국면에 이르렀고, 그 뒤로 서서히 진정되기 시작했다. 그러나 사람들은 여전히 공포의 그림자 속에 머물러 있었고, 그들을 절망에서 온전히 건져 낼 만한 희망은 아무것도 보이지 않았다.

나는 계속 워싱턴에 있었지만, 머지않아 모든 일을 내려놓고 완전히 은퇴하기로 했다. 그리고 사람들이 다시 용기를 되찾았다는 분명한 징후가 보이기 전까지는, 다시는 세상 앞에 나서지 않기로 마음먹었다. 1934년 한 해 동안 나는 그런 징후를 기다리며 조용히 지냈다. 그저 기다리고 또 기다리면서, 세상이 스스로 회복되기를 바랄 뿐이었다.

하지만 그 사이에도 '우주의 습관력'이라는 법칙은 결코 멈추지 않았다. 그 법칙은 조용하지만 집요하게 작동하며, 내 안에서 무기력하게 떠내려가는 습관들을 하나둘씩 영구적인 형태로 굳혀 가고 있었다. 물속의 침전물이 바닥에 가라앉아 점점 더 단단해지듯, 의식의 깊은 곳으로 가라앉은 그 습관들은 서서히 나를 잠식해 들어갔지만, 나는 그 흐름을 눈치채지 못했다.

나는 인생에서 실패하는 사람들이 흔히 저지르는 실수를 그대로 되풀이하고 있었다. 폭풍이 지나가기만 기다리면 아무런 피해도 입지 않는다고 믿는, 그 순진한 착각 말이다. 이는 많은 사람이 은퇴 후에 범하는 실수이기도 하다. 인간이 생각하기를 멈추는 순간, 뇌는 곧바로 우주의 습관력에 지배당하며, 그때부터 서서히 쇠퇴와 약화가 시작된다.

워싱턴에서 나는 점점 표류하고 있었지만, 그렇다고 마음까지 완전히 멈추지는 않았다. 다만 그때 내게 들어오던 생각들의 성격을 떠올려 보면, 차라리 아무 생각도 하지 않는 편이 나았을지도 모른다.

실제로는 이런 일이 벌어지고 있었다. 일을 그만둔 뒤, 나는 내 마음의 문을 활짝 열어 둔 채로 내버려두었다. 그 틈으로 세상에 떠도는 온갖 생각들이 스며들었다. 주변에는 공포와 낙담에 휩싸인 사람들이 가득했고, 그들로부터 전달되는 정신적 자극은 대부분 부정적이었다. 그 결과 나는 무슨 일이 일어나는지 자각하지도 못한 채, 우주의 습관력에 이끌려 전국적으로 번져 있던 부정적 사고의 소용돌이 속으로 빨려 들어갔다. 마치 어항 속을 빙빙 도는 또 한 마리 금붕어처럼, 그 안에서 벗어날 생각조차 하지 못한 채 떠돌고 있었다.

날이 갈수록 나는 점점 더 무관심해졌고, 마침내는 내가 30년 동안 공들여 쌓아 올린 '성공 철학'을 떠올리는 일 자체가 부끄럽게 느껴졌다. 내 인생의 가장 큰 위기 앞에서 그 철학이 나를 구해 내지 못했기 때문이다. 그때까지 나는 아직 '우주의 습관력'이라는 섭리를 발견하지 못했다. 그리고 바로 그 법칙이, 머지않아 내 손에 철학을 어떤 위기에서도 작동하게 할 수 있는 마스터키를 쥐여줄 운명이었다.

나는 점점 더 추락했고, 마침내 바닥을 쳤다. 그 후에야 남아 있던 얼마 안 되는 이성을 가까스로 끌어모아 다시 일어섰다. 그때 나는 우주의 습관력에 대해 아무것도 모르고 있었지만, 내 안에는 아직 충분한 지성이 남아 있었다. 그 지성이 내게 경고했다. 지금 당장 싸움을 시작하지 않으면, 나는 영원히 길을 잃게 될 것이라고.

그 결심을 했던 날을 나는 지금도 선경하게 기억한다. 워싱턴의 포토맥 공원, 링컨 기념관 앞에 주차된 자동차 안에 앉아 있었다. 창밖으로 위대한 해방자 링컨의 얼굴이 보였다. 나는 그 얼굴을 올려다보다가 만약 지금 싸움을 시작하지 않는다면, 내가 선택한 삶의 무대에서 영원히 사라져 버릴지도 모른다는 사실을 깨달았다.

그 순간, 내 마음속에 하나의 생각이 떠올랐다. 링컨을 진정 위대하게 만든 힘은 패배를 결코 순순히 받아들이지 않았던 그의 단단한 의지였다. 무너질 듯한 순간마다 그는 다시 일어섰고, 그 싸움의 흔적이 고요한 주름이 되어 그의 얼굴에 새겨져 있었다. 그 자리에서 나는 조용히 결심했다. 내 안의 자산과 부채를 다시 들여다보자고. 정신의 깊은 곳에 남아 있는 힘은 무엇이며, 나를 짓누르는 무게는 어디에서 오는지 살펴보자고.

그때부터 나는 나 자신을 다시 바타보기 시작했다. 단순한 자기 성찰이 아니었다. 다시 살아나기 위한 첫걸음이었다. 잊혀졌던 나를 다시 불러내는, 조용하지만 단호한 시작이었다.

마음의 재무제표:
부와 평화를 향한 여정

Part 6

　　그 당시의 나는 내가 겪고 있는 변화의 본질을 온전히 인식하지 못한 채로 무의식 속에서 이미 한 가지 전환을 시작하고 있었다. '표류의 습관'에서 벗어나 분명한 목적을 향해 나아가는 습관으로의 이동이었다. 내면의 자산과 부채를 하나씩 점검하기 시작하면서 나는 방치의 상태를 벗어나 '우주의 습관력'을 부정이 아닌 긍정의 방향으로 활용하는 단계에 접어들고 있었다.

　지금에 와서야 분명히 알 수 있는 사실은 이렇다. 내가 물질적 손실과 정신적 상처를 극복하고 극적인 재기를 이룰 수 있었던 이유는 전적으로 표류를 멈춘 바로 그 순간부터 명확한 계획과 목적을 가지고 행동하기 시작했기 때문이다.

　그 순간 이후로 나는 더 이상 역경과 두려움의 바람에 휘말려 추락하지 않았다. 오히려 그 바람을 날개 삼아 비상하기 시작했다. 마치 꼬리를 단 연이 바람을 거슬러 오르듯, 나는 그 바람을 이용해 다시 떠올랐다. 이 지점에서 일어난 심리적 전환을 우리는 특히 주의 깊게 살펴볼 필요가 있다. 여기에 담긴 심리적 효과를 이해하지 못한다면, 나의 체험에서 얻을 수 있는 핵심 교훈을 온전히 놓칠 수도 있다.

내가 바닥에 떨어져 무겁게 부딪힌 뒤 다시 튀어 오를 수 있었던 힘은 단순한 외부의 도움이나 우연에서 비롯된 것이 아니었다. 바로 하나의 정신적 충동에서 시작되었다. "지금 이 순간, 내 정신과 영혼의 자산과 부채가 무엇인지 반드시 알아내고야 말겠다"는 강렬한 열망이 흔들리지 않는 결심의 형태로 굳어졌다.

그래서 나는 오래된 편지지 뒷면을 꺼내, 내가 파악할 수 있는 자산과 부채를 하나하나 정확히 기록하기 시작했다. 재정적 자산은 단 하나도 남아 있지 않았다. 대공황이라는 거대한 파도 속에서, 그나마 남아 있던 재산마저 이미 모두 공중분해되고 말았기 때문이다.

나는 종이 위에 두 개의 제목을 적었다. 하나는 '자산(Assets)', 다른 하나는 '부채(Liabilities)'였다. 그리고 부채 아래에는 그 시점의 나를 옥죄고 있던 치명적인 약점들을 숨김없이 적어 내려갔다.

부채

1. 자신에 대한 믿음의 상실
2. 내가 해오던 일에 대한 깊은 무관심
3. 성공 철학을 실천하지 못한 채 실패했다는 비판에 대한 두려움
4. 생애 처음으로 마주한 깊은 외로움

그다음, 나는 자산 목록을 작성하기 시작했다. 그 순간 목록의 맨 위에 적었던 첫 문장을 지금도 또렷하게 기억한다. 당시의 내게 첫 번째 자산은 남아 있는 자산 가운데 유일하게 진정한 자산처럼 느껴졌고, 이후에 벌어진 모든 일은 그 감각이 결코 틀리지 않았음을 증명해 주었다.

자산

1. 정신적·영적으로 거리낌 없이 소통할 수 있는 배우자에 대한 갈망

   주목할 점은 첫 번째 열망의 묘사 속에는 '사랑'이라는 단어가 등장하지 않는다는 사실이다. 그럼에도 이는 단순한 애정 표현을 넘어서는, 어쩌면 사랑보다 더 깊은 차원의 무엇이었다.

2. 미국에서 가장 성공한 인물들이 물질적 부를 축적해 온 원리를 체계적으로 정리한 지식

   이는 실제로 작동하는 방식으로 검증된 원리였고, 물질적 성공을 이루는 데 분명한 효과를 보여 왔다. 그러나 원리가 언제나 작동하기 위해서는 아직 하나의 마지막 연결 고리가 더 필요했다. 과연 그것은 무엇이었을까?

3. 건강한 신체와 성공한 수많은 인물들과의 오랜 교류를 통해 풍부해진 정신

   그 정신은 단순히 쌓아 올린 정보가 아니라, 경험과 통찰을 통해 단단해진 자산이었다.

4. 아직 남아 있는 이성

대공황이라는 거대한 시대적 시련 속에서도 나는 이 위기가 오히려 내 철학의 타당성을 증명할 기회가 될 수 있다는 사실을 꿰뚫어 볼 수 있었다. 단, 그 철학을 언제나 작동하게 만들어 줄 마지막 연결 고리를 내가 찾아낼 수만 있다면 말이다.

여기까지가 내가 작성한 내면의 자산과 부채의 목록이었다. 각각 네 가지 항목으로 이루어져 있었지만, 그 어느 항목도 은행에 맡길 수 있는 형태가 아니었고 물질적 회복을 위한 즉각적인 수단도 아니었다. 그럼에도 이 소박한 기록은 내 인생의 방향을 다시 그려 나가는 데 있어 결정적인 출발점이 되었다. 혼란의 한가운데서 내가 다시 나아갈 방향을 가늠하게 해준, 내면의 질서를 회복하는 첫 번째 이정표였던 셈이다.

나는 목록을 더 깊이 들여다보며, 뜻밖의 사실을 발견하기 시작했다. 부채 항목에 적어 둔 내용들을 하나씩 지워 나갈 수 있다는 점이었다. 그 첫 번째는 다름 아닌 '자신에 대한 믿음의 상실'이었다. 그 항목을 지우는 순간, 나는 내 안에 여전히 남아 있는 힘을 다시 자각하기 시작했다.

이어서 나는 자산 목록에 집중했다. 그 안에서 잃어버린 것을 되찾고, 다시 출발할 지점을 찾고자 했다. 그리고 스스로에게 이렇게 말했다. 그것은 내가 수많은 사람들에게 전해 온 말이기도 했다.

"모든 위기 속에는 반드시 가장 먼저 해야 할 일이 있다. 그것이 무엇인지 찾아라. 그것을 실행하라. 그러면 다음 단계는 자연스럽게 드러날 것이다."

그 자리에서 나는 결심했다. 내 일에 대한 무관심을 털어내고, 《생각하라 그리고 부자가 되어라》 집필을 다시 시작하기로 했다. 그리고 아들 블레어(Blair)와 더 가까이 지내기 위해 뉴욕으로 이주했다. 다음 장에서 자세히 다루겠지만, 그곳에서 나는 새로운 배우자를 만나 다시금 글쓰기에 온전히 전념할 수 있게 되었다.

나는 뉴욕의 냉혹함에 대해 이미 여러 차례 들어본 적이 있었다. 수많은 사람들이 그곳에서 새로운 시작을 꿈꾸다 좌절했다는 기록을 읽어 오기도 했다. 그러나 어떤 신문 기사도, 어떤 통계도 그리고 희망이나 격려의 말들조차도 아무런 준비 없이 무자비한 인간 군상 속으로 내던져졌을 때 마주하게 되는 현실을 온전히 전해 주지는 못했다. 그 도시는 그곳만의 암묵적인 생존 법칙을 지니고 있었다.

"상대가 당신의 목을 치기 전에, 먼저 그의 목을 쳐라."

맨해튼 섬에서 살아간다는 것은, 설령 물질적 부를 어느 정도 갖춘 사람일지라도 필연적으로 막대한 정신적 에너지를 소모해야 하는 일이다. 뉴욕은 의심의 여지없이 미국에서 가장 냉혹하고, 가장 차갑고, 가장 비인간적인 도시였다. 어떤 조건에서든 그곳에서 살아남고자 한다면, 마음을 굳게 다지고 영혼 깊은 곳에 단단한 방어막을 세워야만 했다. 그 방어막은 끝없이 밀려드는 부정적 영향으로부터 자신을 지켜내기 위한 도구이다. 그 영향력은 너무도 강렬하고

     마스터 마인드

뚜렷해서, 마치 공기 자체가 그것으로 가득 차 있는 것처럼 느껴질 정도였다.

물론 뉴욕을 정복하고 물질적 부를 손에 쥐는 이들도 있다. 그러나 그보다 훨씬 더 많은 사람들이 그곳에서 영원한 패배를 맛본다. 그들은 고통과 빈곤을 마치 피할 수 없는 운명인 양 받아들이며 살아간다.

뉴욕은 단순한 도시가 아니다. 하나의 거대한 시험대이며, 인간의 내면을 가차 없이 검증하는 무대이다. 그곳에서 살아남기 위해 필요한 도구는 단순한 생존 기술이 아니라. 흔들리지 않는 정신력 그리고 바깥 세상의 냉혹함을 끝내 압도하는 내면의 온기가 있어야만 한다.

도시 생활의 리듬

뉴욕에는 결코 피할 수 없는 하나의 리듬이 흐른다. 그것은 도시 전체가 내뿜는 심장 박동과도 같은 진동이며, 그 강렬함은 너무도 압도적이어서 그곳에 발을 들이는 모든 이의 영혼 깊숙이 스며든다. 그 리듬은 자비 없이 사람을 몰아붙이고, 마침내 육체와 정신이 간직한 마지막 힘마저 소진하게 만든다. 모든 도시에는 저마다 고유한 박동이 있지만, 미국 전역을 둘러보아도 뉴욕만큼 빠르고, 차갑고, 부정적인 집단의 진동을 뿜어내는 곳은 없다.

뉴욕에 대한 이 짧은 묘사가 독자로 하여금 내가 새 아내와 함께
'찬란한 꿈의 묘지'라 불릴 만한 맨해튼 한복판에서 사투를 벌이며
점차 생의 힘이 고갈되어 가던 그 시절을 떠올리게 하기를 바란다.
나의 설명이 이 도시가 품고 있는 냉혹한 이면을 조금이나마 이해하
는 데 도움이 된다면 좋겠다.

그 치열했던 2년의 투쟁 속에서, 우리는 단 한 번도 인간적인 온정
을 느낄 수 있는 순간을 경험하지 못했다. 뉴욕이라는 도시는 마치
인간애의 흔적마저 완전히 지워진 황량한 공간처럼 보였다. 그러나
이 이야기를 이어 가기에 앞서, 먼저 내 새 아내에 대해 이야기하고
자 한다.

나는 정신적으로도 깊이 소통할 수 있는 배우자를 찾고 있었다.
그리고 그와 함께 '마스터 마인드' 동맹을 이루어, 내가 구축한 성공
철학을 함께 살아 내고, 함께 실천하며, 함께 가르치고자 했다. 그러
던 1936년, 애틀랜타에서 한 여성 단체를 대상으로 강연을 하던 중
이었다. 청중 속에서 내 말에 유난히 깊이 몰입한 듯 보이는, 젊고 아
름다운 한 여성이 눈에 들어왔다. 나는 그녀와 인사를 나눌 기회를
만들었고, 이튿날 그녀에게 인터뷰를 제안했다. 겉으로는 내 철학을
통해 그녀가 현재 겪고 있는 고민을 도울 수 있을지를 논의해 보자
는 취지였다. 그러나 그 만남은 곧 우리 둘의 새로운 여정을 여는 문
이 되고 말았다.

나는 처음 순간부터 그녀에게 마음을 완전히 빼앗겼고, 그녀 역시
비슷한 감정을 느낀 듯했다. 우리는 몇 시간이고 이야기를 나누었

고, 그날이 저물기 전에 이미 약혼을 약속했다. 곧 결혼에 이르렀으며, 우리의 결혼은 단순한 남녀 간의 사랑을 넘어선 관계였다. 동시에 하나의 사업적 동반자 관계이기도 했다.

그녀는 매우 지적했고, 성공 철학에 깊이 헌신적이었다. 내가 다시 경제적으로 일어설 수 있도록 돕기 위해, 책을 집필하고 출판하는 모든 과정에 기꺼이 함께하고자 했다.

우리의 결혼은 행복했고, 또 매우 생산적이기도 했다. 그러나 오래가지는 못했다. 1941년, 나는 큰 대가를 치른 이혼을 경험하게 된다. 그럼에도 나는 그 시절을 진심으로 아끼고 있다. 비록 또 하나의 실수였고 값비싼 선택이었지만, 다시 그 시간을 선택할 기회가 주어진다면 나는 주저 없이 같은 길을 걷겠다.

뉴욕에서 아내와 함께 수많은 낙담과 좌절을 겪은 끝에, 전환점은 뜻밖에도 어느 저녁 전혀 준비되지 않은 순간에 불시에 찾아왔다. 마치 깊은 어둠을 가르는 번개처럼 극적이었고, 지금도 그 장면은 눈앞에 선명하게 떠오른다. 조금 이상하게 들릴지 모르지만, 실패에서 성공으로 이어지는 문은 대개 거창한 무대가 아니라, 가장 평범하고 일상적인 순간 속에서 아무런 예고도 없이 불현듯 열리곤한다.

그날 그 문을 연 열쇠는 한 권의 책이었다. 몇 달 동안 전국적인 화제를 모으며 베스트셀러가 된 책을 우리는 함께 읽어 보기로 했다. 저자는 이름조차 낯선 여성이었지만, 어쩌면 드물게 세상에 나타나는 천재일지도 모른다는 기대가 우리 마음을 사로잡았다. 나는 그 책을 집으로 가져왔고, 아내가 저녁을 준비하는 동안 고요한 방 안에서 책장을 펼쳤다. 그리고 바로 그 순간, 내 운명의 시계추가 천천히, 그러나 분명히 새로운 방향으로 흔들리기 시작했다.

그 책은 강렬한 서두와 함께, 제목만큼이나 인상적인 지식을 약속하며 나를 끌어들였다. 나는 페이지를 넘기며, 언젠가는 그 진정한 가치가 드러나리라 기대했다. 그러나 읽어갈수록, 책은 점차 화려한 제목과 카피라이터의 상상력으로 포장된 허울에 불과하다는 의심이 고개를 들기 시작했다.

그 의심은 곧 확신으로 굳어졌다. 마지막 페이지를 덮는 순간, 나는 이 책이란 결국 영리한 제목 하나를 떠올린 저자가 약 4만 단어를 늘어놓은 결과물에 지나지 않는다는 사실을 깨달았다. 그 안에는 실질적으로 활용할 수 있는 아이디어가 단 하나도 없었다. 오직 판매를 목적으로 쓰였을 뿐, 독자에게 유용한 통찰이나 새로운 영감을 전하려는 흔적은 어디에서도 찾을 수 없었다.

책을 덮은 뒤 내 마음을 스친 모든 생각을 굳이 글로 옮기고 싶지는 않다. 다만 한 가지는 분명하다. 나는 교묘한 광고에 속아 무가치할 뿐 아니라 내 지성을 모욕하는 물건을 사 버렸다는 사실에 깊은 분노를 느꼈다. 그러나 그 분노는 책의 저자나 광고를 만든 사람을 향하지 않았다. 끝내 오롯이 나 자신을 향하고 있었다.

내가 앉아 있던 자리에서 불과 몇 걸음 떨어진 책장에는 대공황이 끝나기만을 기다리며 써 내려간 일곱 권의 미출간 원고가 먼지를 뒤집어쓴 채 조용히 눕혀 있었다. 나는 그 원고들이 출판할 만큼 가치

      마스터 마인드

있지 않다고 믿었기에, 단 한 번도 출판사에 보내지 않았다. 그러나 방금 읽은 책과 나란히 놓고 비교해 보니, 내 원고들이 그 어떤 책과도 견줄 수 없을 만큼 훨씬 뛰어나다는 사실만은 의심의 여지가 없었다.

가장 나를 괴롭힌 점은 그 책의 저자가 문학적 포장을 입힌 글 몇 장으로 출판사와 능숙하게 연결되어 닥대한 수익을 거두고 있다는 사실이었다. 반면 나는 굶주림에 가까운 궁핍 속에서, 수십 년간의 지혜를 응축한 원고들을 책장 한편에 건지 쌓인 채 방치해 두고 있었던 것이다.

그러나 여기까지가 내 당혹감의 전부는 아니었다. 나는 그 책을 아내에게 건네야 했고, 그녀가 책장을 열기도 전에 이미 알고 있었다. 그녀 역시 내 원고들과 비교해 볼 것이며, 그 결과는 나를 한층 더 부끄럽게 만들 것이라는 사실을. 나는 궁핍한 생활 속에서 그녀에게 초라한 식사와 낡은 옷을 감내하게 했다. 그리고 그 모든 원인이 결국 내가 내 책을 세상에 내놓지 않았기 때문이라는 점을 그녀가 깨닫는 순간의 반응이 두려웠다.

결국 아내는 저녁 식기를 치운 뒤, 책을 보여 달라고 했다. 나는 말없이 책을 건네고, 센트럴 파크를 향해 집을 나섰다. 그녀가 책을 읽는 동안, 나는 차가운 공기를 깊게 들이마시며 곧 마주하게 될 진실 그리고 그 진실이 불러올 그녀의 반응을 감당할 마음의 준비를 했다.

집으로 돌아왔을 때, 아내는 방 안을 서성이며 나를 기다리고 있었다. 내가 입을 떼기도 전에, 그녀는 그 책과 내 원고들을 나란히 놓고 비교해 본 분석을 숨 가쁘게 쏟아 내기 시작했다. 그리고 마침내 단호한 목소리로 이렇게 말했다.

"이건 우리에게 정말 우스운 일이에요. 저는 1년이 넘도록 밤낮없이 일하면서 당신이 다시 일어설 방법을 찾으려고 애써 왔어요. 동전 하나를 쓸 때도 손이 떨렸고, 쓰레기통에서 신문을 주워 읽기도 했죠. 그런데 이렇게 집 안에 이미 재산을 쌓아 두고 있었다니요!"

그녀는 곧장 책장으로 달려가 원고 하나를 꺼내 들더니, 소리 내어 읽기 시작했다. 다섯 페이지쯤 읽고 나서, 그 원고를 방 건너편으로 내던졌다. 원고는 바닥에 있던 스탠드를 때려 쓰러뜨렸고, 방 안의 유일한 불빛이 꺼졌다. 어둠 속에서 그녀는 격렬하게 외쳤다.

"그 여자는 책을 쓰는 데 고작 두 주밖에 걸리지 않았을 거예요. 당신은 이 원고를 위해 25년 동안 자료를 모으고 정리해 왔잖아요. 그런데도 여전히 출판할 가치가 없다고 믿고 있는 건가요?"

그녀의 도전에는 반박할 여지가 없었다. 나는 솔직히 그녀의 말이 옳다고 인정했다. 동시에 내 안에서도 그녀와 다르지 않은 분노가 끓어오르고 있었다.

그러나 다음 날, 우리의 분노는 또 한 번의 굴욕으로 이어졌다. 그 책의 저자가 영화 판권을 팔아 막대한 돈을 벌었다는 소식이 전해졌다. 제작자는 제목만을 가져다 썼을 뿐, 영화 속에는 책의 내용이 단 한 줄도 반영되지 않았다. 그럼에도 불구하고, 그 영화는 놀라울 만큼 큰 성공을 거두었다.

지적 재산

　우리는 분노를 주체하지 못한 채 밤이 새도록 도시를 걸었다. 그 길 위에서 마침내 한 가지 사실을 깨달았다. 우리가 지닌 문학적 자산을 스스로 인정하지 않았으며, 그 지식을 세상과 연결할 적절한 통로를 찾지 못했다는 깨달음이었다.

　새벽이 밝아오자, 우리는 이스트강(East River)으로 향했다. 강가에 서서 떠오르는 태양을 바라보았다. 내가 살아오며 목격한 일출 가운데 가장 장엄한 순간이었다. 그리고 곧이어 벌어진 일들은 그 일출이 단순히 또 하루를 여는 장견이 아니라, 삶의 강에서 부정의 흐름을 벗어나 긍정의 물길로 옮겨가는 새로운 시대의 서막이었음을 증명해 주었다.

　집으로 돌아온 우리는 아침을 먹고, 늦은 오후까지 마치 갓 태어난 아기처럼 깊은 잠에 빠져들었다. 영적인 차원에서 우리는 분명 다시 태어났다. 휴식을 마친 뒤, 우리는 원고를 고치고 다시 쓰기 시작했다. 그때까지만 해도 그 원고의 제목은 《부의 13단계(The Thirteen Steps to Riches)》였지만, 훗날 세상에 알려질 때는 《생각하라 그리고 부자가 되어라》라는 이름을 갖게 된다.

　출판사에 보여 줄 만큼 만족스러운 수준에 이르기까지, 우리는 무려 세 번이나 원고를 고쳐 썼다. 분량은 300페이지가 훌쩍 넘었다. 아내는 타자를 맡았고, 세 번째 수정이 끝날 즈음에는 손가락에 물집이 잡히고 닳아 테이프를 감아야 할 정도가 되었다. 그럼에도 그녀는 미소를 지으며 말했다.

"이건 내 마음이 원해서 하는, 애정을 담은 작업이에요. 손가락이 닳아도 기쁘기만 해요."

우리는 밤과 낮의 구분도 잊은 채 일에 몰두했다. 하루 네 시간도 채 되지 않는 잠에 몸을 기대며 일하던 중에야, 나는 비로소 깨달았다. 에디슨이 어떻게 그 오랜 세월, 하루 네 시간 이하의 수면으로도 기적 같은 업적을 쌓을 수 있었는지를. 그때의 우리는 단지 원고를 고쳐 쓰고 있는 것이 아니었다. 우리의 삶과 운명을 다시 빚어내는 작업을 하고 있었던 것이다.

마침내 원고가 완성되자, 우리는 출판사에 연락을 취했다. 출판사 측에서는 직접 우리 집을 찾아와 원고를 훑어보았다. 그는 하루 종일 앉아, 왜 이 책이 결코 시장에서 성공할 수 없을지 그 이유를 조목조목 늘어놓았다. 그러나 우리는 단 한마디도 변명하지 않았다. 그가 어떤 분석을 내놓든 상관없이, 이미 알고 있었기 때문이다. 이 책은 반드시 세상에 나올 것이며 반드시 사람들의 삶을 바꾸게 되리라는 사실을, 우리는 깊은 곳에서 직감하고 있었다.

그는 마침내 이렇게 물었다.

"왜 이 책이 팔릴 거라고 믿습니까? 예전에 쓴 당신의 책들과 뭐가 다르죠?"

내가 대답을 하려는 순간, 아내가 먼저 입을 열었다. 그녀의 목소리에는 망설임이 없었다.

"원고를 집으로 가져가 정독해 보세요. 그러면 이 책이 이전의 책

                                    마스터 마인드

들과 무엇이 다른지, 직접 느끼게 될 겁니다."

그 한마디로 인터뷰는 끝났다. 출판사 담당자는 원고를 들고 집을 떠났고, 문이 닫히는 순간 아내는 단호하게 선언했다.

"그는 이 책을 출판할 거예요. 그리고 거기서 끝나지 않을 거예요. 이 책은 스스로 날개를 달고, 광고비 한 푼 쓰지 않아도 수년간 베스트셀러 자리를 지킬 겁니다."

나는 형식적으로 "그래, 여보. 그랬으면 좋겠네."라고 답했지만, 솔직히 말해 그녀만큼 낙관적이지는 못했다.

나는 거의 4년 동안 방향을 잃은 채 떠돌았다. 그 시간은 부정적 기운에 사로잡혀, 영혼이 마치 마취돈 듯 살아 있으되 깨어 있지 못한 나날이었다. 그렇게 자신에 대한 믿음을 잃었고, 평생을 쏟아부은 작품에 대한 확신마저 서서히 꺼져 가고 있었다. 그러나 아내는 달랐다. 그녀는 어둠 속에서도 빛을 감지하는 직관을 지니고 있었고, 무엇보다도 표류의 습관에서 완전히 벗어나 자유롭게 숨 쉬는 존재였다.

그리고 불과 사흘 뒤, 출판사 편집자는 환한 미소를 띠고 다시 우리 집 문을 두드렸다. 그는 몇 가지 사소한 수정만을 요청한 뒤, 곧바로 인쇄에 들어가겠다고 선언했다. 며칠 후 도착한 그의 편지에는 이렇게 적혀 있었다.

"책의 첫 두 장을 사무실 직원들에게 읽어 주었습니다. 그리고 이렇게 말했죠. '이 두 장만으로도 평범한 사람의 인생을 실패에서 성공으로 바꿀 수 있는, 실용적이고 강력한 아이디어가 충분히 담겨 있습니다.'"

그 말은 단순한 격려나 예의상 건네는 찬사가 아니었다. 곧 현실이 될 일을 미리 알리는 하나의 예고장이었다. 그리고 뒤이어 전개된 사건들은 그 말이 예언에 가까웠음을 눈부시게 입증해 보였다. 두 달 후, 초판이 출간되었다. 그리고 불과 3주라는 짧은 시간 안에 인쇄된 전 부수가 완판되었다. 광고는 거의 없었다. 출판사가 일부 우편 주문 고객에게 보낸 짧은 안내문이 전부였다. 그러나 그 작은 불씨는 순식간에 번져 나갔다. 책은 점점 더 넓은 지역으로 퍼져 나갔고, 판을 거듭할수록 우리의 경제적 걱정은 완전히 사라졌다.

이 책이 내게 다시 시작할 용기를 주었던 경험을 떠올릴 때마다, 나는 《생각하라 그리고 부자가 되어라》의 핵심 목적을 되새긴다. 사람들이 생각하게 하고, 그 생각을 행동으로 옮기게 만든다. 아이러니하게도, 내가 한때 불평을 쏟아 냈던 바로 그 책조차 결국 이 목적을 이루어 냈다. 그런 의미에서 그 책은 한 권의 책이 도달할 수 있는 가장 고귀한 목적을 이미 완수한 셈이었다.

그리고 또 하나의 오래된 경험이 떠오른다. 내가 《성공의 법칙》 원고를 집필하기 훨씬 이전에 겪었던 일이다. 오하이오주 클리블랜드의 한 공공 강연장에서 심리학에 관한 강연을 듣던 자리였다. 나는 이웃의 끈질긴 권유 끝에 마지못해 그곳에 갔다. 사실 그는 자동차가 없었고, 나만이 그를 태워 줄 수 있었기 때문에, 함께 가기를 원했다.

연단에 오른 연사는 두 치수는 더 커 보이는 연미복을 걸치고 있

                                                                마스터 마인드

었고, 머리는 껍질을 벗긴 양파처럼 반질반질하게 벗겨져 있었다. 첫 인상만 놓고 보면, 그는 과학적 주제를 다루는 학자라기보다는 서커스단의 광대에 더 가까워 보였다.

그는 30분 가까이 강연을 이어 갔지단, 그가 말하고 있는 '정신 자극(mind stimuli)'이라는 주제에 대해 전문적 식견을 갖추고 있지 않다는 사실은 금세 드러났다. 그가 구사하는 영어는 제대로 묘사하기조차 민망할 만큼 어색하고 서툴렀으며, 발표 내용은 초등학교 5학년 아이들에게나 어울릴 법한 기초적인 수준에 불과했다. 성인 청중을 상대로 한 강연이라고 보기에는 터무니없이 낮은 수준이었다.

그럼에도 나는 이웃의 성의를 생각해 강연장을 떠나지 않았고, 한편으로는 이 연사가 앞으로 심리학에 관해 또 어떤 과장된 주장을 늘어놓을지 궁금하기도 해서, 무려 나흘 밤 연속으로 강연을 들으러 갔다. 그리고 넷째 날 저녁, 강연이 시작되기 직전 내 옆자리에 앉아 있던 한 사람이 내게 들려준 말은 내 생애 가장 충격적인 말 가운데 하나로 남게 되었다. 연사의 초라한 외모와 빈약한 학식에도 불구하고, 그날 청중 가운데 적어도 1,000명은 그의 개인 강좌에 등록할 것이며, 수강료는 학생 한 사람당 25달러라는 설명이었다.

나는 머릿속으로 즉시 계산해 보았다. 그 말이 사실이라면, 그 연사는 겨우 2주 남짓한 기간 동안 자신이 제대로 알지도 못하는 주제를 가르치며 최소 2만 5,000달러를 벌어들일 수 있다는 결론이 나왔다. 바로 그 순간, 나는 중요한 사실을 깨달았다. 수년간 연구하며 이 나라에서 가장 뛰어난 두뇌들과 교류해 얻은 방대한 지식을 손에 쥐고 있으면서도, 정작 그 지식을 시장에 통용될 수 있는 형태로 체계화하는 첫걸음조차 내디디지 않고 있었다는 사실이 나에게 커다란 정신적 충격으로 다가왔다.

그날의 충격은 실로 강렬했다. 내가 오랜 세월 정리해 온 ‘성공과 실패의 원인’에 관한 깊이 있는 지식과 무대 위 강사가 늘어놓던 피상적인 이야기 사이의 극명한 대비가 나를 완전히 각성시켰다. 나는 그날 밤 집으로 돌아오자마자, 훗날 《성공의 법칙》으로 세상에 나오게 될 원고의 초안을 쓰기 시작했다.

그 강사는 세상에서 가장 잘생긴 사람도 아니었고, 심리학에 대해 가장 많이 알고 있는 인물도 아니었다. 그러나 그는 그 순간의 나에게 정확히 필요한 자극을 주었다. 바로 내가 마침내 내 프로젝트에 착수하도록 만든 결정적인 계기였다. 나는 가끔 이런 생각을 한다. 예일, 하버드, 프린스턴을 포함해 열두 개의 명문대학 교수들이 한자리에 모두 모였다 하더라도, 과연 그보다 더 강력한 자극을 내게 줄 수 있었을까 하고 말이다.

만약 누군가 내게 “당신의 인생에서 가장 중요한 경험은 무엇입니까?”라고 묻는다면, 나는 주저 없이 이렇게 대답하겠다.

“사람이 표류를 멈추고, 명확한 계획과 목표를 향해 움직이기 시작하게 만드는 경험입니다.”

내가 겪었던, 그 얄팍한 책과의 만남은 분명 결정적인 경험이었다. 그리고 그 경험이 아내와 내가 함께 실천한 ‘마스터 마인드’ 원칙과 결합되면서 전혀 새로운 차원의 힘으로 승화되었다.

나는 이 책의 서두에서부터 줄곧 마스터 마인드의 중요성을 강조해 왔다. 이제 곧 이어질 장에서는, 아내와 내가 마스터 마인드 회의를 통해 우주의 습관력 법칙을 어떻게 발견하고, 어떻게 직접 체험하게 되었는지를 한 편의 극적인 장면 속에 담아내고자 한다.

그 장면은 단순한 일화가 아니다. 한 인간의 삶이 방향을 바꾸고, 운명이 새로 쓰이기 시작하는 결정적 전환의 증거이다. 독자들은 그 순간을 통해, 내가 왜 이 원칙을 집요할 만큼 반복해 왔는지 그 이유를 더 깊이 이해하게 된다. 그 장은 이 책의 심장부로 들어가는 문 그리고 위대한 힘과 진리를 마주하게 되는 서곡이 될 것이다.

마스터 마인드 원칙, 정신의 연합이 창조하는 기적

만약 내가 성공의 열일곱 가지 원칙 가운데 오직 하나만 선택해야 한다면, 나는 주저 없이 '마스터 마인드' 원칙을 택하겠다. 이 원칙은 삶의 모든 장애를 뛰어넘는 다리가 되어 주고, 정규 대학 교육을 받지 않았더라도 그에 맞먹는 지혜를 얻게 한다. 과학의 모든 분야를 직접 알지 못하더라도, 그 총체적인 성과를 손에 넣을 수 있게 해준다.

헨리 포드처럼 타고난 매력이 없어도 사람들의 신뢰와 존경을 받는 인격을 세울 수 있다. 프랭클린 D. 루스벨트처럼 육체의 한계를 넘어서는 영향력을 발휘할 수도 있다. 심지어 마일로 C. 존스처럼 신체의 기능을 거의 모두 잃은 상황에서도 삶을 풍요롭고 충만한 방향으로 이끌 수 있다. 이 모든 사례가 바로 마스터 마인드 원칙의 위력을 웅변한다.

내 이야기 속에서 이 원칙이 거듭 등장하는 이유는 분명하다. 나는 오래전부터 알고 있었다. 내가 평생을 바쳐 연구해 온 성공 철학을 온전히 완성하려면 내 마음속에 그려 온 이상적인 배우자를 반드시 찾아야 한다는 사실을. 또한 성공의 열일곱 가지 원칙을 실제로 작동하게 만드는 '마스터키'가 아직 내 손에 쥐어지지 않았다는 점도 알고 있었다. 그리고 그 열쇠가 오직 마스터 마인드 원칙을 통해서만 모습을 드러낼 것이라는 사실 역시 잘 알고 있었다.

그래서 나는 대공황의 소용돌이 속에서 나를 흔들어 대던 온갖 단서를 잠시 내려놓고, 오직 한 사람을 찾는 일에 모든 힘을 쏟았다. 그 한 사람, 곧 내 안의 지혜의 문을 열어 줄 '조합의 나머지 반쪽'을 지닌 존재였다. 그 문 너머에는 내가 어떤 수를 써서라도 밝혀내야만 하는 비밀이 기다리고 있었다. 그 비밀 없이는, 내 철학은 결코 완성될 수 없었다.

또 하나 덧붙여야 할 사실이 있다. 나는 세 번째 아내와 결혼하기 전까지, 몇 시간 이상 지속되는 행복이나 만족을 거의 느껴본 적이 없다. 기억이 미치는 가장 이른 시점부터 결혼에 이르기까지, 내 삶은 끊임없는 혼란과 갈등 그리고 불쾌한 경험의 연속이었다. 불안한 영혼은 나를 가차 없이 몰아붙였고, 카네기 씨가 내게 맡긴 과업을 완수하기 위해 필요한 진실을 찾아 헤매게 만들었다. 그러나 나는 단 한 번도 일에서 물러나 진정한 행복을 누리지 못했다. 삶을 너무 진지하게 받아들였고, 그 무게는 늘 나를 짓눌렀다. 다행히도, 내 아내는 마침내 그 무게에서 나를 건져 냈다.

나는 위대한 무언가를 이루고 싶었다. 세상을 조금이라도 더 나은 곳으로 만들고 싶었다. 그러나 인간의 변화가 얼마나 더디게 일어나는지를 깨달을 때마다, 마음은 점점 더 무거워졌다.

하지만 지금의 나는 전혀 다른 이야기를 들려줄 수 있다. 나는 하루 24시간, 단 한 순간도 예외 없이 완전한 행복과 만족을 느끼며 산다. 이 사실은 매우 중요하다. 왜냐하면 부정적인 마음을 지닌, 스스로 불행하다고 믿는 사람은 결코 마스터 마인드 원칙을 온전히 활용할 수 없기 때문이다. 내 아내는 이 점을 결혼 전부터 알고 있었고, 그때부터 이미 나를 변화시키기 위한 여정을 시작하고 있었다.

그녀의 노력은 내가 우주의 습관력이라는 법칙을 발견하고, 이해하고, 마침내 오랜 문제를 해결하는 데 활용할 수 있도록 나를 준비시켰다. 우리가 이 법칙을 발견하게 된 구체적인 과정과 장면들을 이 책에 담아내는 이유는, 독자가 이 위대한 자연의 법칙을 실제로 자신의 삶에 적용할 수 있도록 돕기 위해서다.

나는 이 법칙이 우리에게 드러난 상황을 돌아보며, 한 가지 중요한 사실을 깨달았다. 이 법칙을 받아들이고 활용하기 위해서는 반드시 사전 준비가 필요하다는 점이다. 그런 준비 없이 내가 이 법칙을 아무리 설명한다 해도 마치 화학자가 화학을 전혀 모르는 목수에게 새로운 화학적 발견을 설명하는 노력처럼 무의미할 뿐이다.

내가 독자에게 분명히 전하고 싶은 바는 단 하나이다. 이 우주의 습관력을 긍정적으로 작동시키고자 하는 사람은 반드시 자신의 마음을 의식적으로 통제해야 하며, 그 마음을 명확한 목표를 향해 단호하게 이끌어야 한다. 나는 내 삶을 통해, 그것이 어떻게 가능한지를 몸소 증명했다. 이 법칙을 우연히 발견한 것이 아니라, 치열한 내면 훈련과 구체적인 계획을 통해 한 단계씩 검증하며 도달했다. 이것이 바로 내가 삶으로 입증한 진리이다.

1937년 12월 21일. 아내와 나는 결혼 이후 가장 위태로운 국면에 서 있었다. 《생각하라 그리고 부자가 되어라》의 수익으로 재정적 안정을 얻은 뒤, 우리는 너무 오랫동안 안일함에 빠져 허우적대고 있었고, 바로 그 안일함이 결국 이 위기를 불러왔다. 많은 이들이 부를 손에 쥔 뒤 이렇게 말한다.

"이제 좀 쉬자."

그러나 그 '쉼'은 종종 너무 길어지고, 너무 깊어진다. 우리에게 쉼은 단순한 휴식을 넘어선 치명적인 위험이었다. 우리는 경계심을 풀어 버렸고, 그 틈을 타 네 가지 법적·개인적 전쟁이 한꺼번에 들이닥쳤다. 그 싸움은 내 시간을 송두리째 집어삼켰고, 나는 오직 방어에만 몰두하는 나날로 내몰렸다.

우리는 뉴욕에 널려 있는 수많은 출판 중개인 가운데 두 사람과 얽히게 되었고, 그중 한 사람은 거의 협박에 가까운 방식으로 우리를 조여 왔다. 또 다른 출판사와는 재정적으로 극히 불리한 계약에 발이 묶여 있었으며, 월스트리트의 한 회사와는 막대한 수익을 약속받는 대신, 나의 모든 시간을 그들의 요구에 종속시켜야 하는 상황에 놓여 있었다.

게다가 《생각하라 그리고 부자가 되어라》의 출판사와도 갈등이 끊이지 않았다. 우리는 이 책을 전국적으로 유통하고, 그 가치를 제대로 알릴 수 있는 홍보 전략을 제안했지만, 출판사는 사사건건 반대하며 우리 발목을 잡았다. 어떤 일도 순조롭게 추진되지 않았다.

그렇게 우리는 뉴욕이라는 과밀한 도시가 뿜어내는 파괴적인 리듬으로부터 마음을 지켜 내기 위해 2년 동안 공들여 쌓아 올린 방어막을 스스로 허물어 버렸다. 그리고 그 순간부터 우리는 그 리듬에 완전히 사로잡히고 말았다. 우리 아파트의 공기조차 부정적 사고의 진동으로 가득 차 있었고, 가까운 지인들마저 그 흐름의 변화를 감지할 수 있을 정도였다. 우리는 점점 신경이 날카로워졌고, 신체적 질병의 위협까지 느껴야 했다. 상황은 날이 갈수록 가팔라졌고, 정신과 육체는 동시에 쇠약해져 갔다.

그 이유는 명확했다. 거의 석 달 동안 우리는 마스터 마인드 회의에서 희망이나 창조가 아닌 불안과 분노, 갈등과 좌절 같은 부정적이고 파괴적인 주제만을 끊임없이 나누고 있었다. 그 결과 우리의 사고는 점점 더 어두운 방향으로 굳어졌고, 마침내 오직 부정적인 아이디어만을 낳는 상태에 이르고 갈았다.

1937년 12월 21일 아침, 우리는 따뜻한 차를 마신 뒤 한동안 말없이 마주 앉아 있었다. 그때 아내가 빈 찻잔을 식탁 중앙으로 조용히 밀어 놓고, 식탁보를 반듯이 접은 뒤 노트와 연필을 꺼내며 차분히 말했다.

"우리는 지금 빠져나올 수 없는 위험의 흐름 속으로 표류하고 있어요. 이 자리에서 우리를 부정적인 정신 상태로 몰아넣은 모든 원인을 영원히 뒤로 보내야 해요. 일주일을 여기 앉아 있게 되더라도 말이에요. 우리는 재정적 안정을 얻었지만, 그 대가로 평온을 잃어버리고 있어요."

나는 그녀의 말에 깊이 고개를 끄덕였다. 나 역시 이제는 우리가 손에 쥔 '안정'보다 잃어버린 내면의 평화가 훨씬 더 값지다고 느끼기 시작했기 때문이다. 우리는 곧바로 우리 안을 갉아먹고 있던 정신적 변화의 원인들을 하나씩 분석해 나갔다. 그리고 삶에서 우리가 진정으로 원하는 요소를 글로 정리했다. 그것은 여섯 가지 '우호적 존재'였다. 사랑, 낭만, 믿음, 희망, 평온한 마음 그리고 번영.

이어 우리는 또 하나의 목록을 만들었다. 이번에는 우리가 결코 원하지 않고 받아들일 수 없는, 부정적 정신 상태의 원인을 적어 내려갔다. 그때 아내가 던진 한 문장이 우리에게 결정적인 실마리를 안겨 주었다. 그 말은 잠시 끊어졌던 영적 조화의 흐름과 다시 연결되는 문이 되었고, 마침내 우주의 습관력이라는 위대한 법칙을 인식하게 만든 열쇠가 되었다.

"뉴욕의 거칠고 끊긴 리듬이 어느새 우리 정신 깊숙이 스며들었어요. 마스터 마인드 회의는 이제 서로를 북돋우는 자리가 아니라, 부정적인 생각과 말이 쏟아지는 무대가 되어 버렸죠. 어떤 보이지 않는 힘이 우리를 더 깊은 부정의 소용돌이로 끌어당기고 있어요. 이 힘과 분리되지 않으면, 이 영향에서 벗어나는 길을 찾지 못한다면, 우리는 결코 이 어려움에서 빠져나올 수 없어요."

그녀의 말을 듣는 순간, 몇 주 동안 나를 짓누르던 정신의 무게가 스르르 풀리며 깊은 해방감이 가슴속으로 스며들었다. 그녀의 말은 명확했고, 단호했으며, 무엇보다도 진실했다. 마치 어두운 방 안에 한 사람이 들어와 조용히 커튼을 젖히는 장면과도 같았다. 빛은 말 없이 밀려들었고, 그 빛 속에서 나는 나 자신을 다시 보게 되었다.

내 안의 어떤 문이 열렸다. 부정의 기류로 뒤덮여 있던 정신이 서서히 맑아졌고, 내 뇌는 거의 즉각 반응했다. 부정에서 긍정으로, 침잠에서 각성으로, 의식의 방향이 완전히 전환된 것이다.

우주의 습관력을 발견하다

그날 아침, 우리는 서서히 붕괴해 가던 내면의 균형이 어디에서부터 흔들리기 시작했는지를 차분히 되짚었다. 의식이 전환되자 사고는 한층 선명해졌고, 마음속 깊은 곳에서 오랫동안 응고되어 있던 부정적 사고의 고리를 하나씩 끊어 내기 시작했다. 그러자 출처를 특정할 수 없는 연속적 아이디어의 흐름이 밀려들었다. 그 아이디어들은 미약해 보였지만, 의심할 여지없이 '우주의 습관력'을 실제로 이해할 수 있는 실마리를 제공하고 있었다.

이 책 후반부에서 독자가 이 법칙을 다루는 장에 도달하면, 왜 내가 지금 이 시점에서 연구의 배경을 설명하는지 자연스레 알게 될 것이다. 내가 이 위대한 원리를 깨달을 수 있었던 까닭은 결코 우연이나 한순간의 영감 때문이 아니었다. 오직 내 삶 전체를 관통하는 구체적인 경험들 덕분이었다. 독자가 그 경험의 흐름을 이해하지 못한다면, 이 법칙을 깊이 받아들일 준비 또한 갖추었다고 말하기 어렵다.

그날 아침의 마스터 마인드 회의에서 나누었던 대화를 토대로, 나는 이 법칙이 어떻게 우리 앞에 모습을 드러냈는지를 다음과 같이 정리할 수 있다.

우리는 먼저, 결혼 초기에 부정적 영향으로부터 스스로를 지켜 내기 위해 유지하던 내적 경계가 어느 순간 무너졌다는 사실을 솔직하게 인정했다. 또한 우리가 매일 되새기던 사랑, 낭만, 믿음, 희망, 평온한 마음, 번영이라는 '여섯 가지 우호적 존재'에 대한 집중이 흐트러졌다는 사실도 인정했다

우리는 갈등에 휘말려 시간을 허비하는 동안, 정작 내면은 무방비로 열려 있었다. 그 틈으로 부정적 사고가 깊숙이 스며들었고, 어느새 견고한 자리까지 차지하고 있었다. 그래서 그날의 회의를 시작하며 우리는 단호히 합의했다. 우리 안에 축적된 모든 부정적 생각을 남김없이 털어 내고, 삶의 주요 목적에 대한 헌신을 처음부터 다시 세우기로 말이다. 그 결심이 어떤 대가를 요구하더라도 피하지 않겠다는 다짐이었다. 그때 아내가 조용히 제안했다.

"이제 성공의 열일곱 가지 원칙을 하나씩 다시 살펴봐요."

그녀는 내 삶의 흐름을 차분히 되짚으며, 내가 평생 의지해 온 철학이 위기의 순간들에서 늘 나를 지켜주지 않았다는 사실을 상기시켰다. 그녀는 라살, 베시 로스, 《골든 룰 매거진》 그리고 돈 멜렛과의 관계가 차례로 무너져 가던 시기를 떠올리게 했고, 그 당시 이미 내 내면이 불안과 좌절의 늪에 빠져 있었다는 점을 조용하지만 확고하게 지적했다. 바로 그 정신 상태가 모든 관계를 불행한 결말로 밀어 넣은 근원적 힘이었다는 사실을 말이다.

그리고 그녀는 마지막으로, 우리 삶의 방향을 근본적으로 뒤바꿔 놓을 결정적인 질문을 던졌다. 그 질문에 대한 탐색이 바로 우주의 습관력이라는 법칙을 우리가 처음으로 엿보게 된 순간이었다.

"조금 전에 이야기했던 뉴욕의 부정적인 리듬이 사람들에게 미치는 영향을 곰곰이 생각해 봤어요. 그러다 문득 이런 생각이 들었죠. 당신이 말한 성공의 열일곱 가지 원칙 중 '마스터키'라고 부르는 핵심 개념이 사실은 우리가 흔히 간과하는 어떤 자연의 법칙일지도 모른다는 거예요. 이를테면 '보상의 법칙'처럼요.

어쩌면 그 법칙은 우리가 생각하는 방식, 즉 사고의 에너지와 깊이 연결되어 있을지 몰라요. 그리고 그 에너지가 도시와 거리, 이웃과 사업체, 집과 같이 사람들이 모이는 모든 공간에 고유한 '진동'을 만들어 내는 원천일 수도 있죠. 그 장소에 모인 사람들의 지배적인 생각들이 겹겹이 쌓여, 결국 그 공간만의 분위기와 흐름을 형성하는 거예요. 단순한 직감처럼 들릴지 모르지만, 저는 이 생각이 그냥 스쳐 지나갈 성질의 것은 아니라고 느껴요. 그 안에는 분명 더 깊은 의미가 숨어 있는 것 같아요."

그녀의 말이 끝나기도 전에, 내 마음속에는 이미 여러 가지 생각이 떠오르고 있었다. 나는 곧바로 뉴욕이라는 도시가 품은 부정적 리듬을 떠올렸고, 그녀가 말한 그 보이지 않는 진동의 힘이 내 정신에 얼마나 깊이 스며들어 있었는지 차례로 떠올리기 시작했다.

나는 기억했다. 뉴욕에 처음 발을 들인 날부터 그곳에서 지내는 동안, 종종 도시를 떠나 일주일 정도 여행을 다녀오곤 했다. 이유는 분명했다. 머릿속에 켜켜이 쌓인 정서적 침전물을 씻어 내고, 정신적 침체 상태에서 스스로를 정화하기 위한 몸부림이었다.

그녀는 옳았다. 나는 조금의 망설임도 없이 그렇게 확신했다. 오래전 알렉산더 그레이엄 벨 박사에게서 '진동의 법칙'에 대해 들었던 기억을 떠올렸다. 그는 뉴욕의 5번가와 9번가에서 느껴지는 미묘한 정서의 차이를 예로 들며, 인간이 놓인 환경이 감정과 사고에 어떤 영향을 미치는지 설명해 주었다. 그러나 그때 그가 말하지 않은 것이 하나 있었다. 바로 그 진동의 힘이 시간이 지나면서 일종의 '습관'을 형성한다는 사실이다.

그리고 바로 그날 아침, 모든 퍼즐 조각이 자리에 맞춰지듯 하나의 강렬한 깨달음이 떠올랐다. 나는 자리에서 벌떡 일어나 외쳤다.

"그래, 바로 그거야! 우리가 그동안 분리해 보려고 애썼던 그 힘이 바로 '우주의 습관력'이었어! 이제야 알겠어. 왜 그렇게 많은 역경과 실패가 되풀이됐는지!"

아내도 즉시 고개를 끄덕이며 말했다.

"맞아요. 우주의 습관력은 생각을 고정된 습관으로 굳혀버리는 힘이에요. 이 법칙은 마치 최면처럼 작용하죠. 너무 조용하고, 너무 비물질적이라서 누구도 그 정체를 알아차리지 못했을 뿐이에요. 하지만 시간이 개입되면, 이 힘은 사고의 리듬을 영구적인 패턴으로 굳혀버려요. 마치 자연이 포도즙을 오랜 세월에 걸쳐 와인으로 숙성시키는 것처럼요."

그녀의 말을 듣는 순간, 내 실패의 역사가 한 장면씩 또렷하게 떠올랐다.

"이제야 모든 게 설명되는군. 왜 내 실패는 언제나 긴 침체의 시간을 지난 뒤에 찾아왔는지, 왜 최근 우리가 겪었던 온갖 갈등이 끝없이 되풀이되었는지. 그 모든 건 결국 우리 마음이 부정적인 리듬에 사로잡혀 있었기 때문이었어. 우리가 싸우고 있다고 믿었던 대상은 사실 우리 자신이었지. 그들은 그저 우리 마음의 상태를 그대로 비추는 거울이었을 뿐이야."

나는 말을 멈추지 않고 이어갔다.

"당신 말을 듣고 나니, 오래된 내 좌우명이 떠올랐소. '나는 인생에서 어떤 일이든 시작하기로 마음먹었다면, 끝내 성공으로 마무리했다. 다만, 일시적인 실패 앞에서 스스로 포기한 경우만 제외하고는.' 이제야 이 말의 진짜 의미를 이해하겠어. 내가 이룬 모든 성취는 일정 기간 동안 내 마음속에 또렷하게 그려져 있던 명확한 핵심 목표의 결과였지. 반대로 실패는 언제나 아니, 거의 예외 없이 그 목표를 마음속에 간직하지 못했기 때문에 일어났던 일이었어. 결국 시간은 마음속에 오랫동안 자리를 잡은 목적만을 현실로 옮겨 놓는 매개체였던 거야."

나는 아내에게, 그녀를 찾고 만났던 과정 자체가 우주의 섭리를 증명하는 또 하나의 사례였다는 점을 상기시켰다. 그때 내가 따랐던 절차는 단순했지만, 매우 분명했다. 나는 먼저 명확한 목표를 세웠다. 그리고 그 목표가 실현될 때까지 결코 멈추지 않겠다는 결심으로 마음을 채웠다.

나는 목표를 이루기 위한 합리적인 시간표와 계획을 세웠고, 즉시 행동에 옮겼다. 그녀를 찾아 나서기로 마음먹은 순간부터 실제로 그녀를 만나게 된 날까지, 내 마음을 지배한 열망은 오직 하나였다. 바로 그 여인을 찾는 일이었다. 다른 모든 목표는 이 절대적인 목적에 종속되었고, 나의 모든 행동은 한 방향, 곧 그녀를 향해 나아가고 있었다. 나는 확신하고 있었다. 그녀는 분명 어딘가에 존재하며, 내가 그녀를 필요로 하듯 그녀 역시 나를 필요로 하고 있다고.

그때 아내가 다시 입을 열었다. 그녀는 내가 왜 평균적인 사람보다 더 많은 실패를 겪어야 했는지에 대해 통찰력 있는 설명을 들려주었다.

"그래도 당신이 단 한 번도 실패하지 않은 일이 하나 있어요. 바로 앤드루 카네기 씨에게 했던 약속을 지킨 일이죠. 당신은 그때, 성공과 실패의 원인을 포괄하는 철학을 완성할 때까지 결코 멈추지 않겠다고 다짐했잖아요. 그리고 지금 마침내 '우주의 습관력'이라는 법칙을 발견했으니 그 약속을 이뤄낸 셈이에요. 카네기 씨가 살아

   마스터 마인드

있었다면 당신의 작업에 정말 만족했을 거예요.”

그녀의 말은 단순한 위로나 격려가 아닌 부인할 수 없는 진실이었다. 나는 지난 30년 동안 수많은 실패로 얼룩진 여정을 걸어오면서도, 단 한 번도 나의 핵심 목표를 잊은 적이 없었다. 겉으로 보기엔 30년이라는 시간이 지나치게 길어 보일지 모른다. 그러나 그 목표의 규모와 깊이를 생각해 보면 어쩌면 그보다 짧은 시간 안에 완성된다는 것 자체가 애초에 불가능한 일이었을지도 모른다.

결국 나는 한 가지 사실을 깨달았다. 우주의 습관력이 우리의 욕망을 현실로 바꾸는 데 요구하는 시간은 그 욕망이 지닌 본질과 무게에 따라 달라진다는 사실이다.

자연을 보라. 평범한 호박은 불과 석 달이면 자라지만, 거대한 참나무는 수년에 걸쳐 자라난다.

우리가 이 법칙을 본격적으로 분석하자 그 작동 원리는 곱셈표만큼이나 단순하고 분명하다는 사실이 드러났다. ‘습관은 어떻게 형성되는가?’라는 질문은 더 이상 풀리지 않는 수수께끼가 아니었다.

습관이란 가장 단순한 식물에서부터 인간의 뇌에 이르기까지, 자연이 모든 생명체가 환경의 리듬을 받아들이고 그것과 하나가 되며, 마침내 그 영향 아래 놓이도록 만드는 방식이다. 이 거대한 메커니즘이 바로 ‘우주의 습관력’이 작동하는 실제 모습이었다.

이 놀라운 깨달음을 통해 우리는 비로소, 왜 맨해튼이라는 섬이 그렇게 많은 사람을 성공이 아니라 좌절로 이끄는지를 이해하게 되었다. 그리고 왜 우리가 그렇게 많은 사람과 잦은 불협화음을 겪을 수밖에 없었는지도 분명히 알게 되었다.

문제는 우리가 길을 잃었기 때문이 아니었다. 우리가 경계를 늦추는 사이, 우주의 습관력이라는 거대한 힘이 우리를 휘감았고, 결국 우리의 정신이 뉴욕이 발산하는 강렬한 진동에 동조되고 만 것이었다.

그날 우리는 마침내, 우리 삶의 혼란이 어디에서 비롯되었는지를 정확히 짚어낼 수 있었다. 그러나 그 순간에도 미처 깨닫지 못했다. 우리가 간신히 빠져나온 그 정신적 감옥의 문이 다른 이들에게도 자유로 향하는 출구가 될 수 있다는 사실을 말이다.

당시 우리의 관심은 오직 하나뿐이었다. 다시는 그 소용돌이에 휘말리지 않기 위해, 우리의 삶에 새로운 리듬을 구축하는 일. 바로 그 뿐이었다.

안전지대로의 도약

이제 나는 우리가 어떻게 그 위기의 흐름을 벗어나 마침내 영적·경제적 자유라는 안전지대에 도달했는지를, 하나씩 풀어 설명하고자 한다.

그날 우리는 번갈아 떠오르는 직관적 통찰을 따라가며, 우주의 습관력이라는 법칙의 실체를 조금씩 이해해 나갔다. 그리고 그 법칙을 우리의 삶에 긍정적으로 적용하기 위한 새로운 계획을 함께 세우기 시작했다. 놀랍게도 그 계획이 실현되던 바로 그날 우리는 마치 과거의 무지에서 비롯된 모든 실수가 한꺼번에 용서받은 듯한 깊은 해방감을 경험했다.

그 계획은 몇 시간에 걸쳐 진지하게 다듬어졌고, 여기서는 그 핵심 결론만을 간추려 전하고자 한다. 이 요약이 문학적 형식이나 전통적인 서술 방식에서 다소 벗어날 수는 있다. 그러나 나는 문학적 완성도보다 깨달은 진실을 정확히 이해하고 나누는 일에 더 큰 가치를 둔다.

무엇보다 나는 이렇게 믿는다. 대부분의 사람들은 진리의 도덕적 가치를 설교로 들을 때보다, 그 가치가 실제 삶 속에서 어떻게 작동했는지를 보여 주는 구체적인 이야기를 통해 훨씬 더 깊이 깨닫는 법이라고.

우리는 마침내 한 가지 사실을 이해하게 되었다. 맨해튼이라는 섬이 내뿜는 강렬한 리듬은 우리가 의식하지 못하는 사이 영혼을 단단히 굳히고 늘 방어적인 태도로 살아가도록 몰아가고 있었다는 점이다. 그 사실을 인식한 순간, 우리는 더 이상 이 환경에 머무르지 않기로 단호히 결심했다. 무엇보다도 나의 사명을 실현하기에 더 적합하고, 우리의 영혼에 더욱 부드럽게 스며드는 새로운 환경으로 떠나기로 했다.

그 새로운 환경은 다음과 같은 조건을 갖추고 있어야 했다.

1. 바깥의 리듬이 매우 온화하여, 우리가 우리만의 사고 진동을 자

유롭고 조화롭게 형성할 수 있어야 한다.

2. 음모나 간섭으로부터 스스로를 방어해야 하거나, 극단적인 기후와 싸워야 하는 부담이 없는 곳이어야 한다.

3. 우리의 시간을 스스로 계획하고 온전히 사용할 수 있으며, 어떤 방어적 노력에도 그 시간을 빼앗기지 않아야 한다.

4. 집을 나서면 건물 틈이 아니라 탁 트인 공간에서 고개를 들어 별빛이 수놓인 하늘의 아름다움을 온전히 감상할 수 있어야 한다.

5. 집 안팎을 드나들 때, 굳이 열쇠가 필요하지 않은 곳이어야 한다.

6. 땅이 평수로만 거래되지 않고, 사람이 자기 생각으로 대화하며 걸을 수 있는 '여백'이 남아 있는 세상이어야 한다.

7. 이웃은 나무가 되어 주고, 반려는 야생의 새들이 되어 주는 공간이어야 한다.

8. 근심을 내려놓을 여유가 있고, 일과 놀이 속에서 '자기 자신'으로 존재할 수 있는 삶의 틈이 허락되는 곳이어야 한다.

9. 사고를 온전히 통제할 수 있어, 우주의 무한 지성과의 조화를 어렵지 않게 이루고, 그 진리의 원천으로부터 필요할 때마다 아낌없이 지혜를 끌어올 수 있는 환경이어야 한다.

너무 큰 요구처럼 보일 수도 있다. 그러나 우리는 그 요구를 하나도 빠짐없이 충족시켰다. 우리는 어디에서든 살아갈 자유를 가지고 있었고, 결국 우리의 기준을 가장 충실히 만족시키는 곳으로 플로리다를 선택했다. 그곳이 우리의 필요를 충족시키는 한, 그곳에 머물

마스터 마인드

겠다고 결심했다.

거주지를 정하자마자 우리는 즉시 이사를 준비했다. 날짜를 정하고, 짐을 싸고, 운송을 계획했다. 우리는 이미 알고 있었다. 세상에 '적절한 때'란 결코 오지 않는다는 사실을. 그래서 그 순간을 가장 완벽한 순간으로 받아들이고, 단호하고 신속하게 움직였다. 뒤로 물러날 수 있는 다리는 모두 불태웠다.

우리는 단 하나의 결정을 통해 삶을 짓누르던 모든 복잡한 문제들을 하나의 단순한 과제로 환원시켰다. 그리고 그 과제는 우리가 충분히 감당할 수 있는 수준이었다. 우리는 위에서 묘사한 환경을 찾아 주저 없이 이주했고, 남은 생애를 내가 지난 30년 동안 탐구해 온 철학을 온전히 집필하는 일에 바치기로 마음먹었다. 다시는 어떤 형태로든 사업적 논쟁에 휘말리지 않겠다는 단호한 결의와 함께였다.

이 결정은 곧 월스트리트의 한 기업과의 협상에서 얻을 수도 있었던 수백만 달러 규모의 잠재적 이익을 과감히 내려놓는 선택이기도 했다. 그러나 그 대가로 나는 생애 처음으로 시간의 측면에서 완전한 자유를 손에 넣었다. 그리고 그 자유는 내가 사랑을 담아 헌신할 수 있는 단 하나의 일, 집필이라는 특권을 허락해 주었다.

또한 이 결정은 내가 맨해튼에서 표류하던 시절에 맺었던 불편한 인연이었던 몇몇 출판 중개인들과의 관계를 자연스럽게 정리해 주었다. 그들은 더 이상 내 시간을 좌지우지할 수 없게 되었고, 나는 새로운 인생의 여명을 앞두고 단 하나의 짐만을 남겨 두게 되었다. 바로 재정적 압박 속에서 경솔하게 체결했던 출판 계약이었다.

그 계약은 법률적으로는 흠잡을 데 없는 문서였지만, 우리 입장에서 보면 명백히 불공정한 내용이었다. 그러나 우리가 택한 해결 방식은 믿기 어려울 만큼 단순했고, 그 효과는 상상을 뛰어넘을 정도로 신속하게 나타났다. 우리는 논쟁을 이어가던 이들에게 짧은 메모 한 통을 보냈다. 그 메모에는 내가 남은 생애를 자기결정의 원리에 관한 책을 집필하는 데 바치기로 했으며, 그 계획은 어떤 경우에도 흔들리지 않을 것임을 단호하게 알렸다.

출판사에 보낸 메모에는 우리가 최근에 인식하게 된 '우주의 습관력'에 대한 간략한 설명을 덧붙였다. 그리고 그에게 조용하지만 분명한 도전장을 내밀었다.

그 계약을 황금률의 원칙에 따라 공정하게 수정하든지, 아니면 수정을 거부한 채 이 위대한 법칙이 실제로 어떻게 작동하는지를 직접 체험하든지, 둘 중 하나를 선택하라는 내용이었다. 우리는 계약의 어느 조항도 위반하지 않겠다고 분명히 밝혔고, 그 대신 이 법칙이 어떻게 그의 '법적 권리'를 무력화할 수 있는지 몸소 보여 주겠노라고 단언했다.

우리는 누구를 협박하지도 않았다. 호의를 구하지도 않았다. 누구의 권리도 침해하지 않았다. 다만 단 한 가지, 분명히 요구했을 뿐이다. 그 계약은 황금률의 원칙을 반영하는 방향으로 반드시 수정되어야 한다고. 그것이 우리가 선택한 길이며, 더 이상 타협하지 않겠다는 우리의 선언이었다.

결과는 놀라웠다. 단 하루 만에 두 명의 출판 중개인이 아무런 반감을 드러내지 않고 조용히 물러났다. 월스트리트 회사 역시 우리의 결정을 우호적으로 받아들이며, 앞으로의 가능성을 위해 관계의 문을 열어 두었다. 그리고 우리를 옥죄고 있던 불공정 계약의 당사자 또한 우리가 제시한 조건을 모두 반영한 새로운 계약서를 보내왔다. 이로써 우리는 새롭게 정립한 목표를 향해 나아가는 길에서 마지막 장애물까지 말끔히 치워낼 수 있었다.

우리 내면의 상태가 부정에서 긍정으로 전환되자 우리는 자연의 위대한 법칙을 단지 인식하는 데 그치지 않고, 그 법칙을 실질적으로 삶에 적용하는 능력까지 얻게 되었다. 그리고 그 결과, 우리가 갈망하던 바를 정확히 실현해 냈다. 이렇게 해서 우리는 두 건의 법적 분쟁으로 번질 수도 있었던 적더적 관계들을 깨끗하게 정리했다. 지금 우리가 누리는 이 자유는 바로 그 대가로 얻어낸 결실이다.

우주의 습관력이 개인의 삶뿐만 아니라 사회 전체의 흐름에도 작용한다는 사실은 내가 프랭클린 D. 루스벨트 대통령을 도왔던 시기에도 분명히 입증되었다. 그의 첫 임기 초반, 나는 대통령 자문단의 일원들과 함께 마스터 마인드 호의에 참석한 적이 있었다. 당시 미국은 린드버그 아동 유괴 사건 이후 범죄 조직이 사회를 뒤흔들고 있던 시기였고, 부유층은 거리에서 마음 놓고 다니지 못할 만큼 높은 수준의 위협에 노출되어 있었다.

나는 범죄 진압 위원회의 한 위원으로부터 요청을 받고 즉시 라디오 연설문을 작성했다. 그 연설은 조직범죄에 맞서기 위한 다섯 가지 구체적인 정부 조치를 제안하고 있었고, 그 가운데 하나는 다음과 같았다.

"법무장관에게 충분한 자금을 지원하여, 범죄자들 사이의 내부 고발을 적극적으로 유도할 것. 필요한 경우에는 그들에게 합당한 보상을 제공하고, 동시에 정부나 범죄 조직의 보복으로부터 철저히 보호할 수 있는 장치를 마련할 것."

이 메시지를 담은 연설은 곧바로 국민 여론을 결집시켰고, 그 여론은 곧 의회로 전달되었다. 그 결과 법무부는 조직범죄와의 전쟁을 수행하기 위한 자금과 실질적인 자율성을 확보할 수 있었고, 바로 그 시점을 기점으로 미국 내 범죄율은 서서히 하락하기 시작했다. 조직범죄는 조직된 여론과 정의 앞에서 결국 무너지고 말았다.

이와 더불어 교회와 정부가 영화계에 강력한 경고를 보낸 이후, 할리우드 제작자들은 더 이상 갱단을 매력적인 반(半)영웅으로 미화하지 않기 시작했다. 대신 그들을 어둡고 비열한 존재, 마치 하수구를 떠도는 쥐처럼 묘사했고, 그 자리는 점차 FBI 요원들이 차지하며 새로운 국민적 영웅으로 부상했다. 이 흐름에 라디오와 신문도 빠르게 합류했다.

곧 언론, 종교, 교육, 정계 등 미국의 여론 형성 기관들은 조직적으로 '법과 질서를 위한 사고방식'을 전 국민에게 확산시키기 시작했다. 그 결과 납치 사건은 사라졌고, 한때 '공공의 적'이라 불리던 악명 높은 범죄 조직들 역시 점점 자취를 감추기 시작했다.

이처럼 우주의 습관력은 개인의 습관 형성에만 작용하는 힘이 아니었다. 사회 전체의 정신적 리듬과 집단적 사고방식에도 영향을 미

                                                      마스터 마인드

치는 실체로 드러났다. 이 힘은 무질서에서 질서로, 공포에서 정의로 향하는 대중의 정신을 서서히, 그러나 확고하게 이끌어 갔다. 그리고 놀랍게도 이러한 전환은 튤과 4년 만에 이루어진 일이었다.

내 새어머니 역시 무의식적으로 이 법칙을 적용하고 있었다. 그녀는 단지 아버지의 삶을 바꾸는 데서 그치지 않고, 우리 가족 전체를 빈곤한 환경에서 끌어올려 각자가 세상에 유익한 분야에서 자립할 수 있도록 이끌어 주었다.

그녀는 우리 가족을 버지니아주 와이즈의 행정 중심지로 이주시켰고, 아버지가 치과대학에 다니는 동안 나와 형 그리고 그녀의 두 아들과 딸을 하나의 분명한 목적을 향해 이끌어 갔다. 그녀 앞에는 여러 세대에 걸쳐 내려온 무관심과 목적 없는 표류의 습관이 가로놓여 있었지만, 결국 그 장벽을 뛰어넘어 우리 형제 모두에게 명확한 진로를 갖게 했다.

지금도 선명하게 떠오르는 장면이 하나 있다. 우리가 시골에서 도시로 이사했을 때, 새어머니는 아버지에게 매일 깨끗한 셔츠와 흰 칼라 그리고 단정한 넥타이를 매라고 권했다.

“전문직의 위엄과 품격을 갖춘 사람처럼 보여야 해요.”

넥타이와 칼라를 무엇보다 싫어하던 아버지는 처음에는 마지못해 그녀의 말을 따랐다. 하지만 그녀의 일관된 설득 끝에 결국 그 복장을 기꺼이 받아들였다. 한때는 도시 사람들만 마주쳐도 길을 건너 피하던 아버지가, 얼마 지나지 않아 당당한 치과의사로 성장해 그들과 어깨를 나란히 하게 되었다.

새어머니는 어떤 상황에서도 목적을 잃거나 방향을 상실하는 법이 없었다. 아버지가 마침내 치과 면허를 손에 넣었을 무렵, 우리 가족은 모두 각자의 진로를 향해 나아가고 있었다. 우리는 모두 대학이나 직업 교육 기관에 진학했고, 그 과정에서 그녀는 늘 이렇게 강조했다.

"지식은 반드시 구체적이고 명확한 용도를 위해 배워야 해요."

우리는 그렇게 일상의 작은 선택들 속에서 '성공의 습관'을 몸으로 익혀 가고 있었다.

나는 지금도 확신한다. 모든 진정한 성공은 강한 믿음에서 비롯된다. 그리고 그 믿음은 '우주의 습관력'이라는 법칙이 인간의 신념과 욕망에 작용하는 방식으로 설명할 수 있다. 이 법칙은 개인이 자신의 정신을 의도적으로 조율함으로써 무한 지성의 창고와 연결되게 하고, 그로부터 원하는 바를 끌어올릴 수 있도록 돕는 강력한 힘이다. 다만 한 가지 분명한 전제가 있다. 스스로 그 법칙을 적용하려는 의지가 있을 때에만, 이 힘은 비로소 작동하기 시작한다는 점이다.

이 법칙은 어떤 생각이나 아이디어가 뇌에 도달하는 바로 그 순간부터 작용을 시작한다. 그 생각이 내면 깊은 곳에서 솟아오르든, 오감 가운데 하나를 통해 외부에서 유입되든 상관없다. 중요한 점은 그 생각이 반복될수록 그리고 강렬한 감정으로 물들수록, 이 법칙의 힘을 통해 보다 빠르게 '습관'이라는 형태로 굳어진다는 사실이다.

믿음, 우주의 습관력 그리고 명확한 목적의식. 이 세 가지는 성공에 이르는 핵심 축이다. 세 축이 서로 맞물려 올바르게 작동할 때, 인간은 비로소 진정한 자기결정권을 손에 쥐게 된다. 그리고 이것은 역사상 모든 위대한 리더들이 예외 없이 갖추고 있던 공통분모이기도 하다.

자기 마음을 믿음으로 가득 채울 수 있는 사람은 인생으로부터 무엇이든 끌어낼 수 있다. 그렇다면 믿음이란 무엇인가? 그것은 두려움 없이 열린 마음이며, 무한한 지성의 인도에 자신을 기꺼이 내어 줄 준비가 된 상태이다.

모든 사람의 뇌에서는 언제나 두 가지 작용이 동시에 일어난다. 하나는 생각을 바깥으로 방출하는 작용이고, 다른 하나는 우주의 습관력이 그 생각들을 서서히 결합해 사고 습관으로 만드는 작용이다. 인간의 마음은 스스로 완전히 공백 상태가 될 수 없다. 늘 어떤 형태로든 생각하고 있다. 누구나 자신의 마음을 원하는 생각들로 채울 수 있는 권리와 능력을 지니고 있다. 이 권리를 행사하지 않으면 주변 환경과 사람들의 영향으로 떠돌아다니는 생각들이 어느새 마음을 점령하게 된다.

당신이 놀라운 우주의 습관력이라는 법칙을 의식적으로 인식하고 활용하게 된다면, 세상의 대다수 사람들이 평생 한 번도 누려 보지 못한 삶의 축복들을 얻을 수 있다. 그 축복은 다음과 같다.

1. 이 법칙은 모든 종류의 두려움에서 당신을 해방시키고, 스스로에게 씌워 두었던 인위적인 한계를 완전히 제거해 준다.

2. 이 법칙은 당신에게 평생 지속되는 경제적 자유를 제공한다.

3. 우주의 습관력은 당신이 지구상의 어느 곳이든 원하는 곳에 거주할 수 있는 특권을 허락하며, 당신의 시간을 원하는 방식대로 사용할 수 있는 자유를 부여한다.

4. 이 법칙은 삶을 정복하고자 애쓰는 이들에게 물질적·정신적 풍요에 이르는 길을 안내할 수 있는 특권을 당신에게 부여한다.

5. 그리고 마침내 이 법칙은 당신이 다음과 같이 고백할 수 있는 경지에 이르게 해준다. "삶이여, 당신은 내가 바라는 모든 것을 내게 주셨습니다. 그리고 그와 함께 내가 이 귀한 보석을 지상의 여정이 끝날 때까지 지켜낼 수 있도록 해주는 비밀까지도 허락하셨습니다."

다음 내용을 이어가기 전에 먼저 우주의 습관력이라는 용어를 명확히 정의하고자 한다. 이 법칙은 내 아내가 처음 암시했던 놀라운 통찰을 바탕으로, 다음과 같이 설명될 수 있다.

이 법칙은 바로 랄프 왈도 에머슨이 《보상의 법칙》에서 언급한 그 원리를 현실 속에서 실제로 작동하게 만드는 힘이다. 어쩌면 이 법칙이야말로, 에머슨이 평생 탐구했음에도 마지막 한 걸음 앞에서 끝내 붙잡지 못했던 바로 그 힘일지도 모른다.

우주의 습관력이란 자연이 이 세계의 질서를 유지하기 위해 사용하는 특정한 에너지의 작용 방식이다. 이 법칙은 물질을 구성하는 원자들 사이의 질서, 별과 행성의 궤도, 계절의 순환, 밤과 낮의 교차, 질병과 건강, 삶과 죽음 그리고 지금 이 순간 우리에게 가장 깊숙이 작용하고 있는 모든 습관과 인간관계의 지속에 이르기까지 자연의 모든 조화를 관통하며 작동하는 힘이다.

이 법칙은 한마디로 말해, 사고를 물리적 실체로 번역하는 매개체이다. 우리는 모두 습관에 의해 지배받는다. 그리고 그 습관은 반복된 생각과 경험을 통해 우리 정신 속에 고정된다. 따라서 우리는 사고를 통제하는 만큼, 자신의 운명도 통제할 수 있는 존재이다.

인간은 사고의 힘에 관해서만큼은 완전한 통제권을 부여받은 유일한 존재이다. 자연은 인간에게 자신의 생각을 지배할 수 있는 특권을 주었지만, 동시에 그 생각이 물리적 형태를 띠도록 만드는 '우주의 습관력'이라는 법칙 아래에 인간을 종속시켰다.

만약 한 사람의 지배적인 생각이 '빈곤'이라면, 이 법칙은 그 생각을 '고통'과 '결핍'이라는 물리적 현실로 바꾼다. 반대로 '풍요'의 이미지를 꾸준히 마음에 품는 사람에게는 그에 상응하는 현실을 서서히 빚어낸다. 인간은 사고를 통해 삶의 패턴을 설계하고, 우주의 습관력은 그 설계를 물질적 형상으로 구현하며, 그 결과에 지속성을 부여한다.

만약 에머슨이 자신의 '보상의 법칙'을 조금만 더 명료하고 완전하게 풀어냈더라면 훨씬 더 많은 이들이 이 위대한 원리를 실제 생활 속에서 활용할 수 있었을 것이다. 그는 인간관계가 마음에 미치는 영향 그리고 그로 인해 형성되는 정신적 태도가 어떻게 개인이 이 법칙을 활용할 수 있는 문을 여는 손잡이가 되는지를 끝내 충분히 설명해 내지 못했다.

내가 우주의 습관력을 깨달은 이후, 나는 나 자신의 과거를 깊이 되돌아보았다. 그 결과, 내가 겪어온 모든 고난과 실패의 근원은 한 가지로 수렴되었다. 타인과의 어긋난 관계 그리고 그로 인해 형성된 부정적인 정신 상태였다. 이 발견은 나에게 큰 충격이었다. 그러나 단 한 줄의 의심도 허락하지 않는, 부정할 수 없는 진실이기도 했다.

이제 나는 분명히 말할 수 있다. 내가 불행하다면, 그것은 타인과의 부조화 때문이다. 내가 실패한다면, 그것은 나의 정신 태도가 잘못되었기 때문이다. 그리고 나의 정신 태도야말로, 내가 직접 선택하고 통제할 수 있는 대상이다. 그래서 나는 오늘 이 자리에서 진심을 담아 이렇게 선언할 수 있다.

"나는 이미 삶이 줄 수 있는 모든 것을 받았다."

나는 타인과 조화롭게 관계 맺는 법을 배웠고, 내 정신 태도를 스스로 다스리는 법을 터득했다. 그리하여 마침내, 나는 이 말을 흔들림 없이 입 밖에 낼 수 있게 되었다.

나는 마침내 성공 철학의 '잃어버린 연결 고리'를 발견했다. 그리고 이 위대한 발견은 내가 이미 성공의 열일곱 가지 원칙을 일관되게 탐구하고 꿰뚫어 보고 있었기에 비로소 가능했던 일이다.

우주의 습관력을 온전히 이해하기 위한 가장 올바른 접근은 열일곱 가지 원칙을 통해 들어가는 것이다. 이 원칙들은 누구나 일상 속에서 적용할 수 있는 실용적이면서도 명확한 기초를 제공한다.

나는 앤드루 카네기 씨와 수없이 많은 대화를 나누는 동안, 그가

　　　　　　　　　　　　　　　　마스터 마인드

늘 어떤 자연의 미지의 법칙에 대해 언급하곤 했던 대화를 기억한다. 그는 그 법칙을 완전히 이해하고 있지는 못하다고 솔직히 인정했지만, 그 힘이 삶에 미치는 깊은 영향만큼은 여러 차례에 걸쳐 직접 확인했다고 말했다. 이제 이 글을 읽고 있는 당신은 아마 눈치챘을 것이다. 그가 말하던 바로 그 법칙이 내가 '우주의 습관력'이라 이름 붙인 힘이었다는 사실을.

토머스 에디슨과 나누었던 인터뷰에서 내가 깊은 인상을 받았던 대목도 바로 이 부분이었다. 그는 내가 이 법칙을 발견하게 된다고 단언했다. 다만 그 시점을 3년 안이라고 내다보았지만, 실제로는 거의 5년에 가까운 시간이 필요했다. 우리의 인터뷰는 1932년에 이루어졌고, 내가 이 법칙의 존재를 분명히 인식한 해는 1937년이었다.

이 책을 처음 접하는 독자라면 이런 의문을 가질지도 모르겠다.

'인간의 문제를 평생 연구해 온 철학자가, 위대한 인물들과 교류하며 삶의 본질을 꿰뚫었다는 그 사람이, 어째서 정작 자신의 삶에서는 그렇게도 많은 실패와 시련을 거듭해야 했단 말인가?'

나는 이 질문을 셀 수 없이 많이 받아 왔다. 그리고 이제 그에 대해 단 하나의 해답을 드리고자 한다. 변명도, 사과도 아니다. 오히려 이 철학이 내 안에서 살아 있는 진실이 될 수 있었던 근본적인 이유에 대한 고백이다.

얼마 전, 나는 같은 질문을 스스로에게 던져 보았고, 그 답은 내 삶을 정리해 보는 하나의 '인생 재무제표'를 점검할 필요성으로 이어졌다. 내가 평생을 바쳐 선택한 소경 속에서 과연 무엇을 이루었는지

를, 가능한 한 정확하게 확인하기 위해서였다. 그 점검을 통해 드러
난 사실은 다음과 같다.

1. 수많은 역경에도 불구하고, 나는 언제나 내가 원하는 일을 할 수
   있도록 스스로의 삶을 이끌어 왔다. 그리고 그 일을 통해 내가 필
   요로 하거나 바라던 모든 물질적 성취를 이루었다. 동시에, 타인
   들이 삶과 조화롭게 연결되도록 돕는 과정 속에서 지속적인 행복
   을 누려 왔다.

2. 나의 작업은 세상에 가치 있는 기여로 인정받았고, 전 세계 절반
   이 넘는 지역에서 수백만 명의 독자를 얻었다.

3. 나는 지금 혼란스러운 세상 속에서 길을 찾으려는 이들에게 실질
   적인 도움이 될 새로운 책들을 집필하고 있다. 과거의 작업을 통
   해 쌓아 온 평판은 앞으로 내가 쓸 책들이 독자들에게 더 쉽게 다
   가갈 수 있도록 도와줄 것이다. 이러한 이점은 오직 내가 역경을
   더 큰 노력을 요구하는 도전으로 받아들였고, 결코 포기의 신호
   로 여기지 않았기 때문에 비로소 얻을 수 있었다.

4. 나는 어떤 후회도 없고, 적이라 부를 만한 사람도 없으며, 누구에
   게도 원한을 품지 않는다. 누구도 부러워하지 않고, 자기연민의
   흔적조차 없다. 나는 미국의 미래에 대해 깊은 믿음을 지니고 있
   으며, 최근 몇 년간 퍼져 온 패배주의적 정서에 전혀 동조하지 않
   는다. 나는 내가 진심으로 원하는 일이라면 무엇이든 해낼 수 있
   다고 믿는다.

그리고 무엇보다도 나는 마침내 과거의 불쾌한 기억들과 단단히 문을 닫을 수 있는 자기 절제력을 갖기 되었다. 나는 오직 현재와 미래 속에서 살며, 앞으로 세상에 제공하게 될 나의 서비스가 과거의 어떤 성취보다도 더 위대할 것이라 확신한다. 이 모든 것과 함께 나는 마음의 겸손을 얻었다. 이저 나는 인생이라는 유치원을 막 졸업하고, '행동을 통해 배우는' 진짜 삶을 시작할 준비가 된, 그저 한 사람의 겸손한 존재일 뿐이다. 그리고 이 겸손은 다름 아닌 역경으로부터 비롯된 선물이다.

그러므로 인생은 나에게 아무것도 빚진 것이 없다. 오히려 내가 인생에 모든 것을 빚지고 있으며, 지금도 그 빚을 갚아가는 중이다. 나는 삶의 격랑에 휘말려 허우적대는 이들에게 구조의 밧줄을 던짐으로써 그 빚을 갚고 있다. 그리고 그 격랑 속에서 나 또한 수없이 구조를 기다리며 버텨야 했던 사람이었다.

편집자의 펜 한 줄만으로도, 이 책에서 나의 약점과 실패를 드러내는 장면들은 손쉽게 지워질 수 있었다. 그렇게 했다면 나의 삶을 가까이서 지켜본 몇몇 사람만이 이 철학을 세상에 전하기 위해 내가 얼마나 많은 좌절과 실패를 통과해 왔는지를 알았을 것이다.

그러나 나의 실패를 생략하는 행위는 내 안에 없는 '두려움'을 가장하는 일이 된다. 마치 내가 세상을 더 나은 곳으로 만든 위대한 인물들조차 미처 깨닫지 못한 어떤 특별한 지혜를 혼자서 체득한 사람처럼 꾸미는 행위이다.

내가 가난과 문맹에 가까운 환경에서 태어났다는 사실을 왜 숨겨야 하는가. 진정으로 위대한 인물들 가운데 많은 이들이 바로 그런 자리에서 삶을 시작했다. 내가 낮은 위치에서 출발했다는 이유로, 혹은 그 길 위에서 숱한 실수를 저질렀다는 이유로, 왜 부끄러워해야 하는가. 세상은 이미 알고 있다. 값비싼 시계나 고급 옷이 위대한 인물을 만드는 것이 아니라, 한 인간이 무엇을 믿고 어떻게 생각하며 끝내 어떤 행동을 선택하는지가 삶을 바꾸고, 세상을 풍요롭게 만든다는 사실을.

인생의 초기에 나는 내 실수와 인간적 약점에 대해 입을 다물었다. 그러나 이제는 안다. 그 침묵이야말로 결국 나 자신을 기만하는 일이었음을. 세상은 이미 알고 있다. 가장 지혜로운 이들조차도 삶에서 굳건한 기반을 마련하기 전에는 수없이 넘어지고 흔들린다는 사실을. 그리고 진정한 통찰을 지닌 사람들은 깨닫고 있다. 위대함은 언제나 실패라는 고통을 통과하며 얻은 교훈 속에 깃들어 있음을.

실패는 결코 부끄러운 일이 아니다. 참된 수치는 그 실패를 단순한 패배로 받아들이고 더 큰 성장을 향한 도전으로 전환하지 못하는 데 있다. 내가 이 책에서 나의 실패를 숨기지 않고 언급한 목적은 오직 하나다. 역경은 언제나 그것이 안겨 준 고통에 상응하는 가능성의 씨앗을 함께 품고 있다는 사실을 증명하기 위함이다. 실패는 좌절로 끝나는 사건이 아니라, 더 높은 성취로 방향을 바꿀 수 있는 강력한 자극이 될 수 있다.

나는 이 이야기가 누군가를 자기연민이라는 치명적인 함정에서 벗어나게 하는 데 작은 도움이 되기를 진심으로 바란다. 자기연민은

    마스터 마인드

어떤 분야에서도 의미 있는 성취를 불가능하게 만드는 가장 교묘한 독약이기 때문이다.

나는 나의 실패를 제삼자의 시선 뒤에 숨기지 않았다. 실패를 있는 그대로, 1인칭으로 고백했다. 이 책이 꾸며낸 이야기나 교훈의 나열이 아니라, 한 인간이 실제로 살아내며 통과한 진실한 기록임을 독자들이 분명히 느끼기를 바랐기 때문이다. 이 책은 내가 세상 속에서 나의 자리를 찾아온 과정이며, 내 인생의 철학이 말이 아니라 삶으로 검증되어 온 겸허한 발걸음의 기록이다.

혹여 누군가 이 기록을 가볍게 여기거나, 내가 지나치게 긴 시간과 고통을 거쳐 고작 하나의 철학에 도달했을 뿐이라고 말한다면, 나는 조용히 이렇게 대답하고 싶다.

"나는 마침내 나의 일을 찾았다. 지금도 내 일에 최선을 다하고 있으며, 바로 그 이유로 나는 참된 행복을 누리고 있다."

운명의 설계도

이 글을 쓰는 지금, 세상은 문명이 이룩한 모든 성취를 한순간에 무너뜨릴 듯한 혼돈 속에 있다. 과학이 밝혀낸 최고의 지식조차 진보의 도구가 아니라 파괴의 수단으로 전락했고, 많은 이들에게 미래는 암울하고 위협적인 그림자로 비친다.

그러나 나는 다르게 본다. 지금의 세계적 혼란 속에서, 인류가 오랫동안 매달려 온 낡은 습관을 깨뜨리고 더 고귀한 습관으로 나아가게 하려는 거대한 의도를 본다. 그것은 인간의 통제를 넘어선 계획이며, 그렇기에 끝내 실현될 것이다.

지금 이 순간에도 수백만 명이 죽고, 감금당하며, 절망 속으로 내몰리고 있다. 수십억 달러의 재산이 허공에 흩어지고, 두려움과 우유부단함이 세상의 기류를 지배하고 있다.

그러나 이 모든 일은 우연이 아니다. 인류는 실패하지 않고서는, 아프지 않고서는 더 나은 삶의 방식으로 이행할 수 없었다. 오래된 집단적 습관은 반드시 깨져야 했고, 지금 인간의 힘으로는 거스를 수 없는 위대한 에너지에 의해 기존의 습관은 붕괴되고 있다.

이 혼돈의 시대가 지나면 조화와 이해 그리고 더 깊은 인류애가 찾아올 것이다. 이는 어쩌면 인간의 의도에 의해 이루어지는 변화가 아닐지도 모른다. 오히려 인간의 무지와 이기심에도 불구하고 실현될 것이다. 왜냐하면 언제나 그러했듯, 상황이 최악에 도달한 바로 그 지점에서야 비로소 더 나아지기 위한 변화가 시작되기 때문이다.

나는 믿는다. 세상은 이미 가장 밑바닥까지 떨어졌다. 그리고 곧 더 지혜롭고 더 온전한 삶의 방식으로 반등할 것이다. 그곳에서는 인간관계가 물질적 소유보다 더 높이 평가되고, 무언가를 공짜로 얻으려는 허황된 욕망은 사그라들며, 유익한 봉사를 향한 열망이 더욱 커질 것이다.

많은 이들이 지금의 세계 상황에 낙담할 수 있다. 그러나 나는 아니다. 내 삶의 경험은 한 가지 진리를 가르쳐 주었다. 인간관계의 불순물은 실패와 희생의 불길 속에서 타올라야만, 인간 영혼의 순수한 금속이 비로소 드러난다는 사실이다. 나의 경험이 그러했듯, 이 세계의 경험 또한 그러할 것이다.

개인의 경험은 언제나 인류 전체를 지배하는 우주의 섭리를 치밀하게 반영한다. 어떤 개인도 예의가 아니다. 한 사람에게 일어나는 일은 크든 작든, 결국 모두에게 어떤 형태로든 일어나고 있는 일이다.

내가 미래에 희망을 품는 이유는 단 하나다. 과거의 역사가 그것을 가능하다고 말해 주기 때문이다. 독재자는 인류의 시초부터 존재해 왔다. 거의 모든 나라에서 정치뿐 아니라 경제와 인간관계 속에서도 독재는 끊임없이 모습을 바꾸어 나타났다.

그러나 자연은 언제나 독재를 경멸해 왔다. 그 까닭은 모든 인간의 심연에 자유를 갈망하는 본성이 영원히 살아 숨 쉬고 있기 때문이다. 인간은 그의 지위나 환경, 민족이나 출신과는 무관하게 자유를 원한다. 그 갈망은 희망이 되고, 희망은 믿음으로 승화되며, 믿음은 행동을 낳고, 그 행동은 마침내 자유로 이어진다.

자연은 인간 사이의 개인적 자유를 끊임없이 장려한다. 만약 그렇지 않다면, 모든 인간의 마음속에서 불타오르는 이 자유에 대한 내적 열망을 어떻게 설명할 수 있겠는가? 인간이 가장 간절히 원하는 것에 대해, 우주는 그것을 이루는 길을 알고 있다. 그리고 그 길을 여는 도구가 바로 우주의 습관력이다.

수세기 동안 인류는 개인의 권리를 무시한 채 물질적 이익만을 추구해 왔다. 그러한 집단적 욕망이 오늘날의 세계적 혼란을 잉태했다. 그러나 이제 그 혼란은 종말을 향해 달려가고 있으며, 스스로의 무게로 서서히 무너지고 있다.

소수의 사람들만이 이 재앙의 도래를 예견하고 경고했다. 그러나 그 경고만으로는 충분하지 않았다. 결국 더 강력한 힘이 개입했다. 결코 무시될 수 없는 힘이다. 그 힘은 인류가 스스로 만들어 낸 이기심의 굴레를 산산이 깨뜨릴 것이며, 인류에게 더 나은 세계에서 새롭게 시작할 기회를 허락할 것이다.

카네기 씨가 나와 함께 '성공의 열일곱 가지 원칙'을 설계하던 시절, 그는 이 사실을 끊임없이 되풀이하며 강조했다. 이 철학이야말로 세상에 존재하는 기회의 불균형을 완화하고, 부의 흐름을 보다 조화롭게 만드는 가장 탁월한 수단이 될 것이라고. 왜냐하면 이 철학은 가장 겸손한 사람에게조차 물질적 부를 올바르게 획득할 수 있는 원리와 절차, 곧 '노하우'를 온전히 제공하기 때문이다.

그는 이렇게 설명했다. 부를 획득하는 방법을 아는 사람은 설령 어떤 위기를 만나 전 재산을 잃는다 해도, 그 지식을 통해 다시 부를 회복할 수 있다고. 그는 또한 한 사람이 스스로를 도울 수 있도록 해 주는 지식의 선물은 가장 고귀한 형태의 선물이며, 자신이 이 지식을 세상에 전하려 했던 이유도 바로 거기에 있다고 말했다. 자신이 공공 도서관을 위해 남긴 수많은 기부금보다도, 이 지식이 인류에게 훨씬 더 큰 혜택을 줄 것이라는 믿음이 그의 마음속에 깊이 자리하고 있었다.

《생각하라 그리고 부자가 되어라》가 출간되기 전까지, 내 인생은 정확히 4년 주기로 반복되는 흥망성쇠의 연속이었다. 나는 내 운명의 흐름을 그래프 차트로 기록해 왔는데, 그 차트는 늘 4년째 되는 해에 어떤 형태로든 큰 패배, 때로는 완전한 실패로 절정에 이르곤 했다.

그러나 《생각하라 그리고 부자가 되어라》가 베스트셀러가 된 직후, 나는 앞서 말한 우주의 습관력 법칙을 발견했다. 그리고 그때부터 이 책을 집필하기까지의 기간 동안, 내 차트는 눈에 띄는 급락이나 격변 없이 꾸준한 상승세를 기록했다. 내가 상상조차 하지 못했던 기회들이 아무런 요청도 없이 내게 다가왔고, 마침내 오랜 세월 나를 괴롭혀 왔던 그 '주문'은 영원히 풀려 버렸다.

아마도 내 인생에서 가장 유익한 전환점은 1940년 초에 빠르게 전개된 일련의 사건들 속에서 찾아왔던 것 같다. 내 제자 중 한 명인 마크 우딩(Mark Wooding)이 조지아주 애틀랜타에 새로운 카페테리아를 막 오픈했는데, 나는 지인을 통해 그가 사업상 재정적 어려움을 겪고 있다는 소식을 들었다. 당시 나는 플로리다에 거주하고 있었지만, 과거 내가 어려움에 처했을 때 친구들이 나를 도와주었던 기억을 떠올리며 즉시 비행기를 타고 애틀랜타로 향했다. 친구 우딩을 돕기 위해서였다. 그의 사무실 문을 열고 들어섰을 때, 나는 결코 잊지 못할 표정을 보았다. 그는 나를 보며 이렇게 말했다.

"이런 우연이 있나요. 당신은 하늘에서 직접 보내진 사람 같아요. 지금 저는 정말 너무 힘들어서, 어제 당신이 여기 있다면 도와줄 수 있을 텐데 하고 생각했거든요."

그는 자신의 이야기를 들려주었다. 그는 애틀랜타에서 가장 좋은 위치라고 믿었던 도심 업무 지구에 카페테리아를 열었고, 동료들과 함께 7만 5,000달러 이상을 투자했다. 그러나 너무 늦게야 깨달았다. 그 지역의 직장인들은 오후 늦게 퇴근하며, 저녁 시간대에는 유동 인구가 거의 없다는 사실을. 저녁 시간의 수익 없이는 카페테리아가 생존할 수 없었다.

마크가 간단히 이야기를 마치기도 전에, 나는 이미 그의 문제에 대한 해결책을 제시했고, 다시 한번 친구를 위해 내가 오랜 세월 동안 '성공의 열일곱 가지 원칙'을 실천하며 얻은 창의적 사고의 힘을 유용하게 활용할 기회를 얻게 되었다.

"걱정 마세요. 당신이 말한 것이 전부라면, 당신의 문제는 이미 해결된 겁니다. 일주일 안에 저녁마다 수백 명의 손님이 몰려들 거예요."

"힐 씨, 당신을 존경하고 문제 해결사로서의 능력을 믿지만, 지금은 농담할 때가 아니에요."

"마크, 나는 지금 내 인생에서 가장 진심 어린 순간이에요. 매일 저녁, 나는 여기에서 당신의 손님들에게 '성공의 열일곱 가지 원칙'에 대한 강연을 하겠습니다. 그들의 저녁 식사 영수증이 곧 입장권이 되는 거죠."

나는 이미 식당이 최소 300명은 수용할 수 있음을 확인했고, 그 정도 인원을 채우기는 어렵지 않다고 확신했다. 우리는 강연을 알리는 전단을 인쇄해 인근 사무실에 웨스턴 유니언 메신저를 통해 배포했다. 예상대로 첫날 저녁, 식당은 만석이었고 많은 사람이 입장하지 못했다. 그리고 내 강연에 대한 보수는 따뜻한 저녁 식사 한 끼였다.

나는 이전에도 여러 차례 깨달았듯이, 이번에도 다시금 확신하게 되었다. 물질적 보상을 기대하지 않고 베푸는 선행이야말로, 때로는 보수를 받고 하는 일보다 훨씬 더 큰 혜택을 가져다준다는 사실을. 선한 일을 하면서 선한 결과를 받지 않는다면 이는 존재하면서 동시에 존재하지 않는다는 것만큼 불가능한 일이다.

자, 이제 내 이야기를 다시 이어가 보겠다. 그 첫 강연의 밤부터 시작된 운명의 실타래가 얼마나 멀리까지 뻗어 나갔는지, 그리고 친구를 위한 이타적인 행동이 어떻게 나에게 극적인 결과를 가져다주었는지를 함께 살펴보자.

첫날 강연의 청중 중에는 조지아 전력회사(Georgia Power Company)의 광고부 차장이 있었다. 그는 동료들과 함께 강연을 참석했고, 강연이 끝나기도 전에 나는 남부 전력회사(Southern Power Company) 관계자들이 모이는 애틀랜타의 대규모 컨벤션에서 기조 연설자로 초청받게 되었다. 그 모든 일은 단지 친구를 돕기 위해 시작된 작은 행동에서 비롯되었다.

이것은 결과를 원인으로부터 분리해 내는 과정의 첫 번째 단계였다. 그러나 그 당시 나는 초청이 훗날 어떤 방향으로 이어질지를 전혀 알지 못했다.

내가 강연을 했던 전력회사 관계자들 가운데에는 앞서 언급한 사우스캐롤라이나 전력회사 부사장 호머 페이스(Homer Pace)도 있었다. 내가 연설을 마치자, 페이스 씨는 다가와 자신을 소개하며 이렇게 말했다.

"당신의 연설은 우리 사우스캐롤라이나의 저명한 인사를 떠올리게 합니다. 혹시 그분이 당신의 책을 읽은 게 아닌가 싶을 정도예요. 그분의 이름은 윌리엄 P. 제이콥스 박사입니다. 그는 뛰어난 홍보 전문가이자 사우스캐롤라이나 클린턴에 위치한 프레스비테리언 칼리지의 총장이기도 합니다. 당신과 그는 같은 언어를 사용하고 있어요. 두 분이 함께 손을 잡고 나아간다면, 각자 따로 걸을 때보다 세상에 훨씬 더 큰 기여를 하게 될 겁니다."

나는 페이스 씨에게 감사 인사를 전하고 즉시 제이콥스 박사에게 연락하겠다고 약속했다. 그리고 곧바로 편지를 써 보냈다. 이것이 바로 애틀랜타 우딩의 카페테리아에서 시작된 일련의 사건들 가운데 두 번째 단계였고, 몇 년 후 내 인생에 찾아온 가장 위대한 기회 중 하나로 이어질 운명이었다. 또한 내가 전혀 예상하지 못한 순간에 찾아온 축복이었다.

제이콥스 박사는 내 편지를 받자마자 직접 애틀랜타로 찾아왔다. 우리는 점심 식사를 하며 세 시간 동안 이야기를 나누었고, 그 자리에서 나는 그가 오랜 세월 동안 내 철학을 공부해 왔다는 사실을 알게 되었다. 그는 자신의 성공 대부분이 이 철학 덕분이었다고 너그럽게 말해 주었다.

우리의 대화가 끝나기 전, 나는 제이콥스 박사와 협약을 맺었다.

그의 고향으로 이주해 '성공 철학'을 완전히 새롭게 집필하고, 그는 그 새로운 해석의 출판인이 되기로 했다. 그는 다른 사업도 운영하고 있었지만, 특히 대형 인쇄소를 소유하고 직접 운영하고 있었다.

운명은 세 번째 단계로 나아갔다. 1941년 1월 1일, 나는 카네기 씨와 함께했던 수많은 회의에서 받아 적은 속기 노트를 바탕으로, 그 이후 내가 배운 내용을 덧붙이며 《멘탈 다이너마이트(Mental Dynamite)》라는 제목으로 집필을 시작했다. 그리고 진주만 공습 직전인 1941년 12월 초, 나는 집필 작업을 마무리했고 책은 총 16권으로 출간되었다. 그러나 일본의 진주만 공격 이후 미국이 전쟁에 휘말리면서 종이 수급이 어려워졌고, 우리는 《멘탈 다이너마이트》의 초판 이후 인쇄를 중단할 수밖에 없었다.

이제 우딩의 카페테리아에서 시작된 운명의 여정이 네 번째 단계로 접어들기 전에, 잠시 시간을 거슬러 올라가 《생각하라 그리고 부자가 되어라》가 출간되었던 때로 돌아가 보겠다. 지금 이 시점에서 우리는 이 책이 이 기묘한 드라마 속에서 어떤 역할을 했는지 살펴볼 필요가 있다.

책이 베스트셀러가 된 직후, 나는 은퇴를 결심했다. 플로리다 마운트 도라에 대규모의 '캐슬(Castle)'이라는 별장을 구입했고, 나는 그곳으로 이사했다. 원래는 집필을 계속할 생각이었지만, 아내와 함께한 플로리다의 삶은 너무나도 매혹적이었고 나는 곧 일을 멈추기로 했다. 그날 이후 몇 년간, 나는 끊임없는 실망을 겪었다. 당시로서는 그 경험에서 어떤 논리적 원인도 찾아낼 수 없었다. 하지만 분명 운명은 나의 은퇴를 달가워하지 않았다. 나는 분명 카네기 씨에게 "내 인생 전체를 성공 철학의 완성과 보급에 바치겠다."라고 약속했는데, 그 약속을 저버리고 있었다.

그 당시 내가 겪은 모든 상황을 일일이 설명하는 일은 의미 없기에 생략하고자 한다. 다만 플로리다에 머무는 동안 내 결혼 생활은 파탄났고, 과거에 출판했던 몇몇 책들의 판권을 잃었다. 다행히도 이는 일시적이었고 나중에 다시 회복되었지만, 이런 재정적 타격 탓에 나는 다시 일할 수밖에 없었다. 당시에는 회복 불가능한 시련처럼 보였지만, 결과적으로 내 인생에서 가장 유익한 전환점이 되었다.

그 경험 덕분에 나는 다시 집필을 시작했고, 이전에 썼던 책들을 개정하는 작업에 착수하게 되었다. 만약 그 시련이 없었다면, 나는 애틀랜타의 친구 마크 우딩을 방문하지 않았고 제이콥스 박사를 만나지도 못했으며, 《멘탈 다이너마이트(Mental Dynamite)》를 집필하지도 않았을 것이다. 앞으로 예정된 다른 저작들도 마찬가지이다. "신은 신비로운 방식으로 그분의 기적을 이루신다."라는 말이 그야말로 정확히 들어맞는 전개였다.

플로리다에서의 내 삶은 세 번째 아내와의 이혼으로 산산조각 났다. 우리는 뉴욕에서 함께 《생각하라 그리고 부자가 되어라》를 완성하고, '우주의 습관력 법칙'을 발견하며 훌륭하게 협력했지만, 더 이상 공통된 목표가 남아 있지 않자 점차 멀어져 갔다. 확고한 인생의 목적이 사라지면 함께하는 삶 또한 방향을 잃게 된다.

플로리다에서 겪은 일련의 실망이 없었다면, 당신은 지금 이 이야기를 읽지 못했을 것이다. 내가 겪은 그 훈련의 시간들이 없었다면, 나는 여전히 플로리다에서 안일함 속에 머물러 있었을지도 모른다.

이제 다시 사우스캐롤라이나 클린턴으로 돌아가자. 제이콥스 박사와의 인연은 내가 앞서 언급한 역경의 흔적을 지워버린, 운명의 네 번째이자 마지막 단계였다.

나를 위한 가이드 라인

《멘탈 다이너마이트》를 집필하고 강연을 이어 가던 어느 해, 제이콥스 박사와 함께한 나날 속에서 나는 어느 저녁 아파트에 홀로 앉아 있었다. 그때 단순한 영감이라기보다 내면 깊은 곳에서 내려진 명령처럼 강렬한 지시가 머릿속을 파고들었다. 나는 펜을 들고, 나 자신을 위한 지침서를 써 내려가기 시작했다.

그 글은 내 삶의 전환점이자 내면의 목소리와 나눈 대화의 기록이었다. 그리고 나는 그 글을 통해 다음과 같은 진실과 마주했다.

"기억하라. 말없이 그러나 결코 떨어져 나가지 않는 벗들의 은혜로 인해 너는 폭풍우처럼 휘몰아친 인생의 모든 위기를 견뎌 낼 수 있었다.

너의 내면에서 조용히 울려오는 그 미세한 음성에, 언제나 마음을 열어 두어라.

너는 가장 깊은 상처를 통해 가장 위대한 기회를 끌어안았고, 그로부터 새로운 힘의 원천을 얻었다.

너에게는 '마음의 겸허함'이 필요했다. 그리고 이제 그것을 얻었다.

네가 가장 의지하던 것을 내려놓았기에, 너는 가장 절실히 필요하던 것을 보상받았다.

그것은 바로 자기 정신에 대한 더 강한 통제력 그리고 너의 '또 다른 자아'에 대한 더 깊은 이해이다.

이제 너는 영혼의 힘을 시험받는 고난을 통과한 자만이 가질 수 있는 자기 신뢰를 갖추었다.

너의 영혼은 시험대 위에 올랐고, 부족함이 없음을 증명했다.

역경은 언제나 그에 상응하는 가능성의 씨앗을 품고 있음을 잊지 말라.

그러니 이제 용기를 내라. 너는 영원히 사라지지 않을, 값진 부를 소유하게 되었다.

너는 오랫동안 정신의 잠에 빠져 있었으나, 위기의 순간이 너를 일깨웠다.

그 위기는 네게 주어진 보호가 없었다면 치명적이었을 것이다.

그러니 다시는 인생이 너에게 유리한 기회를 주지 않았다고 말하지 말라.

이제 너의 영혼이 해방되었으니, 다시는 스스로 얽매지 말라.

기억하라. 너의 상처는 네가 자초한 결과이지만, 상처를 치유한 힘은 결코 너 혼자만의 것이 아니었다.

 마스터 마인드

지금 이 방 안에서 너는 네 생애에서 가장 위대한 메시지를 기록하게 될 것이다.

깨어 있으라. 머지않아 스스로 깨닫게 될 것이다.

머리로 쓰던 글을 멈추고, 이제 마음으로 쓰기 시작하라.

그러면 네 글은 분명히 달라질 것이다.

너는 외로움을 허락받았다. 그래야 세상에 참으로 쓸모 있는 사람이 될 수 있었기 때문이다.

잃었다고 여겼던 것들에 대해 후회하지 말라.

너의 손실은 환상에 지나지 않으며, 그 대가로 얻은 보상이 그보다 훨씬 더 위대하다.

네가 지나온 역경은 사라지지 않았다.

역경은 세상을 위한 봉사로 전환되기 위한 준비 과정이었다.

너는 충분히 쉬었다. 이제 다시 길 위에 서서, 너의 사명을 이어갈 시간이다.

동반자를 그리워하지 말라.

네 준비가 진정으로 끝났을 때, 그녀는 너의 삶 속에 극적인 방식으로 나타날 것이다.

언젠가 고개를 돌려 보라. 그녀는 너의 곁에 서 있을 것이다.

과거 그 어느 때보다 더 큰 열정으로, 너를 북돋우기 위해서다.

기억하라. 단 한 순간도 너는 결코 혼자가 아니다.

너의 안내자를 따라가라. 목적지를 묻지 말라.

너는 단 한 번도, 네 의지가 너를 벗어나게 했던 순간을 제외하고는 잘못된 길로 이끌린 적이 없다.

너는 오랜 시간과 고통의 대가로 배워야 했다.

그러나 중요한 결론은 마침내 그 교훈을 온전히 익혔다는 사실이다.

기억하는가? 네가 수많은 위기의 순간마다, 기적처럼 구원받았던 그 날들을.

이제는 세상을 위한 더 위대한 봉사로써 그 빚을 갚아야 할 시간이다.

무엇을 해야 할지, 어떻게 해야 할지에 대한 명확한 신호가 곧 주어질 것이다.

그 순간이 오면 지체하지 말고 행동하라. 뒤돌아보지 말라.

앞으로 펼쳐질 일은 고되겠지만, 그 길은 너에게 깊은 기쁨을 안겨 줄 것이다.

'행함' 그 자체가 너의 위안이 될 것이다.

단 하나, 외로움을 제외하고 너는 이제 모든 짐에서 해방되었다.

그러나 그 외로움조차 다른 이들을 위한 봉사에 너 자신을 온전히 내어 줄 때 사라질 것이다.

인생이라는 밀림 속에서 길을 잃고 헤매는 이들을 돕는 그 순간, 너의 가슴속 외로움의 샘은 마침내 채워질 것이다.

어디에서든, 누구에게든 봉사하라.

그리고 이기심 없이 봉사하라.

너의 필요를 훨씬 초월한 보상이 주어질 것이니, 보상은 신경 쓰지 말라.

이제 이 방을 둘러 보라.

눈에는 보이지 않지만, 수많은 존재가 너의 곁에 있다.

그들은 네가 일하는 동안 머물 것이다.

외로움이 사라지는 순간, 너는 비로소 그들의 존재를 알아차릴 것이다.

마침내 너는 오랫동안 갈망해 온 '마음의 평화'를 얻게 될 것이다.

그 외의 모든 소망은 네가 그것을 느낄 자격을 갖춘 속도만큼 자연스레 따라올 것이다.

과거에 네가 해온 일은 중요하지 않다.

그 일은 단지 인생이라는 유치원에서 치른 준비 운동일 뿐이었다.

스스로를 '스승'이라 착각하지 말라.

너는 다만 세상의 '하인'일 뿐이다.

길을 잃었고 인도가 필요하다고 느낄 때, 그 인도는 오직 너의 내면에서부터 찾아야 한다.

너는 곧 하나의 지도를 받게 될 것이다.

그 지도가 어디로 향하든, 의심이나 주저함 없이 따라가야 한다.

너는 '마스터 마인드'의 원리를 수많은 이들에게 가르쳐 왔다.

이제는 너 자신이 그 원리의 힘을 직접 실천으로 증명해야 할 시간이다.

네가 도착했다고 믿었던 순간, 단지 출발점에 불과했음을 알게 되었을 것이다.

앤드류 카네기가 너에게 준 선물은 이제 네가 다른 이들에게 주어야 할 선물이 되어야 한다.

그것이 원래의 약속이었음을 기억하라.

물질적 필요에 대해 걱정하지 말라.

네가 필요로 하거나 바라는 모든 것은 정확한 순간에 너의 손에 들어오게 될 것이다.

네가 누리고 있는 마음의 평화는 네가 지금 내면의 안내자를 따르고 있다는 확실한 증거이다. 다른 어떤 곳에서도 명령을 받지 말라.

내면의 지침을 따르고 있는 한, 너는 무엇이든 구할 수 있고, 무엇이든 받게 될 것이다.

의심이 생길 때는 그저 조용히 고요히 앉아 내면으로부터 오는 지시를 기다려라.

매일 밤 잠들기 전, 더 깊은 지시를 듣기 위해 이 방으로 다시 돌아오라.

그때는 모든 두려움과 의심에서 해방된 마음으로 오라.

그러면 너는 모든 형태의 공포와 갈등으로부터 자유로워질 것이다.

세상에서 유일하게 탐낼 만한 것은 단 하나,

세상에 도움이 되고자 하는 꺾이지 않는 열망뿐이다.

다른 이들보다 우위에 서려 하지 말라.

너는 이미 다 쓰지 못할 만큼 많은 혜택을 받고 있다.

어떠한 이유로도, 누구에게도 악의나 시기를 품지 말라.

스스로를 불쌍히 여기지도 말라.

너는 지금 전 세계가 갈망하지만 돈으로는 살 수 없는 두 가지를 지니고 있다

마음의 평화와 네가 가장 좋아하는 일을 할 수 있는 특권이다.

과거의 불쾌한 기억으로 향하는 모든 문은 닫아라.

다시는 열리지 않도록 단단히 닫아라.

그리고 앞을 보라. 더 크고 놀라운 기회의 문들이 활짝 열려 있을 것이다.

이제 너는 '왕의 사명'을 맡은 자이며, '근위대의 대장'이다.

압도적인 힘을 가진 군대가 너의 명령을 기다리고 있다. 그들에게 지시를 내려라.

정렬! 전진! 행군!

세상은 혼돈에 빠져 있다. 이제 너의 도움이 필요하다.

그리고 언제나 기억하라.

충성스럽게 명령을 수행할 수 있는 자만이, 지혜롭게 명령을 내릴 수 있다."

외로워하던 한 남자에게 이 메시지가 전해진 뒤, 수많은 세월이 흘렀다. 그는 더 이상 외롭지 않다. 약속은 하나도 빠짐없이 이루어졌다. 나는 이전에는 알지 못했던 마음의 평화를 누리고 있다.

내 마음속 외로움의 샘은 내가 경험한 가장 큰 기쁨으로 채워졌다. 그 기쁨은 끊임없이 이어지고 있다. 나는 거의 밤낮 없이 일해 왔으나, 이는 억지의 노동이 아니었다. 애정이 깃든, 혼이 담긴 노동이

었다. 그 과정은 나를 성장시켰다.

이번 작업에는 이전의 책들에는 없었던 무언가가 담겨 있다. 나의 과거 저작을 읽어온 이들이라면 그 차이를 곧 알아차릴 수 있다. 나의 '성공 철학'은 완전히 새롭게 즉 더 단단하게, 더 강력하게 다시 쓰였다.

이전의 책들에서는 대체로 1인칭으로 말해 왔다. 그러나 이번 새로운 해석에서는, 이 철학을 카네기와 함께 조직해 온 위대한 미국 지도자들의 언어로 말하고자 했다. 그래서 나는 나 자신을 의식적으로 뒤로 물렸다.

이제는 '또 다른 나'라는 존재가 나를 이끈다. 넘어지고 흔들리며, 물질적 욕망에 매달리던 과거의 나는 더 이상 존재하지 않는다.

나는 나보다 훨씬 뛰어난 이들의 지원을 아낌없이 받아 왔다. 그들은 이 새로운 철학에 이타심이라는 생명력을 불어넣었다. 그리고 그 생명력은 이 철학을 따르는 이들의 삶에 기적 같은 변화를 일으키고 있다.

마침내 나는 이 철학이 과거에는 내게 가르쳐 주지 못했던 한 가지를 얻었다. 내면에서 방향을 잡을 수 있을 만큼, 충분히 고요히 앉아 있을 수 있는 인내. 그리고 그 고요를 끝까지 지키는 의지.

나는 뉴욕의 거친 리듬 속에서 혼란과 갈등을 겪으며 '우주의 습관력 법칙'을 발견했다. 그리고 외로움이 나를 세상과 단절시키던 조용한 마을에서, 나는 그 법칙에 적응하는 법을 배웠다. 그 배움은 소란스러운 외부가 아니라, 내 마음 깊은 고요 속에서 이루어졌다. 평범한 사람들이 살아가는 작은 도시에서, 세상과 단절된 듯한 고독 속에서 말이다. 그 고요한 마음의 중심에서 나는 오직 내면에서만 솟아오르는 겸손과 이해를 발견했다. 그것은 고요히 귀 기울일 줄 아는 이에게만 허락되는 깨달음이다.

혹시 이것이 지금 당신이 찾고 있는 게 아닐까?

어쩌면 이것이야말로 이 세상이 온통 갈구하고 있는 게 아닐까?

이 광란의 시대는 너무 많은 사람들에게 '침묵의 시간'을 빼앗아 버렸다. 탐욕과 이기심, 물질적 소유어 대한 욕망은 날개를 달았고, 형제애라는 가장 고귀한 감정은 그 아래에 묻혀 버렸다.

내면에서만 들리는 '작고 조용한 믁소리'는 침묵했고, 사람들은 얻기 위해 분주한 나머지, '베풂'이 가져다주는 축복을 잊고 말았다.

만약 이 책이 내가 쓰는 마지막 책이라면, 그리고 그 마지막 장을 가장 고결한 생각으로 마무리하고 싶다면, 나는 이렇게 말하고 싶다.

"하루 스물네 시간 중, 단 한 시간을 침묵에 바치라. 이를 기도라 불러도 좋다.

혼자만의 공간으로 가라. 얻고자 하는 모든 생각과 욕망을 잠시 차단하고, 오직 주는 것만을 생각하라. 모든 이기심을 내려놓고, 오직 타인을 떠올려라.

그 '침묵의 시간' 속에는 어떤 물질도 소유하려는 생각을 가져가지 말라.

인간이 진정으로 소유할 수 있는 것은 단 하나뿐이다. 생각할 수 있는 특권이다.

마음의 문을 열고, 떠오르는 어떤 생각이든 판단 없이 받아들여라.

그리고 결심하라. 어떤 날도 헛되이 흘려보내지 않겠다고.

매일, 아무런 보상도 기대하지 않고 누군가를 돕는 유익한 행동을 반드시 한 가지 이상 하겠다고.

전쟁은 무력으로 한 나라에 일시적인 승리를 안길 수 있다.

그러나 인간이 누릴 수 있는 진정한 승리는 자기 자신을 이기는 데 있다.

그 승리는 타인의 희생을 대가로 물질적 이익을 추구하는 욕망을 버리고,

타인의 삶 속 문제를 함께 해결하고자 하는 더 고귀한 욕망을 품을 때 이루어진다.

그 승리를 얻는 순간, 인간이 진정으로 필요로 하는 모든 것은 그에게 자연스럽게 더해질 것이다.

그것은 내면에서 솟아나는 신비롭고도 조용한 힘의 도움으로 이루어질 것이다.

이 생각의 참된 의미를 깨닫는 날, 당신은 마침내 '이해를 초월한 평화'를 얻게 될 것이다."

내가 이 영감을 기록하던 그 아파트에는 운명이 나의 '마스터 마인드' 동반자로 선택한 한 사람이 함께 살고 있었다. 나는 그곳에서 거의 1년을 보냈지만, 그녀가 내 인생에서 새어머니와 같은 중요성을

지닌 존재가 되리라는 사실은 미처 알지 못했다. 그녀는 단지 한 층 아래에 살고 있었을 뿐이다.

나는 매일 제이콥스 박사의 사무실에서 그녀를 마주쳤다. 그녀는 그의 비서실장이었다. 그리고 이제 그녀는 나의 비서실장이자 나의 아내이다.

운명은 나를 그녀에게로 이끌었고, 네 번의 극적인 전환을 거쳐 내 인생 전체의 궤도를 바꾸어 놓았다. 그 결과, 나는 마음의 평화와 세상의 인정을 동시에 얻게 되었다. 과거 내가 품었던 어떤 희망보다도 훨씬 더 큰 축복이었다.

당신이 누구든, 어디에 있든, 어떤 슬픔과 기쁨이 당신의 삶을 스쳐 가든, 이 책을 통해 나와 함께 걸어온 이 여정을 기억해 주기를 바란다.

나는 진심을 다해 당신에게 보여 주고 싶었다. 패배와 역경, 실패는 긍정적인 정신 태도를 유지하는 한 언제든 찬란한 승리로 전환될 수 있다는 사실을 말이다.

이 힘은 당신이 온전히 통제할 수 있는 유일한 힘이다. 그리고 이제, 나는 당신을 가장 위대한 스승에게 소개하고자 한다. 그는 당신의 개인적인 문제를 해결하는 데 있어 이 세상에서 가장 큰 도움을 줄 수 있는 단 한 사람이다.

그는 당신이 결코 실망하지 않을 믿음을 가질 수 있는 유일한 존재이며, 좌절과 고통의 순간에 가장 먼저 의지할 수 있는 사람이다. 그는 무한한 지혜와 직접 연결될 수 있는 단 하나의 통로이며, 무엇보다도 지금 이 순간 살아 있는 당신에게 가장 중요한 사람이다.

그는 바로, 당신 자신이다.

그러나 그는 두려움에 사로잡혀 불평하고, 자신의 고통을 타인의 탓으로 돌리는 '낡은 자아'가 아니다. 오직 내면의 힘을 따르며, 그렇기에 결코 잘못된 길로 이끌리지 않는 '또 다른 자아(Other Self)', 바로 당신 자신이다.

나폴레온 힐은 생애 두 차례에 걸쳐 방대한 분량의 자서전을 집필했다. 그의 이야기는 고향인 버지니아주 와이즈 카운티(Wise County, Virginia)에서의 유년 시절로 시작해, 제2차 세계대전 무렵에서 마무리된 것으로 보인다. 이렇게 탈고 시점을 추정하는 이유는 나폴레온 힐 재단이 소장하고 있는 두 편의 자서전 원고가 모두 1940년대에서 갑작스럽게 끝을 맺고 있기 때문이다. 두 원고 모두 미완성 상태로 남아 있다.

힐은 1970년에 세상을 떠났으며, 생전에 완성한 마지막 저서는 1967년에 출간된 《평온 속에 피어나는 부의 비밀(Grow Rich! With Peace of Mind)》이다. 이 책에는 그의 말년의 사유가 일부 담겨 있지만, 그 시기에 집필된 자서전이나 일기가 실제로 존재했는지는 확인되지 않았다. 설령 존재했다 하더라도, 아직까지는 세상에 공개되거나 발견된 바가 없다.

두 편의 자서전에서 힐은 자신의 인생을 하나의 거대한 서사로 바라보며, 운명과 마주한 순간들을 시처럼 제목에 새겨 넣었다. 각각 《운명의 수레바퀴(Wheel of Fortune)》와 《숙명의 손(Hand of Destiny)》이라는 이름이 붙은 자서전에는 그가 다른 저술이나 강연에서는 한 번도 공개하지 않았던 개인사가 담겨 있다. 바로 네 번의 결혼과 두 번의 이혼 그리고 한 차례의 혼인 무효라는 굴곡진 삶의 기록이다. 여기에 더해 사업에서 겪은 성공과 실패 또한 숨김없이 기록돼 있다.

힐 스스로 인정했듯, 그의 삶에서 실패의 횟수는 성공보다 훨씬 많았다. 그러나 바로 그 실패 속에 그의 진정한 위대함이 드러난다. 이 책은 한 명의 성공 신화가 아니라, 좌절과 패배를 통과하며 성장한 사상가의 내면을 들여다볼 수 있는 귀중한 기록이다. 그는 실패를 어떻게 정면으로 마주했는지, 패배 속에서 어떤 교훈과 이익을 길어 올렸는지, 그리고 가장 험난한 역경을 어떻게 새로운 기회의 발판으로 바꾸었는지를 솔직하게 보여 준다.

무엇보다 인상적인 대목은 평생 동안 그가 찾아 헤매던 '행복'에 이르는 여정이다. 힐은 마지막 아내인 애니 루(Annie Lou)와 함께하며, 비로소 삶의 평온과 충만함을 손에 넣는다. 이 책은 성공의 기술을 넘어, 인간 나폴레온 힐이 도달하고자 했던 삶의 결말을 보여 준다.

힐은 이렇게 말한다.

"나는 수십 년 동안 사람들이 어떻게 행복하고 성공적인 삶을 이루는지를 연구해 왔다. 그 과정에서 발견한 열일곱 가지 성공 원칙 가운데, 가장 중요한 한 가지는 단연 '마스터 마인드 원칙'이다."

그가 말한 마스터 마인드 원칙이란, 두 사람 이상이 완벽한 조화를 이루며 하나의 목표를 향해 나아갈 때 발휘되는 힘을 뜻한다. 이는 단순한 협력이나 팀워크를 넘어선 개념이다. 서로의 생각과 에너지가 결합될 때, 개인의 능력을 뛰어넘는 전혀 새로운 차원의 시너지가 탄생한다.

그의 자서전에는 이 원칙의 힘을 보여 주는 인상적인 일화가 담겨 있다. 힐은 세 번째 아내 로사 리(Rosa Lee)와 함께 마스터 마인드 원칙을 실천하는 과정에서, 열일곱 가지 원칙 중에서도 누구도 이전까지 제대로 이해하지 못했던 마지막 한 가지를 발견한다. 바로 습관의 힘이 만드는 비밀인 '우주의 습관력'이었다. 이 통찰은 마치 숨겨진 열쇠를 찾아낸 듯, 그의 인생을 새로운 방향으로 열어 주는 전환점이 되었다.

나폴레온 힐 재단 이사들은 두 편의 자서전을 한 권으로 엮었다. 합본 작업 과정에서 중복되는 부분은 과감히 덜어내고, 필요한 경우에는 사건의 흐름이 더 자연스럽게 이어지도록 시간순으로 재배치했다. 그렇게 완성된 합본 자서전의 제목은 《마스터 마인드》로 정해졌다.

이 제목에는 마스터 마인드 원칙이 힐의 철학과 삶에서 차지하는 중심적 의미가 담겨 있다. 동시에 개인적 성취와 자기계발의 길을 선구적으로 밝혀 온, 역사상 가장 위대한 사상가이자 작가인 나폴레온 힐에게 바치는 존경의 뜻이기도 하다.

처음으로 세상에 공개되는 나폴레온 힐 박사의 자서전이 독자 여러분께 깊은 감동과 함께, 삶의 길을 밝히는 소중한 깨달음을 전해 주기를 바란다.

돈 그린(Don Green), 나폴레온 힐 재단 전무이사 겸 이사이 책에 담긴 나폴레온 힐의 생애사는 세계 최초로 '개인의 성공 철학'이 집대성되기까지의 역사라고 할 수 있다. 앤드루 카네기의 제안과 협력으로 시작된 20년에 걸친 연구의 기록이자 결실이기도 하다. 이 이야기에는 나폴레온 힐이 헨리 포드, 토머스 A. 에디슨, 프랭크 A. 밴더립, 존 D. 록펠러, 우드로 윌슨, 루터 버뱅크 등 당대 미국 경제·산업계를 이끈 인물들과 어떻게 운명적으로 마주하고 협력의 길로 나아갔는지가 극적인 흐름 속에 생생히 그려져 있다.

미국 남부 산악 지대의 가난 속에서 흙수저를 물고 태어난 저자 자신은 미국이라는 나라가 자기 결정권으로 무엇이든 이룰 수 있는 '기회의 땅'임을 증명하는 본보기이다. 이 이야기는 무지나 잘못된 신념으로, 어떤 '-주의'라는 이름을 내세워 국가의 경제적·정치적 토대를 바꾸려는 사람들에게 주는 명확한 가르침이기도 하다. 여기에는 분투와 인내, 결단력과 목표의 명확성이 담겨 있으며, 이는 이 책을 읽는 모든 이에게 강력한 영감을 줄 것이다.

또한 이 책은 지금까지 공개되지 않았던 앤드루 카네기 같은 인물들의 성공 비화와 '자수성가한 흙수저'와 '모든 혜택을 누린 금수저'의 본질적인 차이를 드러낸다. 나아가 헨리 포드의 사고방식이 수천 명의 직원들과 무엇이 다른지도 분경히 보여 준다.

저자는 자신의 삶을 통해 실패와 좌절의 경험을 바라보는 새로운 시각을 세상에 내놓았다. 이는 현재 실패에 직면했거나 과거에 실패를 경험한 모든 사람에게 큰 도움이 될 것이다. 그는 스스로 인정하듯 수많은 사람을 분석해 온 경험보다 더 많은 실패를 겪었다. 그러나 그 실패를 밑거름 삼아 멈추지 않고 나아갔고, 마침내 모든 장애물을 굴복시키며 삶 속에서 실천할 수 있는 법칙을 깨달았다. 그는 이 법칙을 '성공의 법칙(Law of Success)'이라 부른다. 이 법칙은 뉴턴의 만유인력 법칙이나 에머슨의 보상 법칙 못지않게 세상에 귀중한 가치를 줄 수 있는 원리다.

저자가 서두에서 밝힌 "나는 인생이 내가 필요로 하고 원하는 모든 물질적·정신적 축복을 제공하도록 만들었다."라는 선언은, 단지 한 사람의 자부심이 아니라 삶에서 원하는 바를 이루지 못한 모든 이에게 이 책을 권해야 하는 가장 강력한 이유가 된다. 오늘날 이 말을 진심으로 할 수 있는 사람은 극히 드물다. 그러나 그는 그 길을 발견했다. 우주의 위대한 힘을 지배하는 법을 터득했고, 흔들림 없는 행복과 재정적 안정을 손에 넣었으며, 원하는 삶을 스스로 설계하고 살아갈 수 있는 절대적인 자유까지 획득했다. 그래서 그는 일하고 싶을 때 일하고, 즐기고 싶을 때 즐기며, 사랑하는 배우자와 함께 가정의 행복까지 온전히 누린다. 이 모든 일은 우연이 아니라, 그가 깨달은 원칙을 삶에 철저히 적용한 결과다.

이 책은 한 사람이 자신의 선택대로 인생의 배당금을 거두는 과정을 생생히 그려낸다. 그리고 미국 최고의 성공을 거둔 인물들이 명성과 부를 쌓아 올린 원리를 한 걸음씩 따라갈 수 있도록 세밀한 청사진을 제시한다. 이 이야기의 진정한 가치는 어떤 교육 기관에서도 배울 수 없고, 지금까지 단 한 번도 책으로 출간된 적 없는 개인적 성취의 원리와 정보를 담고 있다는 데 있다. 헨리 포드가 빈곤에서 부의 정상으로 올라선 과정을 명료하게 설명한 부분만 보더라도, 교과서에 포함될 만큼 충분한 가치가 있다.

이 자서전은 저자를 미화하기 위해 쓰인 것이 아니다. 도움이 필요한 모든 이들을 위해, 저자가 자신의 삶으로 검증하고 실천해 온 '성공의 절대 법칙'을 세상에 남기고자 써 내려간 기록이다.

나폴레온 힐 재단

Master
Mind
마스터 마인드

초판 1쇄 발행 2026년 1월 29일

지은이 나폴레온 힐
옮긴이 김가경
펴낸곳 ㈜에스제이더블유인터내셔널
펴낸이 양홍걸 이시원

홈페이지 siwonbooks.com
블로그 · 인스타 · 페이스북 siwonbooks
주소 서울시 영등포구 영신로 166 시원스쿨
구입 문의 02)2014-8151
고객센터 02)6409-0878

ISBN 979-11-7550-569-8 03190

시원북스는 ㈜에스제이더블유인터내셔널의 단행본 브랜드입니다.

독자 여러분의 투고를 기다립니다.
책에 관한 아이디어나 투고를 보내주세요.
siwonbooks@siwonschool.com